KB092122

최고의
질문을
하는 사람,
북퍼실리테이션

최고의 질문을 하는 사람, 북퍼실리테이션

1쇄 발행 2022년 8월 12일
2쇄 발행 2023년 6월 7일

지은이 황정혜
펴낸이 박찬익
책임편집 권효진
펴낸곳 ㈜박이정출판사 **주소** 경기도 하남시 조정대로45 미사센텀비즈 8층 F827호
전화 031)792-1195 **팩스** 02)928-4683 **홈페이지** www.pjbook.com
이메일 pijbook@naver.com **등록** 2014년 8월 22일 제2020-000029호

ISBN 979-11-5848-811-6 (93370)

* 책값은 뒤표지에 있습니다.

BOOK FACILITATOR

최고의 질문을 하는 사람,
북퍼실리테이션

황정혜 지음

(주)박이정

좋은 삶을 만드는 북퍼실리테이션

북퍼실리테이션은 '사람은 기본적으로 현명하며 올바른 일을 할 수 있고 또 그렇게 하고 싶어 한다'는 퍼실리테이션의 철학을 책으로 풀어내고 책의 가치를 실현하는 과정으로, '죽음의 수용소'에서 살아나온 빅터 프랭클 박사가 중요하게 생각한 '삶의 의미'를 찾는 과정입니다. 의미를 찾은 것에 머무르지 않고 실천으로 '좋은 삶'을 만듭니다. '좋은 삶'을 만나기 위해 생각하는 3가지 질문이 있습니다.

삶이 나에게 걸어오는 '질문'은 무엇인가?
나에게 발견되기를 기다리는 '의미'는 무엇인가?
우리가 발견한 삶의 의미를 어떻게 '실천'할 것인가?

사소할 수 없고 간단할 수 없는 '삶의 의미'를 간단하고 사소한 문장에서 발견했습니다. 부모님께 찾아온 질병으로 학교를 다니지 못했던 15살에 읽은 책에서 발견했습니다. 책에서 만난 한 남자의 삶이 제 삶에 걸어온 질문의 답을 찾아 살았습니다.
"한 남자가 기차를 타고 떠나고 있습니다."
서머싯 모음의 〈달과 6펜스〉를 읽은 후 떠나지 않는 첫 장면입니다.

누가: 한 남자

무엇을: 기차

어떻게: 타고 감

왜: ?

중학교 2학년 봄이었습니다. 아버지가 아프시던 12살부터 우리집에는 가난이 울타리를 쳤습니다. 중학교 2학년 15살 봄에는 개나리 노란 등굣길을 걷지 못했습니다. 제비꽃 낮게 핀 보라색 들길을 걸었습니다. 친구들이 학교에 가고 난 마을에는 뻐꾹새 울음만 가득했습니다. 아픈 몸을 이끌고 논밭으로 가시는 아버지를 따라 들일을 하러 갔습니다. 일하다 잠시 쉴 수 있는 틈은 뒷간 갈 때뿐입니다. 〈달과 6펜스〉는 뒷간에 놓여 있었습니다. 기차를 타고 떠나는 남자는 런던이라는 화려한 도시의 증권회사 사원이라고 했습니다.

"왜 떠나는 걸까?"

'왜(why)'를 물었습니다. 큰 어려움 없어 보이는 증권회사 직원이 가족을 버리고 떠납니다. 먹고 살길이 막막해서 학교에 가지 못하는 저로서는 이해하기 어려운 떠남입니다. 책을 읽다 말고 표지를 봤습니다. 빳빳해서 뒤처리용으로는 적당하지 않았던지 〈달과 6펜스〉라는 제목이 표지에 뚜렷하게 남아있었습니다.

책을 덮고 다시 들일을 하러 나갔습니다. 하늘에는 종달새, 제비가 날아다녔습니다. 들에는 봄꽃이 하얗게 노랗게 옹기종기 피었습니다. 물을 댄 논에는 파란 하늘과 흰 구름이 정다웠습니다. 그러나 예쁘고 정다운 풍경이 숨 가쁘게 달리는 기차와 기차 안에 앉은 낯선 남자 때문에 자꾸 사라졌습니다. 동생들이 볼일을 보고 그 책을 찢지 않았기를 바랐습니다. 산그늘이 어서 내리기를 바라는 마음이 종종 걸음을 쳤습니다. 집에 오자마자 곧장 가서 뜯기다 만 책을 가져왔습니다. 뒷간 냄새가 밴 책장을 넘겼습니다. 아픈 배를 움켜쥔 아버지의 신음이 어둠을 타고 들어와 책장 넘기는 소리에 묻혔습니다.

"달과 6펜스"

'6펜스'를 버리고 '달'을 찾아 떠나는 그 남자가 너무 미워서 속이 상했습니다. 가난이 뭔지 모르는 배부른 사람만이 '달'을 찾는 고상한 일을 하는 것입니다. 저같이 가난한 사람은 그런 삶을 선택할 수조차 없다고 악을 썼습니다. 당장 살길이 막막한 삶이 어떻게 달을 찾을 수 있겠냐고, 내 마음에 뜬 달에는 더 이상 토끼가 살지 못한다고, 은하수 건너 샛별 등대가 반짝이는 '반달'은 없다고 소리쳤습니다. 배부른 소리 그만하라고 고래고래 소리를 질렀습니다. 가난한 사람은 달에 갈 수가 없는 것이라고 악다구니를 쳤습니다. 학교를 못 가는 서러움을 악다구니로 풀었습니다.

"그림이 다 뭐란 말이야!"

삐딱한 심사가 똬리를 틀었고 허공에다 대고 삿대질을 했습니다. 병을 얻어서 죽은 그 사람 때문에 기가 막혔습니다. 구멍 난 문풍지 사이로 들려오는 아버지 신음에 눌린 삶은 가난과 질병을 찾아간 삶을 이해할 수가 없었습니다. 그런데 패악질이 똬리를 튼 심사를 비집고 시비하듯 걸어오는 질문이 있었습니다. 병으로 생을 마친 한 남자가 떠나면서 건네준 최고의 질문을 만났습니다.

"사람은 무엇으로 사는가?"

죽고 싶을 만큼 힘든 하루에게 질문이 시비하듯 말을 걸었습니다. 돈이 없어도 살 수 있고, 건강하지 않아도 살고 싶은 삶이 있다고 했습니다. 살아갈 이유를 찾은 사람은 괴로움을 견딜 수 있다던 빅터 프랭크의 주장이 제 삶에 왔습니다. 죽음을 건너온 자의 주장을 증언하듯 '삶의 의미'를 찾는 질문을 만났습니다.

"사람은 무엇으로 살고, 어떻게 살아야 하는가?

힘든 삶이 받은 선물 같은 질문입니다. 고난이 선물이 된 삶을 살게 되었습니다. 질문에 답하는 삶의 여정에서 북퍼실리테이션을 만났습니다. 질문에 답하는 삶으로 만든 '북퍼실리테이션'은 우리에게 발견되기를 기다리는 의미를 만나게 해줍니다. 혼자가 아니라 당신과 함께 여기 이곳에서 '좋은 삶'을 만나게 합니다. 북퍼실리테이션은 '삶의 의미'를 찾게 할 열쇠, 최고의 질문을 가지고 있기 때문입니다. 의미의 창고인 책 문의 열쇠를 가진 사람을 '북퍼실리테이터'*이라고 부릅니다. 책에서 퍼 올린 의미를 실천하는 그 사람에게 '북·퍼·실'

---

* 퍼실리테이터(facilitator): 촉진자, 돕는 사람, 활성화하는 사람.
북퍼실리테이터(Book-facilitator): 책의 의미를 발견하고 실천하도록 돕는 사람.
북퍼실: 책을 읽으면서 질문하는 사람, 의미를 만날 수 있도록, 의미를 실천할 수 있도록 돕는 사람.

이라는 이름표를 달아줍니다.

'북퍼실'은 의미를 발견하는 질문으로 '의미 경험'을 할 수 있도록 도와줍니다. 의미 경험의 과정을 설계하고 의미를 살아갈 수 있도록 돕거나 실천 과제를 찾을 수 있도록 돕습니다. 책이 걸어온 질문에 답하는 '잘 사는 삶, 좋은 삶'을 만듭니다. 좋은 삶을 만드는 '북퍼실'은 책의 가치를 살아가는 사람입니다. 교육학자 존화이트는 "잘사는 삶이란 가치 있는 일에 몰입하는 삶"이라고 말합니다. '가치'는 가르치는 것이 아니라 살아야 하는 것입니다. '가치'라는 단어 앞에 '좋은'이라는 수식어를 쓰지 않아도 좋은 단어입니다. '가치'가 이미 '좋은'을 품고 있어서 그것으로 충분합니다. '북퍼실'도 단어 그 자체로 좋은 의미를 가지고 있습니다. '좋은 삶'을 위해 의미를 경험하고 가치를 살기 위해 최고의 질문을 합니다. 책을 읽고 질문하는 사람, 질문하는 사람을 만드는 '북퍼실'은 창의성을 만나게 합니다. 창의성을 가진 사람은 미래 교육이 간절히 찾는 사람입니다.

나를 넘어서는 실천적 지식으로 변화를 만드는 '나넘세꿈' 사람들을 만났습니다. '무엇으로 살고, 어떻게 사는지'를 물었던 질문에 답으로 와준 사람들입니다. 책을 읽고, 다시 읽고, 함께 읽었습니다. 의미를 찾고 다시 찾아 변화를 만들었습니다. '저것은 벽'이라고 모두가 느낄 때 벽을 타고 담을 넘는 담쟁이처럼 '좋은 삶'으로 넘어갔습니다. 삶의 의미를 발견하고 가슴 뛰는 일을 하며 담쟁이 같은 삶을 살고 있습니다. 나넘세꿈과 함께 의미를 실천한 북퍼실리테이션의 '질문 자리'에 여러분을 초대합니다. 삶의 변화를 만드는 최고의 질문을 만나게 될 것입니다.

이 책에는 '좋은 삶'을 만든 5개의 이야기가 있습니다. 제1부 '질문이 싹튼 자리-학교'는 '사람은 무엇으로 사는가?'라는 질문에 답을 찾아준 학교의 배움 이야기입니다. 학교는 좋은 삶으로 가는 징검다리를 놓아주었습니다. 대학교 졸업 후 10년이 지난 해에 좋은 삶을 만든 학교의 교사가 되었으나 문서주의에 갇혀 있는 '학교의 코끼리'를 보았습니다.

제2부 '질문이 꽃핀 자리-수업'은 사회적 작용으로 의미를 재구성하는 독서의 본질을 담은 학교 교육 활동과 수업 이야기입니다. 모든 아이들은 자신의 속도에 맞는 수업으로 잘 배울 수 있습니다. 한 줄 세우기식의 평가를 넘어 역량을 기르는 배움중심수업과 책 걷기인 문학기행으로 삶의 변화를 가져온 수업 이야기를 들려드립니다.

제3부 '질문 꽃 만발한 자리-나넘세꿈'은 독서토론으로 성장한 나넘세꿈 사람들의 이야기입니다. 배움을 위해 시간과 장소의 경계를 넘어 성장과 변화를 경험한 이팔청춘의 열정을 만납니다.

제4부 '최고의 질문을 살리라-북퍼실리테이션'에서는 북퍼실리테이션의 개념과 철학, 사례를 소개합니다. 책을 읽으면서 질문하고, 대화하고 실천하는 과정인 북퍼실리테이션의 출발선에서 시작하여 도착점에 다다를 즈음에는 독서 대화로 의미를 실천하는 북퍼실이 되어 있을 것입니다. 책의 끝자락에서 창의성이 자란 아이들, '호기심'으로 반짝이는 아이들을 만나게 됩니다. 북퍼실리테이션의 가치를 증명하는 아이들입니다.

제5부 '질문 꽃이 된 사람–북퍼실'은 책을 읽고 발견한 의미를 실천하는 사람들 이야기입니다. 책에서 발견한 의미를 살아가는 '북퍼실'을 만납니다. 이 책을 읽고 난 여러분이 좋은 삶을 만드는 북퍼실이 될 것이라는 기대를 품고 있습니다.

'좋은 삶을 만드는 북퍼실리테이션'은 희망을 품은 사람이 기다리는 창의성을 만나는 자리입니다. 책 읽기의 가치를 살아가는 사람들이 희망의 증거를 보고 힘을 얻는 자리입니다. 책 앞에 앉지 못하는 우리 때문에 아파하는 당신이 위로를 얻는 자리입니다. 우리에게 발견되어 실현되기를 기다리는 '의미'가 꽃처럼 피는 좋은 자리입니다. 이 책을 읽는 여러분의 삶이 좋은 삶이 되기를 바라는 '나넘세꿈'을 만나는 자리입니다.

'좋은 삶'을 만들어주신 모든 분께 감사를 드립니다. 이 책을 읽고 좋은 삶을 만들어 갈 당신께 감사드립니다. 살아갈 이유를 발견하게 해준 책과 잘하는 것과 좋아하는 것을 선택할 수 있도록 희망의 사다리를 놓아준 학교와 선생님, 나를 자라게 한 시와 동의어인 부모님, 언제나 제 편이신 시어머니, 새벽을 깨워 기도하시는 생명 숲 교회 공동체와 변화를 살아가는 나넘세꿈, 이 책으로 여러분을 만날 수 있도록 길을 만든 박이정 출판사에 감사를 드립니다. 그리고 사랑과 동의어인 남편 송성균, 딸 혜림, 큰아들 명훈, 막내아들 인, 그리고 '삶의 의미'가 되시는 하나님께 감사를 드립니다.

책 읽는 행복을 선물로 주신 선생님

(사)전국독서새물결모임 이사장 **임영규**

삶이 시이고, 질문이 삶인 황정혜 장학사님의 글을 꼼꼼히 씹어 읽었습니다. 내 속에서 평생 하고 싶은 이야기를 어쩜 이리 구구절절 잘 풀어내셨는지, 내가 하고 싶은 말을 어찌 나보다도 더 잘 이야기하시는지…….

"잘 사는 것이 무엇인가요?"로부터 시작하여 "사람은 무엇으로 사는가"까지 뫼비우스의 띠 같은 질문이 계속 이어졌습니다. 책 문을 여는 열쇠를 가진 북퍼실 황정혜 장학사님을 통해 '국평오'만이 아니라 이 땅의 모든 이웃들이 책을 읽고 의미를 찾아가는 내 삶의 주인이 될 수 있기를 기도했습니다.

이 책을 읽으면서 북퍼실리테이션과 북퍼실에 내 맘 모두를 빼앗겼습니다. 평생 독서교육으로 살아왔다 자부하던 내가 많이 부끄러웠습니다. 북퍼실리테이션은 함께 책을 읽고 상호작용을 촉진하여 의미를 발견하고, 기법과 절차에 따라 '의미 경험'을 할 수 있도록 돕는 활동입니다. 북퍼실리테이션의 과정은 의미의 문을 여는 '질문의 과정', 질문을 나누면서 의미를 찾는 '대화의 과정', 대화의 과정에서 찾고 발견한 의미를 '실천하는 과정'으로 진행합니다. 독서새물결 이 야기식 독서토론 3단계의 성격을 잘 담고 있기도 하여 집중해서 읽었 습니다. 북퍼실리테이션을 설계하는 '북퍼실'은 이야기식 독서토론의 설계자이자 진행자이기도 합니다.

저자이신 황정혜 장학사님은 우리 법인 치매인식개선연구소장으로 헌신하고 계십니다. 북퍼실로 청소년에서 어르신까지 이웃과 인류 를 위해 독서와 토론으로 따뜻하게 다가오시는 선생님이십니다. 아 이 어머니이시고 딸이시고 사랑이십니다. 독서새물결은 황 장학사님 처럼 독서를 사랑하고 제자들도 사랑하고 이웃도 사랑하는 전국단위 선생님들이 함께하는 비영리 공익법인입니다. 책을 어떻게 읽고 행 복하게 지도할 것인가를 고민하는 독서 '교육' 운동 사회적기업이기 도 합니다. 책을 읽고 아무 활동도 하지 말라고 방치하지 않고, 책을 읽고 맘껏 이야기를 나누라고 지도하는 독서교육 운동을 펼치고 있 지요. 읽고 싶은 책만 읽으면 된다고 하지 않고, 평소 관심 없는 영역 의 책이라도 골고루 읽어 보라고 권면합니다. 독서토론을 경쟁토론 이라고 폄하하지 않고, 찬성과 반대를 바꾸어 토론하며, 국가도 소홀 히 여기는 국가 교육과정과 교과서를 연계한 교육적 토론 활동을 강 조하고 있지요. 열린 교육적 토론으로 의식화 교육을 막아내고 있습 니다.

이 책을 읽으며 또 한 분의 북퍼실, 류기인 창원지방법원 소년부 부장판사를 만났습니다. 그는 소년범죄 문제를 지역소멸 위기, 지역 균형발전 측면에서도 들여다봐야 할 사안으로 판단하셨네요. '마을공동체 회복이 소년범죄 해결의 중요한 열쇠'라는 말에 깊이 공감합니다. 그래서 우리 법인은 독서교육공동체로 소년원 수용시설 청소년을 포함한 학교 밖 학생들을 위한 '희망' 독서캠프를 개최하려고 합니다. 읽고, 묻고, 나누고 생각하는 북퍼실리테이션으로 우리 다음 세대의 귀한 주인공이 될 것입니다.

북퍼실의 질문은 정답이 있는 질문보단 은유가 된 발문을 강조합니다. 북퍼실 활동은 다양한 독서토론 동아리를 통해 세상으로 나옵니다. 아름답고, 행복하게. 독서토론 동아리 '나넘세꿈(나를 넘어 세상의 변화를 꿈꾸다)'도 감동이었습니다. 매주 진행하는 원주독서학교와 오버랩되면서 그 열정과 헌신도 감동으로 다가왔습니다.

"사람은 무엇으로 사는가?"에서
"행복한 사람은 무엇으로 사는가?"로,
다시 "사람은 어떻게 사는가?"로 질문이 다가왔습니다.

그 선생님의 그 제자들은 독서토론으로 삶의 행복을 찾았네요. 10년 전, 우리 법인이 주최한 제12회 대한민국 독서토론대회에서 단체전 중학부 결승까지 올랐으니까요. 선생님 말씀처럼 제자들도 책을 읽고 토론하고 실천하며 살아갈 것입니다. 이어 진행된 고등부 결승

전 서울 예일여고와 경북 김천고의 토론을 보며 배울 수 있는 저들이 대견했고 오늘 추천사를 쓰는 저를 포함한 우리 기성세대가 배워야 할 자세입니다. 저들의 모습을 독서새물결 누리집 제12회 독서대회 단체전 결승 동영상 자료실에서 다시 한 번 확인해 보았습니다. 거기엔 선생님 말씀같이 꽃 같은 아이들이 있었습니다.

우리 모두의 '좋은 삶'을 피워내는 질문의 시작

경상남도교육감 **박종훈**

교육감으로 재직하며 오랜 시간 많은 사람을 만나고 많은 이야기를 나누며 살아왔습니다. 함께 나눈 이야기 하나하나가 모두 소중하고 모두 의미 있었지만, 그중에서 특히 기억에 남는 것들이 있습니다. 그리고 그 이야기들에는 하나같이 삶의 진실한 실천이 담겨있다는 공통점이 있습니다. 우리 교육청 소속 황정혜 장학사님이 〈최고의 질문을 하는 사람, 북퍼실리테이션〉을 통해 들려주신 이야기 역시 그러했습니다.

〈최고의 질문을 하는 사람, 북퍼실리테이션〉은 북퍼실리테이터를 통해 '삶의 의미'를 찾아온 황정혜 장학사님의 지난 여정을 고스란히 담아낸 책입니다. 힘든 시간을 보내던 청소년 시절에 만난 한 권의 책을 통해 인생의 의미를 찾기 위한 질문을 시작하고, 그렇게 시작된 북퍼실리테이터로서의 실천적인 삶이 있는 그대로의 모습으로 드러납니다. 교육청 소속 장학사로서 과중한 업무를 처리하며 바쁜 삶을 살았던, 지난 몇 년조차 한순간도 놓지 않았던 북퍼실리테이터로서의 삶은 그 자체로 감동이었습니다.

하브루타 교육으로 유명한 유대인의 어머니들은 자녀가 학교를 다녀오면, "오늘 선생님께 무엇을 배웠느냐"고 묻기보다 "오늘 학교에서 선생님께 어떤 질문을 했니?"라고 묻는다고 합니다. 하지만, 우리 교육은 오랜 세월 학생들에게 질문하는 법을 가르치지 못했습니다. 주체적인 배움을 통해 의문을 가지게 하기보다 전달하는 지식을 일방적으로 받아들이도록만 가르쳤습니다. 그리고 이런 교육 방식은 책 읽기에도 영향을 미쳐 읽기만 하고 질문과 토론은 하지 않는 독서 습관을 만들었습니다.

텍스트로서의 책은 독자인 우리에게 많은 상상력과 창의력을 요구하며 독자가 채워야 할 의미의 여백을 남겨 둡니다. 이 여백은 우리가 끊임없는 질문과 토론을 통해 채워가야 하는 것입니다. 그리고 그런 질문과 토론은 책의 의미, 독서의 의미, 나아가 삶의 의미를 찾아가는 과정입니다. 독서에서 꼭 필요한 북퍼실리테이션의 진정한 가치가 바로 여기에 있습니다.

많이 읽는 것만큼 중요한 것이 읽고 질문하며, 책의 내용이 가진 진정한 의미를 찾아가는 것입니다. 그런 점에서 북퍼실리테이터로서의 풍부한 실천 경험이 담겨있는 이 책이 아이들을 비롯한 우리 모두에게 질문하고 대화하며 실천하는 과정이 있는, 진정한 의미의 독서를 알려주는 새로운 길잡이가 되리라 생각합니다.

'좋은 삶'을 위해 의미를 경험하고, 가치를 살기 위해 최고의 질문을 합니다.

저자의 이 말처럼, 〈최고의 질문을 하는 사람, 북퍼실리테이션〉이 우리 모두의 가장 가까운 자리에서 언제나 함께하며, 독서를 통해 의미를 경험하고 가치 있는 삶을 살기 위한 질문을 이끄는 안내서로써 '좋은 삶'을 꽃피워 주는, 최고의 친구가 되어 주길 진심으로 기원합니다. 감사합니다.

최근 인스타그램, 유튜브 등이 일상이 되면서 책 읽기에 게을러지는 경향이 발견되곤 한다.

하지만 독서가 우리에게 주는 가치와 필요성을 부정하는 이는 없을 것이다. 이 책에는 사람들과의 상호작용을 통해 책의 의미를 발견하고 나아가 삶의 변화를 이끌어 내기 위해 노력하는 퍼실리테이터의 진정성 있는 모습이 담겨있다. 자신의 분야에서 퍼실리테이션을 일과 삶에 적용하며 best practice를 찾는 퍼실리테이터들이 꼭 읽어야 하는 책이다.

(KFA CPF, 퍼포먼스웨이컨설팅 김명건 본부장)

저자를 처음 만난 것은 교사였을 때였다. 저자의 말대로 중학교가 3개 뿐인 작은 읍에서 중학교를 거쳐 고등학교 교사로 재직할 때였다. 처음 본 이후 저자를 정의하는 것은 교사나 장학사이기보다 퍼실리테이터라는 말이 가장 정확하다. 저자는 작은 마을과 속한 공동체, 그리고 한 영혼을 돕고 활성화시키는 사람이다. 이런 일은 저자가 배운 이론이나 오랜 기간의 교육 현장 경험뿐 아니라, 아직 어리디어린 15살 중학교 2학년 때의 공장 생활, 결혼 후 농부와 오후의 학원 강사 겸업 등에서 나온 것임에 틀림없다. 그래서 교육 이론과 현장, 그리고 다양한 삶에서 나온 저자의 글은 영향력이 있다. 비단 책뿐만 아니라 다양한 도구를 통해 다른 사람을 돕기 원하는 사람이라면 이 책을 읽기를 권한다.

(진영생명숲 교회 목사 노헌상)

오랜 기간 다양한 역할(학생, 부모, 교사, 교육전문직)로 올곧은 독서토론교육을 고민하며 실천해온 저자만이 쓸 수 있는 책이다. 특히, 시골 중학교 독서토론 동아리에서 치열하게 책을 읽고, 질문하고 토론했던 경험을 가진 저자의 청년 제자들이 지금도 책 읽는 삶, 토론하며 실천하는 삶을 살고 있는 이야기는 큰 울림을 준다.

(경기도토론교육연구회 정은식, 안산강서고등학교 교사)

저자와의 첫 만남은 책에 나오는 여자중학교였지만 2014년 '경남토론교육연구회'를 결성하기로 의기투합하면서 토론 교육에 대한 논의와 활동으로 함께 하게 되었다. 퍼실리테이션 연수를 함께 받으면서 학교에 어떻게 적용할 것인지 고민했고, 퍼실리테이션을 적용한 '학생인권조례', '학생이 행복한 학교' 토론회를 열기도 했다. 내가 보아온 저자는 사랑, 창의, 열정이라는 낱말로 표현할 수 있다. 교육과 학생에 대한 남다른 사랑을 새롭게 표현하고 설계하여 이를 실행하는 열정이 탁월하다. 이번에 출간되는 '북퍼실리테이션'이 저자의 삶을 증거한다. 책과 질문과 삶에 대한 성찰이 퍼실리테이션과 어우러진 이 책으로 독서 교육과 퍼실리테이션의 새로운 장이 펼쳐지고 더욱 풍성해질 것이 확실하다.

배종용(김해여고 수석교사, 경남토론교육연구회/경남학교퍼실리테이션연구회 회장)

질문이 싹튼 자리

:

학교

뫼비우스의 띠로 만든 질문 🍃

"잘 있니?"

멀리 있는 사람 안부가 궁금하여 묻는 첫말입니다. 오랜만에 만난 사람의 안부를 물어볼 때나 헤어질 때 서로를 축복하는 마음으로 인사말을 건넬 때,

"잘 살아."

"잘 지내."

잘 살기를 바라는 간절한 마음 때문에 명령형의 강렬한 어조에도 주저함 없이

"예."

부정이 낄 자리가 없는 따뜻한 언어입니다. 잘 살기를 바라는 간절한 마음으로 서로를 오래 바라봅니다. 모두의 마음에 '잘 사는 삶'이 있습니다. 모두 잘 살기를 바랍니다.

"잘 사는 것이 무엇인가요?"

이 질문은 안과 밖의 구분이 없는 뫼비우스의 띠와 같은 질문입니다. 맞는 답, 틀린 답으로 나누고 가릴 수 없는 질문입니다.

"굴뚝 청소를 하고 나온 두 사람 중에 누가 씻을까요?"

이 질문도 뫼비우스의 띠와 같은 질문입니다. 얼굴 깨끗한 사람이 더러워진 상대의 얼굴을 보고 씻는다는 지혜자의 말만 정답이 아니고, 굴뚝 청소를 했다면 얼굴뿐만 아니라 온몸이 깨끗할 리 없는 경험으로 더러워진 그 사람도 씻고, 둘 다 씻는다고 답해도 됩니다. 깨

끗한 얼굴을 씻는 그 사람은 자기를 돌아보며 '성찰하는 사람'일 것이고, 더러워진 얼굴을 씻는 그 사람은 경험으로 아는 것을 '실천하는 사람'일 것이라는 첨언이 따라오는 질문입니다. 함께 있는 시간이 오래되어도 그 자리에 머물게 되는 질문입니다.

조세희가 쓴 '뫼비우스의 띠'에 나오는 수학 선생님은 굴뚝 청소부 이야기를 들려주며 안과 밖, 선과 악으로 딱딱 구분할 수 없는 삶의 이야기를 들려줍니다. 그 이야기에 있는 앉은뱅이와 곱추를 찾아가는 질문으로 책 문을 열어봅니다.

> '뫼비우스의 띠'란 무엇인가?(사실 질문), 이 이야기에서 뫼비우스의 띠는 어떤 의미일까? (이해 질문), 앉은뱅이와 곱추가 같이 들어간 굴뚝에서 그들은 어떤 그을음을 묻히고 나왔을까? (상상 질문), 앉은뱅이와 곱추 중에 누가 씻어야 할까? (비판 질문), 그 굴뚝 안에 있던 부동산업자와 그를 죽인 앉은뱅이 중 누가 선한가? (비판 질문), 사회 구조적 악은 없는가? (비판 질문), 내가 의도하지 않았는데도 악을 선택할 수밖에 없는 상황에 놓이는 일은 없을까? (적용 질문), 선함과 악함의 평가 기준은 무엇인가?(적용 질문) 사회 구조적인 악을 방관하는 나는 선한 사람인가?(적용 질문)

자물쇠가 채워진 책 문, 책의 의미를 여는 질문을 따라 책 속 세상을 걸어가십시오. 어떤 질문이어도 괜찮습니다. 단어와 문장들, 때로는 긴 이야기에 질문을 걸어 보십시오. 책 속에 흩어져 있는 질문을 주워서 마주한 사람에게 건네보십시오. 그 사람의 질문과 나의 질문을 엮어 의미의 다발을 만들 수 있습니다. 의미의 다발은 '변화의 향기'를 선물로 보내줄 것입니다. 그러니, 질문하기를 주저하지 말고 두려워하지 마십시오. 질문은 변화를 꿈꾸는 사람들이 '좋은 삶'으로 가는 문을 열어줄 것입니다.

질문을 열고 들어갔다가 책 밖 세상으로 다시 나오게 됩니다. 질문으로 들어간 책 세상에 오래 있다 보면 현실과 마주 앉게 됩니다. 책을 읽다가 만난 질문은 변화가 필요한 세상과 나를 대면하게 합니다. 첫 음에서 강하지만 세 번째 음에서 약해지는 3박자 노래와 같이 변화를 외치는 소리가 약해진 세상에서 질문은 '변화'의 실체와 마주쳐 강음을 만듭니다. 질문을 만나서 변화에 대한 이야기를 더 강하게 할 수 있습니다.

마주한 그 사람과 '은유의 질문[1]'으로 더 오래 만날 수 있습니다. 은유 질문은 더 큰 의미 다발이어서 묶인 것을 풀어내려면 더 오래 함께 있어야 합니다. '굴뚝'은 우리가 사는 '삶의 문제'로, '청소부'는 '문제를 해결하는 사람'으로 은유해 봅니다. 그러면 지금까지 한 번도 들어가 보지 않았던 어두운 굴뚝을 타고 내려가 같은 재를 뒤집어쓰면서 청소를 하게 됩니다. 첫 경험으로 마음과 몸이 몹시 상기할 수 있습니다. 부디 스스로 재가 되지는 마십시오.

조세희 작가의 '뫼비우스의 띠'에서 중병을 앓던 아버지를 돌보다

---

[1] 'A는 B이다, 'B인A'와 같이 A와 B를 대치하는 은유법을 사용한 질문으로 표현하고자 하는 것과 비유되는 것을 동일시하는 기법을 적용한 질문이다.

숨지게 한 가난의 잿더미를 발견할 수 있습니다. 4년 선고의 판결에 선처를 호소하는 사람들과 함께 같은 재를 뒤집어쓰고 차가운 바닥에 엎드려 찢어진 손을 움켜쥐게 될지도 모릅니다. 부동산 정책이 정권 교체의 중요 원인이라고 분석한 기사문을 읽고 '부동산 중개업자가 죽은 곳이 '개인의 굴뚝이 아니라 사회의 굴뚝'이라는 의문을 가지고 성장 중심의 경제보다 정의롭고 연대하는 탈성장 사회를 생각할 수 있습니다. 경쟁에서 자유로운 **협력**과 지역을 기반으로 지속 가능한 문명을 가능하게 하는 **공유**의 메시지를 들을 수도 있습니다. 좋은 삶을 위한 교육과 이동성, 거주를 위한 토지가 무상으로 분배되어야 한다는 이야기로 예정한 시간보다 더 오래 굴뚝을 청소할 수 있습니다. 중앙집중적 생산 거점을 통해 세계로 확장하는 것을 멈추고, 우리가 익숙해져 있는 자본주의를 넘어서 작은 것이 아름다운[2] 세상을 찾아 나설 수 있습니다.

의미의 문을 여는 질문을 가지고 책으로 가서 '다시 읽기'를 합니다. 굴뚝 청소를 하고 깨끗한 얼굴로 나온 사람을 본 적 없는 배경지식의 항변을 다독거리고, 몇 가지 사례나 경험으로 그 전체를 단정 짓거나 판단하는 성급한 일반화의 오류를 품습니다. 잘못된 질문이라고 성급하게 따지며 고함치는 고정관념도 달랩니다. 옳고 선한 것을 판단하는 기준이 명확한 세상이 아니기 때문에 안과 밖, 정답과 오답, 명확과 불명확, 흑과 백으로 구분할 수 없다고 설득합니다. 나

---

2) '작은 것이 아름답다. 인간중심의 경제를 위하여',
   에른스트 슈마허 지음, 문예출판사, 2002.

와 다른 의견, 생각, 느낌을 견디는 힘을 가져봅니다. 책의 의도가 확실치 않아 머뭇거려도 괜찮습니다. 머뭇거리는 시간은 생각의 자리에 머물게 하고 마주한 글을 다시 생각하는 배려의 시간이기 때문입니다. 잠깐의 머뭇거림으로 사려 깊은 사람이 되어갑니다.

의미의 다발이 가득한 책으로 가서 질문이 만든 '의미의 지도'를 따라 삶이 걸어온 질문의 답을 찾습니다. '의미'는 가치나 중요성, 뜻이나 의도를 품은 단어입니다. 행동경제학자 댄 애리얼리(Dan Ariely)의 실험[3]은 의미를 부여하는 것이 좋은 결과를 만들 수 있다는 주장의 근거가 됩니다. 이름을 적는 작고 사소한 차이로 결과가 달라진 실험은 의미를 발견한 삶과 그렇지 않은 삶의 모습이 달라질 것임을 알려줍니다. 〈죽음의 수용소〉에서 빅터 프랭클은 "의미의 부재는 인간이 겪는 수많은 고통과 비참함의 근원"이라고 말합니다. 작고 사소한 일상이나 크고 중요한 사건에서 발견하는 '의미'는 살아갈 이유가 됩니다. '의미'는 주어지는 것이 아니라 발견하는 것이라는 조언과 함께 '삶의 의미'를 묻는 질문에 다음과 같이 답합니다.

정말 중요한 것은 우리가 삶으로부터 무엇을 기대하는가가 아니라 삶이 우리에게 무엇을 기대하는가이다. 삶의 의미에 대해 질문을 던지는 것을 중단하고, 삶으로부터 질문을 받는 우리 자신에 대해

---

3) 댄 애리얼리, 마음이 움직이는 순간들, 생각정거장, 2020.
    이름을 적고, 제출한 인쇄물을 확인한 그룹이 이름을 적지 않고, 제출한 인쇄물을 확인하지 않은 그룹보다 제출한 인쇄물의 양이 더 많았음.

매일 매시간 생각해야 할 필요가 있다. 그리고 그에 대한 대답은 말이나 명상이 아니라 **올바른 행동과 올바른 태도**에서 찾아야 한다. 인생이란 궁극적으로 이런 질문에 대한 **올바른 해답을 찾고, 개개인 앞에 놓인 과제를 수행하기 위한 책임을 떠맡는 것**을 의미한다.[4]

 빅터 프랭클은 말이나 명상보다 **올바른 행동과 태도, 삶으로부터 온 질문에 해답을 발견하고 '실천하는 삶'을 강조합니다.** 말이나 명상이 아니라 구체적이고 현실적인 행동과 태도로 높은 과제를 수행하는 책임 있는 삶으로 우리를 초대합니다. 54가지 미덕이 적혀 있는 버츄 카드에서 '책임감'은 유능하게 대처하고 현명하게 선택하는 능력으로 정의합니다. 버츄 카드의 '책임감'에 제시된 행동과 태도를 뽑아 한 땀 한 땀 삶을 짓는 바느질을 합니다.

> 약속에 대해 진지하게 생각하세요.
>
> 능력이 닿는 한 최선을 다해 주어진 일을 하세요.
>
> 당신 몫의 일을 기꺼이 하세요.
>
> 실수는 변명하려 하지 말고 인정하세요.
>
> 오해는 서둘러 푸세요.
>
> 어떤 일을 하든지 최선을 다하세요.

---

4) 빅터 프랭클, 죽음의 수용소에서, 이시형 옮김, 청아출판사 p138.

최선을 다하고 싶은 일, 능력이 닿는 한 최선을 다하고 싶은 일이 있습니다. 내 몫인 일을 하다 실수하고 오해받는 일이 생기지만 끝까지 하고 싶은 일입니다. 시련과 고난의 터널을 걸어도 기꺼이 하고 싶은 일은 '의미'를 발견하고 책임지는 일입니다. '의미를 여는 문'인 질문으로 '좋은 삶'을 만드는 북퍼실리테이션을 하는 것입니다. 조세희 작가의 '뫼비우스의 띠'를 다시 열고 '좋은 삶'을 만드는 질문을 이어갑니다.

'곱추는 왜 앉은뱅이를 떠나고, 앉은뱅이는 왜 눈물을 흘릴까?'

안타깝고 슬픈 결말에 주저앉은 채로 책 문을 닫을 수 없습니다. 곱추의 뒷모습을 바라보는 앉은뱅이를 거기 둔 채 떠날 수 없습니다. 앉은뱅이를 두고 떠나는 곱추를 두려움의 감옥에 둘 수 없어 앉은뱅이와 곱추, 부동산업자가 다 같이 '잘 사는' 길을 두리번거립니다. 그 길이 잘 보이지 않아서 막막합니다. 가난한 사람, 약한 사람들이 악한 사람이라는 죄명을 달고 살아도 괜찮은지 당신에게 묻습니다. 무슨 영문인지 모르는 당신께 이야기를 들려주며 '잘 사는' 길을 함께 찾자고 권합니다. 당신이 함께 가면 힘이 들어도 참을 만하고, 참다가 쓰러져도 일으켜줄 당신이 있어 안심이 됩니다. '좋은 삶'을 외치기만 하는 당신이 아니라서 더 힘이 납니다. 의미를 발견하고 책임 있게 살아가는 당신과 함께 있어 좋은 삶이 됩니다.

좋은 삶 🍃

"무엇이 좋은 삶인가요?"

뫼비우스의 띠와 같은 질문입니다. 이 물음에 침묵이 돌아와도 당황하지 않습니다. 곧바로 답을 듣겠다는 기대를 내려놓은 물음이니까요. 질문이 끝나자마자 곧장 답이 돌아온다면 묻는 이가 오히려 당황할 질문입니다. '좋은 삶은 이것이다'로 단정할 수 없어, 마주 앉자 오래 이야기 할 수 있는 '좋은 질문'입니다.

'좋다'의 사전적 의미는 '성질이나 내용이 보통 이상이거나 우수하다, 잘 어울리거나 알맞다, 다른 대상이나 현상보다 더 낫거나 바람직하다, 기쁘고 즐거워서 상쾌하다, 마음에 드는 상태에 있다, 대하기에 부드럽고 원만하다' 등입니다. **높이**(보통 이상이거나 우수하다)와 **깊이**(더 낫거나 바람직하다), **넓이**(대하기에 부드럽고 원만하다)와 **길이**(다른 대상이나 현상보다 더 낫거나 바람직하다)에 두루두루 쓰이는 둥근 단어입니다.

'좋다'의 반대말은 '싫다, 나쁘다'입니다. '싫다'는 '마음에 들지 않거나 하고 싶은 마음이 없다'는 뜻이고, '나쁘다'는 '성질이나 내용이 보통보다 낮다, 양에 차지 않는 상태에 있다'입니다. '좋은 삶은 보통보다 높고 양에 차는 상태에 있는 삶'으로 나쁜 삶의 반대 의미로 정의하면 욕심을 담은 말이 됩니다. 보통**보다** 높은 삶은 비교 대상을 가지는 말이어서 거북합니다.

국가별 국민 행복 점수와 국민의 행복에 영향을 미치는 주요한 요인을 제시하고 있는 '2022 세계행복 보고서'[5])에 따르면 한국 국민의 행복 점수는 전체 149개국 중 62번째입니다. OECD 37개국 중에서는 35번째입니다. 삶의 만족과 행복에 영향을 주는 소득 수준은 OECD 국가 중 9번째입니다. 소득 수준과 행복이 비례하지 않습니다. 경제적 수준이 삶의 만족감과 행복에 영향을 주는 절대적 요인이 아니라, 어려움에 처했을 때 도움받지 못하는 데서 오는 고립감, 과도한 경쟁과 비교를 당하는 것 등이 행복 점수가 낮은 주요 요인입니다.

비교하는 뇌를 가진 사람이 행복감이 낮은 실험 결과를 바탕으로 한국인의 뇌를 확인한 사례가 있습니다. 비교로 인한 심리적 반응을 측정하기 위해 뇌영상촬영(FMRI) 기법을 사용한 연구 결과[6])에서 한국인의 뇌는 '비교하는 뇌'로 확인되었습니다. 이 사례를 볼 때 좋은 삶을 '보통**보다** 높은 삶'으로 정의하는 것은 바람직하지 않습니다.

보통보다 높은 삶이 '좋은 삶'이라고 쓰지 않는 데에는 비교에 대한 거부감 외에 비교의 기준이 모호한 까닭도 있습니다. '보통'의 상태를 설정하기 어렵습니다. 특별하거나 드물지 않고 평범한 것, 뛰어나지도 않고 열등하지도 않아 중간 정도인 '보통의 삶'을 설정하기 어렵습니다. 뛰어남, 중간, 열등으로 삶을 구분할 수 없고 수치로 측정해서

---

5) 세계행복보고서는 유엔 산하 자문기구인 지속가능발전해법네트워크가 매년 발표하는 보고서로, 세계 각 나라 거주민들의 행복을 정량화하여 행복 지수로 표현하고, 이를 통해 정부, 기업 및 시민 사회가 행복에 관한 복지를 평가 및 피드백 할 수 있도록 한다. 위키백과 참고.
6) 최인철, 굿라이프, 21세기 북스, p191.

비교할 보통의 삶이 없습니다.

　'좋은 삶'은 '마음에 들거나 살고 싶은 상태에 있는 삶'으로 싫은 삶의 반대 의미를 빌려 정의합니다. 측정하거나 비교하는 삶이 아니라 마음의 상태에 따라 좋은 삶을 말할 수 있습니다. 좋은 삶은 살고 싶은 마음이 가득한 상태로 목적과 의도, 중요성, 유용성 등을 품고, 자신이 무엇과 연결되는지 이해하기 어려운 상황에서도 '의미를 발견하는 삶'으로 정의할 수 있습니다. '의미를 발견하는 삶'은 죽음과 고통에서도 살아야 할 이유를 발견하고 살고 싶은 마음 가득한 '좋은 삶'을 만들 수 있을 것입니다.

　당신의 삶은 '좋은 삶'이라고 말할 수 있습니다. 당신이 추구하는 목적과 중요하게 생각하는 일, 모든 사람들에게 가진 것을 나누는 삶은 '의미'가 있기 때문입니다. 당신과 함께 있을 때, 더 나은 사람이 되고 싶고 살고 싶은 마음이 가득해지기 때문입니다. 좋은 삶은 살고 싶지 않은 '싫은 삶'을 품어 줍니다. 당신은 도종환 시인의 '멀리 가는 물'처럼 더럽혀진 물이나 썩은 물을 만나도 거기 멈추지 않고 다시 맑아져 '멀리 가는 좋은 삶'을 만듭니다.

질문의 자리 🍃

어떤 강물이든 처음엔 맑은 마음
가벼운 걸음으로 산골짝을 나선다.
사람 사는 세상을 향해 가는 물줄기는
그러나 세상 속을 지나면서
흐린 손으로 옆에 서는 물과도 만나야 한다.

이미 더럽혀진 물이나
썩을 대로 썩은 물과도 만나야 한다.
이 세상 그런 여러 물과 만나며
그만 거기 멈추어 버리는 물은 얼마나 많은가.
제 몸도 버리고 마음도 삭은 채
길을 잃은 물들은 얼마나 많은가.

그러나 다시 제 모습으로 돌아오는 물을 보라.
흐린 것들까지 흐리지 않게 만들어 데리고 가는
물을 보라 결국 다시 맑아지며
먼 길을 가지 않는가.

때 묻은 많은 것들과 함께 섞여 흐르지만
본래의 제 심성을 다 이지러뜨리지 않으며

제 얼굴 제 마음을 잃지 않으며

멀리 가는 물이 있지 않은가. 〈도종환, 멀리 가는 물, 전문〉

맑은 마음으로 가볍게 살고 싶어도 세상 속을 지나면서 힘든 물이
된 사람이 있고, 흐린 물이 되고 싶다고 다짐하지 않았지만 흐린 물
이 된 사람도 있고, 깨끗한 물로 흘러서 많은 이가 '찾는 물'이 되고
싶은 꿈을 가졌으나 더럽혀진 '부끄러운 물'도 있습니다. 이 골짝 저
골짝 다니며 마른 잎새 적셔주고 싶었으나 바위에 눌려 멈춰선 물도
있고, 이일 저일 가리지 않다가 몸도 버리고 상처투성인 '마음 삭이
는 물'이 있습니다. 살아갈 길이 막막하여 길 잃은 물, 살아갈 이유를
찾지 못해 더 '아픈 물'도 있습니다. 그 어느 곳에도 있고 싶지 않아서
'도망가는 물'도 있습니다.

그러나 어디로 흘러야 할지 몰라 책으로 피해 가서 다시 맑아진
물, '멀리 가는 물'이 된 사람이 있습니다. 읽기의 본질7)을 배우는 '질
문의 자리'에서 만난 나넘세꿈입니다. 읽기 자료에 대한 비판적 독서
를 통해 독자 자신이나 사회가 안고 있는 문제들에 대한 해결의 실마
리를 얻고, 필자의 관점이나 생각에 대하여 다양한 대안을 마련하며
읽는 '읽기' 영역의 성취기준 [10국02-03]을 배우는 '질문의 자리'에
서 멀리 가는 물을 만났습니다.

---

7) '읽기'는 읽기 과정에서 문제를 해결하며 의미를 구성하고 사회적으로 소통하는 행위이다.

현실에서 도피하기 위해 찾았던 책에서 오히려 현실의 문제와 만났습니다. 책에서 만난 문제는 차분하게 생각할 수 있어서 좋았습니다. 지치고 힘들 때 책을 찾았고 위로를 받았습니다. 책 읽기를 좋아하는 저는 책을 읽고 다른 사람들과도 나누고 싶어 '나넘세꿈(나를 넘어 세상의 변화를 꿈꾸다)' 수업을 신청하였습니다. '나넘세꿈 수업'은 책을 읽고 질문하기, 논제 만들어 토론하기 활동이었습니다. '논제'는 주어지는 것이 당연하다고 생각했기 때문에 어떻게 만들어야 할지 몰랐습니다.

선정 도서인 〈무녀도〉를 읽고 나서도 엄두를 내지 못하자 '논제'가 무엇인지를 이해하지 못했다고 생각했습니다. '논제란 무엇인가?'를 고민했습니다. 토론에서 '논제'는 주로 사회 문제나 화두가 되는 현상을 다루며 찬성과 반대로 분명하게 나눠집니다. 화두가 되는 소재를 찾기 위해 비판적 접근이 필요하다고 생각했고 이를 염두에 두고 다시 작품을 들여다보았습니다. (다시 읽기) '무녀도'에서 집에 방치된 장애아와 자살을 방관하는 사람들, 종교를 강요하는 모습이 보이기 시작했습니다.

〈무녀도〉를 읽고 '장애가 있는 아이의 양육을 정신적으로 불안한 아내에게 맡기는 남편의 행동은 옳은가?'라는 질문을 만들었습니다. (질문의 과정) 비판적 접근으로 소설 속에서 사회문제를 발견한 경험은 제게 소설뿐 아니라 실제 사회를 바라볼 때도 비판적 태도를 길러주었습니다. 비판적으로 현실을 바라보자 사회의 긍정적인 면보다 부정적인 면이 더 많이 보였습니다. 현실은 알수록 암울했고 비참했습니다. 방치되고 학대당하는 아이, 성폭력 생존자, 굶어 죽는 빈곤층, 전쟁의 상처로 병든 사람들의 삶 등은 현재진행형입니다. 저는 외면할 수 없는 현실에 힘들었지만 인간다운 삶을 위해 할 일을 찾았습니다.(의미 발견) 이는 제 진로를 정할 때 가장 큰 부분을 차지하였고 인간의 행복한 삶을 위해 공부를 하기로 결심하였습니다.(실천의 과정) 〈나넘세꿈 희진〉

희진이는 '질문의 자리'에서 선행 경험에 뒤따르는 학습이나 문제 해결에 활용할 원리를 찾는 질문을 하고 있습니다. 고등학생이던 질문자가 이해하지 못한 '논제란 무엇인가'는 중학교 교육과정에서 다루었습니다. 그 이전 단계인 초등학교 6학년 국어과 교육과정에도 제시되어 있습니다. [6국01−03]의 성취기준은 '절차와 규칙을 지키고 근거를 제시하며 토론한다.'입니다. 이 성취기준은 토론의 일반적 절차와 규칙에 대한 이해를 바탕으로 타당한 근거를 들어 논리적으로 주장을 펼치는 능력을 기르기 위해 설정되었고, 찬성 측과 반대 측으로 나누어 '논제'에 대한 자신의 주장을 펼치는 선행 경험이 있었다는 정보를 알려 줍니다.

중학교 교육과정에서도 주장과 논박을 중심으로 한 토론의 일반적 절차에 따라 '논제'에 대한 입장을 논리적으로 구성하여 설득력 있게 제시하는 토론 활동을 제시합니다. 특정 토론 모형에 대한 전문적 지식은 배제하고, 찬성과 반대로 맞서는 '논제'를 선정하여 입장을 정한 뒤, 자료를 수집 분석하여 상대방의 주장에 대해 논리적으로 반박하는 활동을 제시하고 있어 중학교에서도 희진이는 토론을 배웠습니다.

논증과 설득 전략, 토론과 논제 그리고 쟁점에 대한 지식은 초등학교에서부터 접하기 시작했으나 '질문의 자리'에서 '논제란 무엇인가?'의 답을 찾는 경험으로 더 잘 배울 수 있었다고 봅니다. 초등학교와 중학교에서 '토론한다.'를 '토론에 대해 안다.'로 배웠을 수 있습니다. '토론할 수 있다.'와 '토론에 대해서 알고 있다.'는 다릅니다. 토론 '능력'과 토론 '지식' 중 어느 것을 가져야 할까요? 지식과 능력 둘 다 가져야 합니다. 그러나 현실은 토론 '지식'을 가지는 것에 멈춰 있습니다. 잘 배우기 위해 새로운 장면의 학습이나 행동에 영향을 미치는 지식의 전이가 일어나는 경험이 필요합니다. 질문자가 스스로 관계를 파악하고 다양한 상황에 적용할 기회를 갖고 통찰할 수 있는 '질문의 자리'에서 지식의 전이가 가능해질 것입니다.

같은 책을 읽고 난 후 이야기가 다양한 것은 각 사람의 현실과 경험이 다르기 때문입니다. 읽기의 본질을 배우는 질문의 자리에서 대화를 나누는 것으로 현실의 문제가 해결되지는 않습니다. 그러나 문제 해결을 위해 필요한 공간과 시간, 사람 또는 다른 것을 생각하도록 질문의 자리를 만들고 대안을 마련할 수 있도록 도움을 주어야 합니다. 문제를 발견하는 질문, 원인을 알고 해결 방법을 찾는 질문, 문제 해결을 위한 실행 계획을 만드는 질문으로 그 사람의 곁에 오래 머물러야 합니다.

선정 도서인 〈무녀도〉를 읽고 나서도 (논제를 어떻게 만들어야할지)엄

두를 내지 못하자 저는 과제 자체를 이해하지 못하고 있다고 생각했습니다. 이는 '논제란 무엇인가'에 대한 고민으로 이어졌습니다.

'질문의 자리'에 앉아 '논제가 무엇인가'를 해결하려는 질문자를 오래 기다려줍니다. 관심사나 문제를 찾아가는 질문과 대화의 과정을 생략하거나, 정해진 답을 하라고 재촉하지 않습니다. 제가(교사가) 질문을 만들어 논제(관심사)를 제시하면 그것은 제 문제이고 제 관심사입니다. 질문의 자리에 앉은 사람은 마주한 사람의 관심사나 문제를 알고, 그 문제를 해결하기 위해 대안을 찾을 수 있도록 도움을 주어야 합니다. 질문의 자리에서는 책을 읽는 모든 사람이 질문의 주체입니다. 질문의 주체가 되어 마주한 사람에게 관심을 가지고 해결할 문제를 찾을 수 있도록 질문해야 합니다. '질문의 자리'에서 해결할 문제를 찾는 질문과 질문에 답하는 대화의 시간을 지나야 더 큰 의미를 만나는 공유의 자리로 갈 수 있습니다.

공유의 자리 🍃

삶의 문제에 대한 해결 방안이나 필자의 생각에 대한 대안을 찾으며 읽을 때에는 현재 가지고 있는 삶의 문제가 무엇인지 짚어보고 이와 관련되거나 해결해 줄 수 있는 책을 읽은 후, 문제를 해결하거나 의미를 발견한 경험을 다른 사람과 나누는 '공유의 자리'를 가져야 합니다. '읽기'는 읽기 과정에서 문제를 해결하며 의미를 구성하고 사회적으로 소통하는 행위[8]이기 때문입니다. 읽기 과정의 주체는 책을 읽는 바로 그 사람이고 의미를 구성하고 소통하는 행위의 주체도 읽는 그 사람입니다. 책을 읽는 그 사람은 질문의 자리에서 찾은 의미를 공유의 자리에서 소통하는 '주체'입니다. 읽기과정에서 발견한 '의미'를 가지고 다른 '의미'를 만나서 소통하는 행위로 '의미의 재구성'을 합니다. 사회적 소통 행위가 가능 하려면 작가에게 질문하고 글의 문장에 말을 걸어보고 글 내용에 질문하는 개인의 자리에서 함께 읽는 '공유의 자리'로 나와야 합니다. 질문과 질문이 만나는 자리, 의미가 만나는 공유의 자리에서 '읽기의 주체'는 사회적으로 의미를 소통하는 '삶의 주체'가 됩니다.

나넘세꿈 희진이는 〈무녀도〉를 읽고 자신이 가진 문제나 관심사가 무엇인지 톺아보았습니다. '장애를 가진 사람이 장애가 있는 사람을 돌보는 것이 옳은가?'를 질문한 희진이는 장애인 권익 보호와 차별 금지, 국가와 지방자치단체의 책임에 대해 생각하는 사람이 되었습니다. 국가와 지방자치단체는 장애 발생을 예방하고 장애의 조기 발견에 대한 국민의 관심을 높이며, 장애인의 자립을 지원하고, 보호가 필요한 장애인을 보호하며 장애인의 복지 향상의 책임을 진다는 등의 내용을 담은 '장애인복지법', 법률 제18625호를 찾아 읽고 실천하는 사람이 되었습니다. 사회의 복지를 향상시키는 사람이 되어야겠

---

8) 2015국어과교육과정 읽기의 본질.

다는 목적, '삶의 의미'를 찾았습니다. 질문의 자리에서 찾은 과제를 따라 질문에 답하는 삶의 자리를 찾았습니다.

개인의 행복을 추구하는 자리에서 모두의 행복을 위하는 공유의 자리에 앉아 제 몫의 책임을 감당하는 사회복지사로 살고 있습니다. 국가의 책임을 자신의 책임으로 가져온 희진이는 '멀리 가는 물'이 되어 다른 책을 찾아 읽고 발견한 의미를 실천합니다.

피터싱어가 짓고 김성한이 옮긴 책 〈동물해방〉을 읽고 페스코로서 채식 생활을 했습니다. 생활과 윤리를 공부하며 피터싱어를 알았고 다시 이 책을 읽었습니다. 공장식 축산에 대해 알게 된 후, 그것에 동조하지 않겠다는 의지로 채식을 시작했습니다. 그동안 많은 사람이 채식하는 이유를 물었지만 제 말을 진지하게 들어 준 사람은 부모님께서 채식하는 친구밖에 없었습니다. 제대로 들어 줄 생각도 없이 물어본 이들은 저를 농담거리처럼 대했습니다. 윤리적 삶을 위해 시작한 채식으로 존중받지 못하는 사회적 소수자가 되었습니다. 저를 이해하려는 뜻이 없거나 배려하는 마음 없이 이상한 사람 취급을 할 때는 '채식을 계속해야 하는가'하는 생각도 들었습니다. 이 불유쾌한 경험을 통해 우리 사회에서 소수자로 살아가는 것이 얼마나 힘겨운 일인지 알았습니다. 그러나 이 경험은 우리 사회의 소수자에게 공감하고 다가갈 수 있는 사람이 되게 해주었습니다.

피터 싱어의 책 〈동물해방〉을 읽고 소수자의 삶에 가까이 다가간 사람이 되었습니다. 김동리의 소설 〈무녀도〉에서 낭이를 만난 희진이는 다른 책을 읽으면서도 소수자와 약자에 대한 관심을 내려놓지 않았습니다. 또 다른 '나넘세꿈'은 다른 책에서 육식 중심의 식생활을 해결 할 문제로 가져왔습니다. 다른 질문자가 읽은 책으로 공유의 자리를 만들어 육식 생활로 인한 삶의 문제를 만나보겠습니다.

병원균의 전략과 검은 다이어트 🍃

구세계와 신세계 사회의 충돌에서 빚어진 인구 교체의 결정적인 사건은 스페인의 '피사로'가 잉카의 황제 '아타우알파'를 사로잡은 순간이라고 규정합니다. 행정 및 기술면에서 가장 발전된 국가를 다스리는 황제가 사로잡힌 것은 유럽인들이 남북아메리카 정복을 상징하는 사건입니다. 제레드 다이아몬드의 〈총, 균, 쇠〉를 읽으면서 이 책의 흐름을 끝까지 따라가는 질문을 찾았습니다.

"아메리카 원주민들이 유럽인들에게 정복당한 이유는 무엇인가?"

정복화의 궁극적 요인은 식량 생산과 가축용 작물화에 있고, 정복의 직접적 요인은 병원균, 기술, 정치 조직, 문자, 그리고 아메리카의 남북축보다는 유라시아의 동서축 방향이 전파와 확산이 쉬웠다는 점에 있습니다.

동물의 가축화로 인해 인구가 증가하면서 세균 발생이 증가했다는 대목에 생각이 머무릅니다. 동물을 통해 발생한 세균은 인간의 몸을 숙주로 삼고 전파되면서 진화한다는 것입니다. 전쟁으로 죽은 사람보다 전염병으로 죽은 사람이 더 많다는 것, 유럽의 병원균이 아메리카 원주민을 몰살시킨 사례를 통해 정복의 역사가 병원균의 영리한 진화적 전략과 관련이 있음을 알 수 있습니다. 인류의 문명과 문화 발전을 다른 관점에서 생각하게 해주는 책입니다.

4차 산업으로 진입하는 시점에서 강력한 병원균의 등장으로 인류는 언제 또다시 죽음의 도가니에 들어가게 될지 알 수 없습니다. 새로운 문명과 문화는 새로운 균의 진화를 어떻게 수용해야 할까요? 인류의 존재를 위협하는 대상을 제압하고 우리는 승리자의 위풍당당한 개선문을 지나면서 환호할 수 있을까요? 제레미 리프킨의 〈총, 균, 쇠〉는 승리의 개가를 부르며 행복한 미래로 향하는 우리의 상상과 기대에 찬물을 끼얹는 역사서 같습니다. 역사를 고찰하는 과정에서 겸손을 겸비하는 성찰을 하게 됩니다.

밤늦은 시각에 배달 음식을 시켜 먹은 저는 체중계에 오르기가 무섭게 황급히 내려와 한마디 내뱉습니다.

"다이어트 해야겠다."

장 지글러의 〈굶주리는 세계, 어떻게 구할 것인가?〉에서는 자유주의, 세계무역기구, 국제 통화기금, 세계은행, 그리고 거대 다국적 기업을 가난한 나라의 실낱같은 삶을 집어삼키는 뱀상어에 빗대어 표현합니다. 기아는 지리적 조건에 의한 숙명이 아니라 정치적 행위의 결과로 자행하는 인위적 살인이라고 외칩니다.

'검은 다이어트'는 기아를 통한 대량 살상 계획을 일컫는 말입니다. 나치의 기아 전략은 점령국 약탈과 인종차별 정책에 사용되었고, 국가통화기금의 개입에 의해 목축 농가에서 도시빈민가로 전락한 니제르의 사례뿐만 아니라 아프리카와 아시아의 사례를 들어 기아 원인이 정치적 행위의 결과임을 증명합니다. 세계 농가공 식품시장을 장악한 거대 다국적 기업으로 인한 브라질의 극빈자 '보이아 프리우', 식량과 맞바꾼 원유 프로그램으로 이라크의 55만 아이들을 기아로 사망하게 한 유엔, 가장 빈곤한 가정의 막내들이 걸리는 '노마'에 무관심한 세계보건기구의 예에서 세계화와 신자유주의는 맞물려 돌아가는 톱니바퀴 같습니다.

그러나 '희망의 바람'을 일으키는 사람들이 있습니다. 무관심과 냉소가 만든 질병, '노마'를 퇴치하는 필립 라틀, 국제기구의 무력함을 대신하여 '기아'와 싸우는 밤바 티알렌느 출신의 소박한 농부 '시소코', 세계식량농업기구를 만들어 기아 문제에 대한 의식을 일깨우고 공평하게 식량을 분배하는 식량권으로 인간의 권리를 회복하는 브라질 출신 의사 '조수에 아폴로니오 데 카스터로'가 그들입니다. 인구 조절 기제인 '자연 도태설'이라는 방패 뒤에서 기아로 고통받는 사람들을 위해 해야 할 일을 모르는 체하거나, 그들의 아픔에 고개를 돌리지 말아야겠습니다.

발효와 부패 🌿

화단에 꽃망울이 하얗게 터집니다. 물 한 모금 한껏 머금었다가 터트린 듯, 안개 낀 아침에 어른거리는 꽃 그림자, 매화꽃입니다. 꼭 다문 입술에 하얀 얼굴이 도도합니다. 한 마디 말 건네기 어려운 차가움에도 따뜻함이 있습니다. 저러다 곧 초록과 함께 할 거면서 앙탈을 부립니다. 매화꽃 핀 길을 걸으면서 매실의 수다를 끄집어냅니다. 흰 기운 속에 감춘 매실의 속내를 찾아낸 2월 아침은 생명으로 가득합니다.

〈시골빵집에서 자본론을 굽다〉[9]를 읽으면서 매실 독 속에 부풀어 오르는 하얀 거품을 조마조마 지키던 작년 5월의 기억이 새록새록합니다. 태어나 처음 만든 매실 액기스입니다. 초록매실을 따서 하얀 설탕에 담그는 일은 커피 한 잔으로 의식을 깨우고 빵 한 조각으로 끼니를 때우며 이리저리 뛰어다니는 일상을 잠시 멈추게 합니다. 하얀 설탕이 조심조심 초록으로 내려앉는 것을 몰래 보며 썩지 않고 살아나는 발효의 달달한 기쁨이 스며들 수 있도록 멈춰봅니다. 자연의 힘으로 억세게 살아가는 생명력 있는 것들이 만나 더 큰 생명을 키우는 것이 '발효', 살아갈 힘이 없는 것들은 썩게 만드는 것이 '부패'입니다.

천연균을 찾아내어 일본식 술 제조기술로 주종을 만든 빵을 구워서 생산지도 속이고 노동자의 시간을 훔치는 자본주의에 저항하는 시골 빵집이 있습니다. 시골에서 좋은 일, 의미 있는 일을 하는 시골

---

9) 와타나베 이타루, "시골빵집에서 자본론을 굽다", 더숲, 2014.

빵집입니다. 이윤보다 더 소중한 의미를 구워낸 발효 빵으로 자본에 주린 삶을 먹입니다. 오카야마 현 마니와시 가쓰야마의 '다루마리 빵집'은 설탕을 빼고, 우유도 빼고, 버터와 계란도 뺀 뺄셈의 빵으로 경제와 돈을 부패시킵니다. 천연 균과 자연 재배한 쌀, 맑은 공기와 물로 만든 발효 빵으로 좋은 삶을 굽습니다. 자연 순환에 발효균을 넣어 지속가능한 삶을 굽습니다.

번개가 쳐야 벼가 여물어지는 자연의 섭리를 배우라고 균들이 귀엣말을 합니다. 균들이 소곤거리는 매실 통에 하얀 거품이 뽀글뽀글합니다. 배 아플 때 먹여주시던 매실액에서 매화꽃 닮은 어머니의 약손을 봅니다. 감기로 고생하는 아이를 더 괴롭게 하지 말고 병원 약 먹이라는 성급한 핀잔도 참아가며 유기농 콩나물, 배, 도라지 넣고 다리시던 어머니, 채소밭에 거름 주어 키운 상추, 고추 뜯어 살찌우신 어머니를 만납니다. 자연의 섭리를 만난 오늘 아침에는 매화꽃 아래에서 한참 서성거립니다.

삶의 의미 🌿

'좋은 삶'이 살고 싶은 마음이 가득한 상태의 삶이라면, 살고 싶은 마음이 없는 상태의 삶은 '싫은 삶'입니다. 절망과 고통이 가득한 '싫은 삶'은 살아야 할 이유를 발견하지 못하는 삶입니다. 살고 싶은 마음이 없는, 삶의 의미를 발견하지 못한 '싫은 삶'이 있었습니다. 마음이 마음에게 물어봅니다.

"살고 싶은 마음이 없으면 어떻게 살아?"
"……!"

　살아야 할 이유를 찾고 싶지 않았습니다. 삶의 의미를 발견하지 못한 상태입니다. 마음에 담아둔 '의도나 목적'이 없고, 다른 사람과 환경, 그 어떤 존재와 연결되지 않은 상태입니다. 목적을 생각할 틈이 조금도 없습니다. 살아 있는 것만으로도 하루가 힘겹기 때문입니다. 가족 중 누군가 건강을 잃으면 나의 삶도 안녕할 수 없습니다. 하루가 두려움으로 가득찹니다. 네가 자란 내일의 빛나는 모습을 볼 기대가 사라지는 일, 희망이 사라진 하루는 두렵습니다. 단 하루뿐인 것 같아서 휘청거립니다. 내일 어찌 될지 모른다고 오늘을 허투루 살아서는 안 된다는 각오나 다른 의미를 추구하고 싶다는 의지를 품을 수 없습니다. 스피노자는 "내일 세계의 종말이 올지라도 나는 오늘 사과나무를 심겠다." 했지만요.

　짧은 시간을 위해서는 '즐거운 경험'을 선호하고 긴 시간을 위해서는 '의미 있는 경험'을 선호한다는 연구[10]가 있습니다. 즐거운 경험은 '키스하기, 술 마시기, 내기하기'라는 표현으로, 의미 있는 일은 '고전

10)　최인철, "굿 라이프", 21세기북스, p191.

읽기, 공부하기, 자원봉사와 같은 구체적인 활동으로 표현하고 측정했을 때, 인생이 짧다고 생각할수록 '키스하기, 술 마시기'와 같은 즐거운 경험에 속하는 행동을 자주 하는 것으로 나타났습니다. 생의 지속 시간을 어떻게 인식하느냐에 따라 즐거운 경험과 의미 있는 경험에 대한 선호가 다릅니다. 누군가 '인생을 즐기라'고 이야기한다면, 그는 '인생이 짧다'고 생각할 가능성이 큽니다. 누군가 인생을 의미 있게 보내라고 속삭인다면 그는 당신이 오래오래 살기를 바라는 사람입니다. 의미 있는 일을 하라고 말하는 그 사람은 가치 있는 일이지만 힘들어 피하는 일을 하는 사람, 다른 사람의 힘듦에 관심을 가진 사람, 작고 낮은 모습으로 좋은 삶을 만드는 '탐나는 사람'입니다.

〈탐나는 사람〉

개나리 화들짝 폈다
산수유는 잔잔히 핀다
달이오,[11] 끝나고
"수고하셨습니다"
더 힘들었을 쌤들이
자기는 지우고 파스텔로 스며든다
자기는 지우고 산수유로 번져간다

---

[11] 매달 25(이오)일 진행하는 창원교육지원청 환경캠페인.

해바라기 둥그렇게 폈다

구절초 동그랗게 핀다

시험이, 끝나고

"감사합니다"

더 힘들었을 아이들이

자기는 지우고 미소로 스며든다

자기는 지우고 구절초로 번져간다

눈꽃이 화알짝 폈다

안개꽃 잔잔히 핀다

계절이, 끝나고

"사랑합니다"

더 힘들었을 탐나는 당신이

자기는 지우고 온기로 스며든다

자기는 지우고 안개로 번져간다

부모님께 찾아온 불행, 질병은 가족의 건강한 삶을 흔들었습니다. 흔들리지 않고 피는 꽃이 없고, 젖지 않고 피는 꽃이 없지만 피하고 싶었습니다. 흔들기만 하는 바람은 오히려 다행입니다. 송두리째 뽑아 버리는 비바람 때문에 살고 싶은 마음이 없는 상태, '싫은 삶'이 되었습니다. 인간의 모든 욕구가 거절당한 삶입니다. 먹고 사는 생리적 욕구, 신체적 정신적으로 안전한 욕구, 애정과 사랑을 느끼는 욕구,

인정받고 싶은 존경의 욕구, 잠재력을 키우고 인간다운 삶을 실현하는 모든 욕구가 거절당합니다. 매슬로우의 욕구 단계는 인위적인 구분일 뿐 어느 한 단계가 충족되면 다른 단계로 이동하는 것 같지 않습니다. 신체적·정신적으로 안전한 욕구가 충족되지 않은 상태에서도 인간다운 삶, 행복, 자아실현의 욕구가 더 강해졌기 때문입니다. 모든 욕구가 평등하게 공존하고 있습니다.

'싫은 삶'은 모든 욕구가 무너진 그 아래에 누운 삶으로 외로움이 깊어지는 삶입니다. 생리적 욕구를 생각하는 것조차 힘든 상태에서도 가장 고통스러웠던 것은 학교를 못 가는 것이었습니다. 인간다운 삶이 무엇인지 몰랐으나 탐나는 사람이 되고 싶었습니다. 학교를 못 가는 것은 존재 이유를 찾지 못하는 고통의 원인이 되었습니다. 생리적 욕구를 해결하는 것이 존재 이유가 될 수 없다는 걸 알았습니다. 학문에 뜻을 품는 지학(志學), 꽃피는 15살이었습니다.

개인의 목적, 학교에서 존재 이유를 찾고 싶은 목적이 상실되었어도 중요한 '가치'가 사라진 것은 아니었습니다. 건강을 잃은 아버지께서는 내일도 살아계실 듯 하루를 사셨습니다. 신음을 삼킨 어둠이 가시자 새벽녘에 뗄 나무를 해다 아침을 준비하셨습니다. 또 하루 살기 시작하셨습니다. 자신만을 위해 사시지 않았습니다. 아내와 자식 넷을 위해 사셔야 했습니다. 목적을 넘어서 더 중요한 '가치'가 있었습니다. 개인의 목적보다 더 중요한 '의미'가 보였습니다. 가족의 삶입니다. '가족의 삶을 지키는 것'이 살아야 할 중요한 의미였습니다. 중

요한 가치를 살기 위해 섬유 공장으로 가서 생계 마련에 도움이 되고
자 했습니다.

학교에서 멀어졌습니다. 하루 8시간 일했습니다. 같은 동작을 반복
하는 단순 노동, '끊어진 실 잇기'를 했습니다. 단순한 노동을 반복하
는 것 외에 다른 일을 할 능력이 없었습니다. 끊어진 실을 잇는 단순
노동을 하면서 더 간절해진 것은 '학교의 배움'입니다. 인간다운 삶을
생각했습니다. 단순 반복하는 일은 인간다운 삶이 아닌 것은 분명합
니다. 생각하지 않아도 되는 일은 기계가 하면 더 잘 하는 일입니다.
학교에 간다는 것은 생각할 능력을 길러 인간다운 삶을 살 수 있게
된다는 것입니다.

끊어진 실 잇기를 반복하는 하루는 밭에서 들일을 할 때보다 더 길
었습니다. 더 큰 가치, 더 넓은 생각, 더 높은 꿈을 꾸지 못하는 일은
재미가 없었습니다. '인류를 달로 보내는 일을 하고 있다'는 말로 감
동을 준 나사(NASA)의 환경미화원이나 '아름다운 성전을 짓고 있다'
는 벽돌공처럼 위대하고 아름다운 '실 잇기'의 의미를 찾지 못하는 하
루는 괴로웠습니다.
사람들이 자신의 존재 의미를 찾는 것은 타고난 내적 욕구입니다.
자신과 세계를 이해하려는 강력한 욕구에 따라 '삶의 의미'를 추구하
고 발견하려 노력합니다. 삶에 대한 긍정적인 관점으로 정의되는 '삶
의 의미'는 정신건강, 행복, 안녕감에 영향을 준다는 연구가 있습니

다. 삶의 의미 수준이 높을수록 자기 존중감, 다른 사람에 대한 관대한 태도, 삶에 대한 적극적인 참여, 정신건강 및 지각된 사회적 지지가 높고, 대인관계에서의 불편감과 회피 수준이 낮습니다. 생활 사건 스트레스를 경험하고 있는 사람에게 삶의 의미를 발견하도록 하면 자살사고의 예방적 개입이 가능하다는 보고도 있습니다. 삶에서 부딪히는 어려움과 위기를 극복하는 자원은 '삶의 의미'입니다. 따라서 '삶의 의미'는 인간이 살아가야 할 이유를 알게 하며, 살고 싶은 마음이 가득한 '좋은 삶'의 근원이 됩니다.

'삶의 의미'에 대한 인식은 정체성 발달과 연관되어 의미를 창조하는 청소년기에 시작하여 전 생애에 걸쳐 이루어집니다. 우리나라 청소년을 대상으로 학교생활 적응을 설명하기 위한 연구에서 '삶의 의미'를 발견하는 것이 자존감, 효능감, 낙관성, 가족관계의 질, 친구의 지지에 비해 더 중요한 요인이라는 결과가 도출되었습니다. 삶의 의미의 영향력은 나이가 들어갈수록 더 커지고 행복과 건강에 더 중요한 역할을 합니다. 발달적 측면에서 고등학교 2학년 청소년기는 개인의 정체성이 발달하는 시기로, 삶의 의미를 추구하는 시점입니다. 그러나 대학 입학 준비로 치열한 입시 경쟁 상황에서 삶의 의미를 발견하는 교육을 생각할 여력이 없습니다. 고등학생의 자아정체감 수준이 중학생이나 대학생보다 낮은 결과에 반박의 여지가 없는 교육 현실입니다.

지금하고 있는 일을 언제까지 할 것인가를 생각하는 것은 그 일에서 목적이나 중요한 의미를 찾지 못한 까닭입니다. 의미와 연결되지 못하는 일을 오래 계속할 수 없습니다. 의미를 발견하지 못하는 '의미 부재'의 상태는 삶에 여러 문제를 일으킨다는 연구[12] 결과가 있습니다. 정신 병리적 문제와 스트레스, 극단적인 자살 충동까지 일으킵니다. 노년기에 의미를 경험하지 못하는 사람들이 뇌졸중, 알츠하이머병, 심장 마비에 걸릴 확률이 높고, 평균 수명이 낮다는 연구 결과를 미루어 의미를 발견하지 못하는 삶은 '싫은 삶'이 됩니다.

의미와 연결되는 좋은 삶이 찾아왔습니다. 학교에서의 배움으로 의미를 추구할 수 있는 삶과 연결되었습니다. 행운은 '인간의 능력을 초월하는 천운과 기수'로 풀이되는 좋은 운수입니다. 좋지 않은 상황인 불행도 인간의 능력 밖에서 오듯 행운도 그러합니다. 어머니의 회복은 생계 마련 외 다른 의미와 연결되지 못하는 괴로움을 덜어 주었습니다. 끊어진 실을 잇는 공장 생활과 학교생활 중 하나를 선택할 수 있는 기회가 왔습니다. 선택의 자유가 없는 상태에서 선택할 기회가 생겼습니다. 행운입니다. 다시 다니게 된 학교에서 살고 싶은 마음이 가득한 '좋은 삶'을 만났습니다. 끊어진 실 같았던 제 삶이 행운과 연결되어 좋은 삶으로 이어졌습니다. 학교는 행운을 연결하는 곳입니다.

좋아하는 일과 잘하는 일 중에서 하나를 선택할 수 있는 삶은 '좋은

---

12) 「삶의 의미와 주관적 안녕 및 우울의 관계」 박선영·권석만, 「삶의 의미가 노년기 행복과 건강에 미치는 영향」, 김경미·류승아, 한국심리학회지, 「한국 노인의 행복과 삶의 의미 요인 탐색」, 안혜정·신기원·정태원.

삶'입니다. 살고 싶은 마음이 가득하기 때문입니다. 좋아하는 일과 잘하는 일을 선택할 기회가 있는 삶은 좋은 삶입니다. 그러나 둘 중 하나를 선택할 기회 조차 없는 삶은 고통스럽습니다. 좋아하는 일이 없거나 잘하는 일이 없어서가 아니라 선택하고 싶지만 선택의 기회조차 없기 때문입니다. 자유롭게 선택할 수 있는 삶은 '좋은 삶'입니다. 학교는 잘하고 싶은 일과 좋아하는 일을 선택할 수 있는 자유를 선물로 주었습니다.

학교의 코끼리 🌿

로널드 A. 하이패츠의 '어댑티브 리더십' 제2권의 부제목은 '방 안의 코끼리'입니다. 변화를 위해 해결해야 할 중요한 과제임에도 안정 상태를 유지하고자 무시되어 온 문제를 '방 안의 코끼리'에 비유합니다. 조직 내의 문제를 정확히 진단하는 것이 '방 안의 코끼리'를 밖으로 내보는 출발점이라고 말합니다.

2015 개정교육과정은 미래 역량을 기르기 위해 과정중심평가와 배움중심수업으로의 전환을 강조합니다. 더 나은 삶을 위해 국가교육과정이 또 바뀌는 중이지만 학교는 여러 가지 이유로 '방 안의 코끼리'와 공존 공생합니다. 교육 활동의 근간이 되는 교육과정 평가의 형식화, 교과교육과정 재구성의 어려움, 흥미 위주로 운영되어 배움이 없는 학생참여형수업, 배움중심수업 운영의 어려움, 대학입학시험을

준비하는 고등학교에서의 과정중심평가에 대한 불안과 불신 등의 문제가 있습니다. 지식을 주입하는 일제식 수업을 비판하면서도 변화의 출발선에 서지 못합니다. 미래 인재가 가는 길을 '학교의 코끼리'가 막고 있습니다. '학교의 코끼리'를 밖으로 보내기 위해 무엇을 어떻게 해야 할까요?

교육과정이 추구하는 가치와 그 가치를 실현할 주체의 전문성을 높이고, 교육과정에서 추구하는 핵심역량에 공감하고 동의하는 배움 중심수업, 평가의 자리에 등급을 대신한 역량을 놓는 교육을 위해 어떻게 해야 할까요? 좋은 삶을 만드는 학교의 변화를 위해 '학교의 코끼리'에 가까이 가봅니다.

교무실 액자와 책 도둑 🍃

1987년 봄, 드디어 대학생이 되었습니다. 열다섯 살 중학교 2학년 때 잃었던 학교의 봄을 네 번 보내고 새봄을 맞았습니다. 아슬아슬하게 맞이한 봄이라 잊을 수가 없습니다. '사람은 무엇으로 사는가?'의 질문을 품고 다시 다닌 학교는 살아야 할 이유를 발견할 수 있도록 좋은 삶으로 가는 사다리를 놓아주었습니다. 학교가 좋아서 열심히 다녔습니다. 여자아이 공부하면 집안 망친다는 신념이 확고하셨던 할머니 감시를 피해 일요일에도 학교에 갔습니다. '남자아이'에게 흘러갈 '기'를 '여자아이'에게 빼앗기면 안 된다고 야단이셨습니다. 가끔씩 "첫 딸은 살림 밑천이다."며 달래기도 하셨습니다. 전기 아끼는 것이 습관이셨던 할머니 잔소리를 피해 늦은 시각까지 학교에서 공부를 했습니다. 고등학교를 다니면서 알게 된 '야간자율학습'이었습니다. 첫딸이 살림 밑천이 못된다고 서운해 하시는 것을 넘어섰습니다.

"고등학교 3년 공부하고 졸업하면 어디 취직할 곳으로 가든지."

"낮에 일하고 밤에 공부하는 야간고등학교를 가지."

혀 차는 소리를 매일 들었습니다. 학교에 갔습니다. 새벽 5시 첫차를 타고 가는 기쁨은 날마다 새로웠습니다. 몇 번의 위기가 있었으나 1987년의 봄을 대학에서 보냈습니다.

대학의 봄은 매웠고 시끄러웠고 뜨거웠습니다. 시대의 아픔을 노래하지 않는 시인의 책상이 추방을 당했습니다. 시대의 아픔을 품지 못한 개인의 서정을 내동댕이쳤습니다. 민주주의의 칼날에 서정이 잘려나갔습니다. 개인의 고난으로 한입 모금은 담배 연기조차 투쟁의 대상이 되어 최루탄의 매운 눈물 맛으로 대신해야 했습니다. 1920년대 참여시를 대신한 순수시의 내용 없는 노래가 다시 울리기를 바랐습니다. 차라리 울림소리 돌돌돌 흐르는 시대가 빨리 오기를 바랐습니다.

던지는 돌을 놓고 가난과 소외의 자리를 찾아가 거기 사람이 되라는 선배의 조언에 동의해서 농부가 되었습니다. 그곳을 가장 낮은 자리로 여기는 것은 유년의 궤적 때문입니다. '돌'의 한계를 보았습니다. 실천 없는 구호를 실은 '돌멩이'는 멀리 날아갈 것 같지가 않았고, 명중률은 높으나 효과는 작아 보였습니다. 그때는 그랬습니다. 시집

가던 날 엄마는 '어렵게 공부하더니 결국 농사짓냐.'며 처음 입은 고운 한복의 옷고름을 눈물로 적셨습니다. 기형도의 시 '엄마 걱정'을 읽으면 비오는 날에도 진주 시장에 열무 팔러 가신 엄마가 생각납니다. 안타깝고 외로운 유년의 어둠이 스멀스멀 묻어나옵니다. 내 유년을 닮은 시 속의 유년을 안아줍니다. 엄마를 닮은 시이기도 합니다.

〈엄마 걱정〉

열무 삼십 단을 이고
시장에 간 우리 엄마
안 오시네, 해는 시든 지 오래
나는 찬밥처럼 방에 담겨
아무리 천천히 숙제를 해도
엄마 안 오시네, 배춧잎 같은 발소리 타박타박,
안 들리네, 어둡고 무서워
금간 창 틈으로 고요히 빗소리
빈방에 혼자 엎드려 훌쩍거리던

아주 먼 옛날
지금도 내 눈시울을 뜨겁게 하는
그 시절, 내 유년의 윗목 〈기형도, 엄마 걱정, 전문〉

2012년 봄에는 교육 대학원의 강의실에 앉았습니다. 다시 학교에 왔습니다. 독서 교육을 배우고 싶어 다시 학교에 왔습니다. 대학을 졸업한 후 20년이 지난 해입니다.

산 뻐꾹새가 키운 단감을 먹었고, 메뚜기가 키운 벼로 밥 지어 딸 아들을 키웠습니다. 독항아리 하나 들고 온 남편은 거기다 꿈을 넣어 보자 했습니다. 꿈 항아리입니다. 갓 심은 단감나무 열매 맺기 전 둥근 수박을 키웠습니다. 누런 가을 호박을 안고 오르내리느라 달이 차기도 전에 첫 딸이 태어났습니다. 수박의 속살이 붉어졌는지 손 신호 '톡톡', 손짓으로 데려간 수박을 다시 가지고 오기 전까지도 항아리는 꿈을 꾸었습니다. 경제 성장과 세계화를 위한 정책 제물이 되기 전까지는 괜찮았습니다. 교환의 범위를 확대하고 이윤을 극대화하는 국제무역시장의 개방으로 농산물 가격이 폭락했습니다. 1980년대 말 새로운 국제무역 질서를 정립하는 다자간 무역협상, 우루과이 라운드 협상 이후 농업으로는 생계를 유지하기가 어려웠습니다. 항아리 안에 담을 꿈이 깨졌습니다. 맑고 고운 종소리 멀리 퍼지도록 자신을 내어주고 싶었던 항아리의 꿈이 깨졌습니다. 성장의 축배를 들며 환호하는 축제의 뒤편에는 억압과 소외를 견디는 가난한 삶이 있다는 것을 알게 되었습니다.

새벽에 시장 가서 단감을 팔고 오후에는 학원에서 학생을 가르쳤습니다. 학원 수업의 목표는 학교 성적을 이전보다 낮게 만드는 성적 향상입니다. 학원 수업의 목적은 개인의 이익을 늘리는 영리에 있습니다. 성적이 오른다는 소문이 퍼져 학원은 수강생으로 줄을 섰습니다. 중학교 1학년 학생의 50점대 성적을 90점까지 올려놓았습니다. 고등학생이 되기 전까지는 국어과목 뿐만 아니라 수학과목도 암기 공부로 성적 향상이 가능하다고 합니다. 수강생의 학교 기출문제를 분석하여 설명하고 보충수업에서는 암기로 시험 준비를 시켰습니다. 3년이 지나 고등학생이 된 수강생의 3월이 아팠습니다. 고등학교 1학년 3월의 봄이 아팠습니다. 모의고사 문제를 풀기 위해 한 번도 읽은 적 없는 생소한 글 앞에서 무너지는 아이들을 보았습니다. 당황했고 미안했고 괴로웠습니다. 아이들 볼 낯이 없었습니다.

글의 의미를 이해하고 문제를 해결하는 '읽기'의 주인 자리를 빼앗은 결과였습니다. 국어 성적이 50점을 넘지 못했습니다. 읽고 생각하는 사고력과 문제해결력을 길러야 하는 중학교 3년 동안 무엇을 했던 걸까요? 시험에 출제될 읽기 자료를 분석해서 강사인 제가 설명하고 출제 예상 문항을 만들어 '문제 풀이 수업'을 했습니다. 시험 직전에는 글 내용 암기를 강요하고, 암기한 내용을 확인하는 보충 수업을 반복했습니다. 선생님이 선호하는 정답 번호를 분석해서 알려주기도 했습니다. 답을 모르거나 애매할 때를 대비했던 것입니다. 성실한 강사 역할의 결과로 본 적 없는 글, 수업에서 다루지 않은 글은 읽지 못하는 문맹인을 만들었습니다. 미래를 준비하는 교육에서 중요한 사고력을 기르지 못하는 수업은 아이들의 미래를 훔치는 일입니다. 미래를 잃은 아이들의 과거를 돌려놓을 수 없었습니다. 학교에서 들려온 아이들 웃음소리에 가슴 뛰었던 가을에 학원 수업을 그만두었습니다.

2001년 봄, 여자중학교에 첫 발령이 나서 학교에 왔습니다. 국어 교과서는 얇고 내용은 가벼웠습니다. 중학교 3학년이 지나고 고등학교 1학년 3월 모의고사에서 읽어야 할 글을 생각하면 중학교 교과서는 가볍습니다. 글을 읽고 중심 내용을 이해하고 설명하는 과정을 읽는 이 스스로 하도록 했습니다. 교과서 외의 다른 글도 읽었습니다.

"선생님, 교과서 밖의 문제는 시험에 안 나오는 거죠?"

"응"

"그런데, 왜 해요?"

"교무실 액자 봤어?"

"아뇨, 교무실 액자를 누가 봐요?"

"거기를 잘 봐, 맨 마지막 중점과제 다섯 번째 봐봐."

"뭐가 있어요?"

"독서토론논술 교육 강화로 미래 인재 양성"

학교에 와서 처음 눈에 띈 것은 교무실의 액자였습니다. 교무실 벽에는 세 개 이상의 액자가 걸려 있었습니다. 중점과제는 투명 유리 안에서 또렷또렷 크고도 굵직하게 들려옵니다. 굵직한 목소리가 들리는 중점과제 다섯 가지 모두를 수행하기는 어렵습니다.

교무실 벽의 액자는 국어 교사로서 해야 할 일과 할 수 있는 일을 알려주었습니다. '독서토론논술교육 강화로 미래 인재 양성' 과제를 할 수 있을 것 같았습니다. 이 과제를 붙들고 교육 활동을 하는 과정에 문제가 생겼습니다. 1987학년도 대학입학전형인 '논술 시험'을 치른 경험으로 독서 교육과 논술 교육은 할 수 있겠는데 '토론 교육'은

하고 싶으나 할 수 없었습니다. 교무실의 선배 선생님께 물었습니다.

"토론 교육은 어디서 배울 수 있어요?"

"그걸 왜 하려는 건데요?"

"저기 액자에 중점과제라고 해서요."

"저 액자를 보는 사람도 있나요?"

"어디서 배울 수 있을까요?"

"저도 모르겠는데요."

책을 읽고 이야기를 나누는 '독서와 논술, 토론'을 공부하고 적용한 교직 생활 10년의 끝자락에서 다시 앉은 배움의 자리는 교육대학원 사서교육학과였습니다. 불혹의 나이 마흔이 넘어 맞이한 2012년 봄, 이곳에서 제 삶에 걸어온 질문, "사람은 무엇으로 사는가?"를 발견하게 해준 사람을 만났습니다. 엄대섭입니다.

사서교육학과 수업 중 이용재 교수의 '도서관 인물 평전' 176쪽에서 만났습니다. '우리나라 방방곡곡에 민중의 도서관을 심은 도서관 운동가'로 소개되어 있습니다. 1921년 매우 가난한 소작농의 맏아들로 태어나 8세 때 일본으로 건너간 후, 헌 옷 구입으로 자수성가하여 19세의 나이에 귀국합니다. 가난에서 오는 외로움을 달래주고 배움의 목마름을 해갈해 준 책읽기에서 새로운 지식이 삶의 변화를 가져온다는 확신을 가집니다. 1950년 여름, 고서점에서 구입한 '도서관의 운영과 실제'를 읽고 울주군에서 개인 장서 3천여 권을 토대로 무료도서관을 열고 농어민을 대상으로 50여개의 순회 문고를 마련합니다. 폐품 탄환 상자를 수집하여 순회 문고함을 만들고, 책 10권 정도를 넣어 농어촌 주민들에게 주었습니다. 지식인이나 학생이 아닌 농어촌 주민들을 생각한 그의 정신은 어디에서 나온 것일까요? 농어촌 사람들이 책을 읽을 겨를이나 있을까 싶은데 그들을 찾아간 이유가 궁금합니다. 도서관으로 찾아오는 사람이 없어 탄환 상자를 자전거에 싣고 마을을 다닙니다. 보내준 책들이 갈가리 찢겨 도배지나 휴지, 담배 말이 종이 등으로 쓰이는 것을 발견하고 충격을 받았다 합니다.

순회 문고로 시작한 '마을 문고'가 우리 집 앞에 있었습니다. 지학(志學)의 나이 열다섯 살 봄, 학교에 가지 못하고 물 댄 논에서 일하다 들어간 뒷간에서 읽었던 책, 서머싯 모음의 〈달과 6펜스〉는 그렇게 우리 집으로 왔던 것입니다. 마을문고를 찾아간 사람, 도배지가 없거나 뒤처리에 필요한 휴지가 없어서 책을 훔치러 간 '책도둑'은 우리 아버지셨습니다.

자전거에 책을 싣고 가파른 언덕을 오르며 땀 흘리는 그 사람을 봅니다. 살아야 할 이유를 찾아주신 그분께 달려가 시원한 물 한 잔 드리며 자전거를 힘껏 밀어드립니다. 가치 있는 일을 멈추지 말아 달라는 부탁을 드리며 힘껏 밀어드립니다. 가치를 위해 쏟은 땀으로 어딘가에서 열매는 맺히는 법이니까요. 잘 안 보이고 못 보는 것일 뿐이니까요.

역량과 핵심 가치 🍃

두런두런 추운 겨울에는 써먹하게 닳은 사랑방 아랫목에 빙 둘러앉아 따끈한 이야기 국물로 두런두런 겨울을 지피는 게 상책입니다. 아궁이 불보다 더 발개진 볼을 비비며 들어와 바깥에서 휭휭 칭얼대는 바람이 들어오지 못하도록 단도리를 합니다. 구멍 뚫린 문풍지에 창호지를 덧바르고 반가운 얼굴들이 둘러앉아 나누는 이야기는 두런두런 정겹습니다.

4차 산업시대, 인공 지능 시대를 맞이할 준비를 하는 현재의 교육은 겨울 사랑방 같습니다. 추수한 벼 가마니에 기대어 봄에 뿌릴 씨앗과 종자 이야기며 올겨울에 시집간 큰딸네 집에 보내고 싶은 차반 같은 쌀가마니 생각에 흐뭇해지듯 미래 교육의 뜨끈한 국물을 호호 불며 두런두런 이야기를 나눕니다.

'눈 떠보니 선진국'의 박태웅은 AI시대 교육[13]은 컴퓨팅적 사고력, 논리적 사고력이나 수학적 사고를 길러주어야 한다고 말합니다. 논리적인 사고와 경우의 수를 생각해 내는 상상력, 예외를 처리하는 **창의력을 기르는 것**이 AI 교육이라고 합니다. 프로그래밍 작업의 90% 이상이 협업으로 이루진다는 점에서 경청하기와 논리적으로 말하기는 중요합니다. 문제의식과 오류 찾기, 상대의 요구를 듣고 관찰해서 세밀하게 이해하기, 가능한 경우 그려보기, 반복되는 일에서 공통점

---

13) 박태웅, "눈 떠보니 선진국", 한빛비즈, p82.

찾아내기 등이 AI 교육의 핵심입니다.

캐나다의 '퀘스트대학교', 그리고 세계 7개국의 기숙사로 옮겨 다니면서 100% 온라인 토론 수업을 실시하는 대학 미네르바 스쿨 등의 학교에서 강조하고 있는 역량 또한 **창의성**입니다. 우리나라 학교에서 창의성이 자라는 소리를 들을 수 있을까요?

두런두런(Do-learn, Do-learn)은 미국의 올린 공과대학교의 수업 방법입니다. 이론을 공식적으로 학습하기 전에 관련 개념을 먼저 적용해 보는 '행하면서 배우는' 교육을 선호합니다. 학생들이 자신의 관심사를 한 학기 동안 추구하는 '열정 추구' 프로그램을 비학위 과정 학점으로 인정하고 재정적 지원을 한다는 이야기에 귀가 솔깃해집니다. 자신의 관심사를 한 학기 동안 추진할 수 있는 교육이 대학에서나 가능할까요? 건물 구조가 새로운 교수법을 계속해서 실험할 수 있도록 만들어진 덴마크의 '외레스타드 김나지움'은 현재 우리나라 고교학점제 사업으로 진행하는 '공간 혁신'을 지지합니다. 내용이 형식을 바꾸기도 하지만 형식이 내용을 바꿀 수 있습니다. 공간혁신으로 배움이 넓어지는 학교, 배움의 혁신으로 창의성이 자라는 학교를 상상합니다.

2017년 중등 배움중심수업 국외 학교 연수에서 만난 캐나다 '마빈' 학교는 6학년에서 11학년을 운영하는 사립학교였습니다. 마빈 학교에서 인상적인 것은 '핵심 가치(CORE VALUES)' 10가지를 정해 매일 성찰하는 시간을 갖는 것이었습니다.

- Using Empathy 공감 능력 이용하기
- Taking Responsible Risk 책임질 수 있는 위험성 감수하기
- Managing Impulsivity 충동성 제어하기
- Taking Ownership 주인 됨을 잃지 않기
- Asking Questions, Creating Solution 질문하며 해답 창조하기
- Collaborating 협업하기
- Applying Past Knowledge to New Situation 이전의 지식을 새로운 상황에 적용하기
- Paying Attention to Detail 작은 부분에도 주의하기
- reflection 성찰

'공감, 협동, 창조, 성찰' 등의 단어가 매우 친숙합니다. 우리 교육에서 강조하는 역량과 닮았습니다. 그런데 핵심 가치를 현장에서 어떻게 교육하는지 궁금했습니다. 우리 교육에서는 역량을 기르는 수업을 강조하지만 학교 수업으로 가져오기가 쉽지 않습니다. 캐나다의 '마빈 스쿨'은 수업이나 학교 활동의 주제가 핵심 가치와 연결되어 있었습니다. 8학년 13살 남학생이 설명하는 '건강한 마을 공동체 프로젝트'에는 공감과 협업이 강조된 핵심 가치가 구현되어 있었습니다. 특히 6학년 11살 학생들이 원주민의 인권 문제를 해결하기 위해 과제를 도출하고 실천한 사례는 인상에 남았습니다.

〈복도 구석진 곳에 놓인 종이 상자 사진〉

OVER 60% OF FIRST NATIONS' DON'T GRADUATE FROM
HIGH SCHOOL
LET'S MAKE 60% TO 0%
(원주민의 고등학교 미졸업율 60%를 0%로 만들자)

마빈 스쿨의 교실 복도 구석진 곳에서 발견한 문장입니다. 낡은 종
이 상자 위에 적힌 굵고 붉은 글자의 의미를 설명하시는 선생님의 목
소리에 생기가 가득해집니다. 마빈 스쿨의 교장선생님이 소개한 내
용은 다음과 같습니다.

공동체 문제 해결을 위한 프로젝트 수업에서 시작한 활동으로, 문
제 발견에서 끝나지 않고 문제를 해결할 기관을 찾아갔습니다. 문
제를 해결할 기관을 찾는 과정에서 협업의 가치를 배웠습니다. 업무
관련자를 만나 '원주민 인권 문제 해결'을 위한 정책을 마련하겠다는

약속을 받았습니다. 원주민의 인권을 생각한 프로젝트 수업에서 더불어 살아가는 공동체의 가치를 배웠습니다.

학습 경험의 질 개선, 행복 교육, 혁신 교육, 배움중심수업으로 '창의 융합형 인재를 기른다.'는 비전이 교무실 액자에 갇혀 나오지 못하는 우리 교육을 생각합니다. 현실에서 수용하기는 쉽지 않습니다. 배움중심수업에 관심이 높아지면서 학생참여형수업 사례 연수가 많아졌습니다. 정보 활용 능력 및 처리 역량, 자료 활용 능력, 협업, 비판적 사고, 창의적 역량을 기르는 토론 수업 사례를 나눴습니다. 사례 나눔을 갖기 전, −5에서 +5까지 표시한 '가치수직선'으로 자신의 수업을 평가했습니다. '나의 수업으로 역량을 기를 수 있다.'는 주제를 제시하고 자신이 평가한 숫자에 스티커를 붙였습니다. 그리고 신호등과 번개로 각 교과의 역량에 대한 이해도를 확인했습니다. '가치수직선'에 자신이 평가한 점수는 +4와 +5지만 역량을 말하는 번개토론에서 자신의 교과 역량을 정확히 말한 교사는 많지 않았습니다.

가르쳐야 할 내용과 가르치는 내용의 불일치로 갈등하는 학교가 한두 곳뿐일까요? 2018년에 수행한 '수업과 평가 전문성 연구'를 위해 학교 수업을 들여다본 결과는 다르지 않았습니다. 학생참여형 수업을 지향하는 교실 모양은 갖추었으나 실제 교수−학습 활동은 일제식 수업이었습니다. 교사가 설명하고 학생은 듣기 중심인 수업이 대부분이었습니다. 배움중심수업 실태를 조사한 설문조사 결과는 학생참여형 수업을 운영한다고 답한 교사가 70%를 넘었습니다. 그러나 신호등과 번개로 현장을 진단한 결과는 그 수치에 미치지 못했습니다.[14] 말과 삶의 불일치를 경험합니다. 학교 문서에서 제시하는 비전과 삶의 비전이 일치하지 않는 '학교의 코끼리'를 봅니다.

엔트로피와 '국평오' 🍃

올해 고등학교 3학년인 막내는 1차 고사를 치르는 기간 4일 밤낮을 독서실에서 보냈습니다. 독서실에서 밤새워 공부하고 학교 다녀온 오후에 다시 독서실 가기를 반복하더니 시험 종료일인 오늘에야 집에서 만났습니다. 대한민국에서 고등학교 3학년을 슬기롭게 보내지 않으면 '국평오'를 면하기 어렵다고 한마디 '툭' 던지고 나갑니다. 문을 '꽝' 닫지 않은 것에 안도의 숨을 내쉬며 가슴을 쓸어내립니다.

'국평오?'

사람 하나가 생명체로 질서를 유지하기 위해 더 큰 무질서를 만들어 내는 엔트로피[15]가 시험 준비를 하는 동안에 줄어드나 했더니 그대로입니다. 노이로제나 신경질, 스트레스 등 사회적 오염은 늘어서

---

14) 2018. 교사 수업 평가 전문성 신장 방안 연구, 경남교육연구정보원.

15) 엔트로피: 무용한 에너지의 총량, 클라우지우스: 엔트로피가 증가한다는 것은 유용한 에너지가 줄어든다는 것을 의미한다. 자연계에서 무슨 일이 일어난다는 것은 일정량의 에너지가 무용한 에너지로 전환된다는 뜻이다. 무용한 에너지는 오염이 된다. 오염이란 무용한 에너지로 전환된 유용한 에너지의 총량으로 엔트로피의 또 다른 이름이다. 제레미 리프킨, 엔트로피, 세종연구원. p58.

엔트로피는 안 줄어듭니다. 더 큰 질서를 만든다든가, 더 나은 가치를 만들기 때문에 학습 과정은 마이너스 엔트로피의 생산이라고 믿었던 교육에서도 막대한 사회적 오염을 감수해야 한다는 저자의 말에 공감이 됩니다. 지금까지 살아남은 인류는 주변의 에너지를 흡수해서 환경 전체에 더 큰 무질서를 만든다는 엔트로피를 경험합니다. 올해가 지나면 나아지리라는 소망으로 하루 또 하루, 어서어서 날 가고 달 가기를 바라며 정성스레 손꼽아 봅니다. 그러나 큰아들이 대학 졸업 후 운영하는 카페가 잘 되기를 바라며 생계 걱정을 합니다. 살아 있는 동안에 엔트로피가 줄어들 것 같지 않습니다. 그만 기운이 '탁' 빠집니다. 어떻게 살아야 할까요?

'국평오'는 대한민국 국민 평균 지능은 대학수학능력시험의 중간값인 5등급을 받는 수준이며, 각종 사회문제가 발생하는 이유는 대중이 전반적으로 우매하기 때문이라는 의미를 가진 인터넷 밈입니다. '국평오'는 딱 중간인 사람을 폄하하는 단어로 인터넷을 타고 사람들 사이에 퍼져나가 엔트로피를 만듭니다.

대학수학능력시험 점수 5등급으로 어떤 대학에 진학할 수 있을까요? 서울에 있는 4년제 대학교에 합격하기가 힘든 점수로, 하위권에 해당하는 성적으로 평가됩니다. '국평오'에서 평균이 평균의 의미로 읽히지 않습니다. 학벌이나 이해력을 비하하는 의도, 우월감을 뽐내고 싶은 저속함, 자신과 다른 의견이나 관점을 가진 사람들을 낮추거나 얕잡아 보는 인상을 강하게 토해냅니다. 서열화한 점수로 우월감을 드러내고, 점수가 낮은 사람들을 열등한 존재로 여기는 공감대는 어떤 분들의 이야기를 타고 번지고 있을까요? 계층이동의 사다리를 걷어차는 발길질에 나가떨어지는 사람을 보면서 그들끼리 유대의 띠가 두꺼워지지 않기를 바랍니다.

'국평오' 이야기를 하는 것은 시험 성적으로 국민을 서열화해서 우월한 존재와 열등한 존재의 기준을 세우는 것이 옳지 않기 때문입니다. 지식의 많고 적음으로 사람을 등급화해서 평가하는 '국평오'에는 적대와 반감과 차별이 묻어있습니다. 대한민국 국민으로 살고 싶은 마음이 안 드는 단어입니다. 말이 곧 사람이고, 말이 씨가 됩니다. '국평오'는 입에 담기 싫은 말이 되어야 합니다. 생각만으로도 엔트로피가 증가하기 때문입니다.

좋은 기분, 좋은 평가, 좋은 의미가 양호한 상태가 '좋은 삶'[16]입니다. 고등학교 졸업하면서 치른 시험 성적이 중간이었던 저는 '국평오' 단어에 좋은 기분이 들지 않습니다. 삶의 의미가 가득해서 하고 싶은 일이 많고, 이웃에게 좋은 기분과 좋은 의미를 주고 싶은데 저는 '국평오'에서 마음이 일그러집니다.

대학수학능력시험 결과로 평가하는 '국평오'는 핵심 역량을 기르는 미래 교육과 매우 까마득한 사이입니다. 미래 교육에서 강조하는 핵심 단어 '역량'의 자리에 서열화한 '등급'이 차지하고 있습니다. 대다수 국민의 지적 수준을 5등급으로 평가한 이 단어의 주인은 누구일까요? 이 단어를 듣는 것만으로 엔트로피가 증가하는 것을 보면 제 단

---

16) 최인철, 굿라이프, 21세기북스, p269.

어가 아닌 것이 분명합니다. 누구도 이 단어의 주인이 되지 않았으면 합니다. 주인 잃은 단어는 힘을 잃고 사라질 것입니다. 그날이 빨리 왔으면 합니다.

역량과 '평균의 종말' 🌿

2015 교육과정은 평가의 목표에 적합한 평가 방법을 활용하여 읽기에 대한 지식, 비판적이고 창의적인 읽기 능력, 읽기에 대한 긍정적인 태도, 다양한 독서 경험 등을 종합적으로 평가할 것을 제시합니다. 그러나 특정한 문제를 만들어 해결 대안을 제시하는 문항 제작이 어렵고 평가자의 주관성과 공정성을 따지면 창의적 대안은 생각조차 할 수 없습니다. 읽기에 대한 지식과 사실적 이해를 확인하는 수준에서 출제하는 것이 가장 편합니다. 그런데 편하지 않습니다.

학습자가 작품에 대한 **질문을 만들고 함께 답을 찾아가는 대화로 수업을 진행할 수 있어야 한다**[17]는 유의 사항을 교육과정에서 제시합니다. 질문을 만들고 답을 찾아가는 대화로 수업하는 과정을 어떻게 평가해야 할까요? 교육과정-수업-평가-기록의 일체화를 강조하는 교육 현장에서 '평가'는 다루기가 쉽지 않습니다. '문학' 작품을 읽고 타자와 소통하는 행위를 본질로 하는 문학 과목의 평가를 문학 작품의

---

17) 별책5, 국어과 교육과정(제 2015-74호), p98.

이해나 해석으로 대신합니다.

학교는 성취기준에서 제시한 지식과 기능, 태도를 기르는 수업 설계와 평가의 목적에 맞는 과정중심평가에 어려움을 겪습니다. 성취기준과 교사 개인의 수업 철학을 엮어 재구성한 수업, 평가 목적에 맞는 다양한 평가 방법을 찾기가 쉽지 않습니다. '역량'에 기반한 학생중심 수업과 인지적, 정의적 영역 모두를 평가하는 종합 평가를 강조하지만 지식의 양을 측정하거나, 인지적 영역만 평가하는 경우가 더러 있습니다. 과정중심평가로 목적지인 미래 역량에 잘 도착할 수 있도록 안내자 역할도 해야 하는데 지식 이해와 분석을 위한 지식 전달자 역할을 합니다. 개성을 존중한 다양성의 가치를 내세우지만 시스템에 잘 맞는 평균적 인간을 양성하는 한 줄 세우기식의 표준화 교육에 안주합니다. 결국 서열화 교육을 강요하는 대학입학시험이 주범이라는 동의를 얻어 객관식 평가 문항으로 난이도를 조절하고, 주관적 평가에서 발생할 불편한 상황을 대비해 안전장치를 만듭니다. 대학 입학 정책과 제도를 바꾸는 것이 유일한 해결책일까요? 교육과정-수업-평가의 일체화를 통해 역량을 기르는 교육을 막고 있는 '평가의 코끼리'를 봅니다.

통합적인 방법을 활용하여 수용의 창의성과 적절성을 평가하고, 작품의 구성 요소를 분석적으로 평가하는데 치우치지 말라고[18] 경고하는데 한쪽으로 치우친 시소는 수평 상태로 돌아오지 못합니다. 작

---

18) 국어과 교육과정(제 2015-74호), p127.

품 전체에 대해 추론적, 비판적, 창의적 사고를 발휘하는 데 중점을 두라는데 '지식'은 무거워 땅에 가깝고 '사고'는 가벼워 하늘 높이 있습니다. 높이 들린 사고의 가벼움으로 역량은 까마득한 하늘에서 내려오지 못합니다. 교육과정 문서와 학교 교육의 불일치는 배움과 삶의 불일치뿐만 아니라 지식과 사고의 불균형으로 역량의 종말을 예고합니다. '국평오'가 역량의 종말을 예고하는 복선이 아니기를 바랍니다.

속도보다 방향과 목표를 생각하라는 '평균의 종말'의 저자 토드 로즈는 개개인성을 무시한 평균주의가 교육을 망친다고 주장합니다.[19] 창의적 인재를 키우지 못하고 평균보다 높은 사람에만 관심을 가진 효율성 교육을 개혁하자고 외칩니다. 공장의 시스템에 잘 맞춰진 공장식 학교 교육은 창의성을 가진 사람이 아니라 자동 인형을 생산한다고 주장합니다. 평균주의를 교육의 속임수로 인식한 토드 로즈의 이야기를 따라가다 '국평오'를 만납니다. 평균적 사람들은 효율성의 극대화를 위한 표준화 교육의 결과로 탄생한 사람들입니다. 자신의 신념에 따라 회사 업무를 창의적으로 수행하는 사람들을 비판하는 테일러주의에 빠진 그들이 '국평오' 단어의 주인일 것입니다. 개개인성이 무시된 평균적 인간을 고용하고 이들을 지휘하는 관리자의 오만함이 평균주의를 외치는 '국평오'에 있습니다. '등급'에게 빼앗긴 '역량'의 자리를 찾아야 합니다.

---

19) 토드로즈, "평균의 종말", 21세기북스, 2021.

길 안내 서비스를 제공하는 앱에서 경로를 이탈했다는 알림음을 끊임없이 보냅니다. 도착지는 ○○인데 □□을 향해 간다고 쉴 새 없이 알려줍니다.

"경로를 벗어났습니다. 경로를 재탐색합니다."

경로를 벗어난 주인을 원망하거나 협박하거나 경고하지 않습니다. 한결같은 어조로 경로를 이탈한 주인에게 경로를 재탐색해서 알려줍니다. 동그라미가 쉴새 없이 돌아도 운전자는 개의치 않습니다. 운전자의 경로를 따라 그의 의지가 향하는 그곳이 도착지점입니다. 교육의 운전대를 잡은 우리의 교육은 지금 어디를 향하고 있나요? 등급이 아니라 역량으로, 인형을 생산하는 '평균'을 뒤로하고 개개인의 창의적 '역량'을 향하고 있을까요?

상록수의 노래 🍃

2020년은 심훈의 소설 '상록수'를 생각하는 해입니다. 추구하는 목적과 삶의 의미를 배우러 학교에 가지 못하는 팬데믹 상황으로 살고 싶은 마음이 없는 '싫은 삶'이 되었습니다. 코로나 19 바이러스의 확산으로 긴장과 불안이 고조되었습니다. 삶의 의미를 찾고 배우는 학교를 떠나 있어 불안합니다. 학교에 다니지 못했던 15살의 분리 경험은 엄마 품에서 떨어지기 싫어하는 아이가 보채듯 학교의 부재를 두려워합니다. 성장 과정에서 생긴 옹이 탓으로 학교를 떠나지 못합니다. 옹이로 인해 갈라지거나 뒤틀림이 일어날 수 있듯이 학교의 부재는 삶을 뒤틀게 한다는 신념을 갖고 있습니다.

코로나 19 상황에서도 학교 교육이 좋은 삶으로 가는 사다리를 놓는 행운이 되기를 바랐습니다. 팬데믹 상황이 어서 끝나고 학교 운동장에서 아이들 웃음소리 크게 들리기를 바랐습니다. 교육의 정상화를 외치는 소리가 들립니다. 코로나19 상황을 겪지 않았던 2020년 이전의 상태를 교육의 정상화라고 하는 것에 의문이 들지만 우선 맞닥뜨린 '싫은 삶'을 벗어나고 싶었습니다.

학생들을 대면할 수 없는 상황에서 원격수업이 해결책으로 제시되었습니다. 원격수업 운영 방법으로 다양한 플랫폼이 소개되고, 한국이 IT 산업 선진국으로 미래에 먼저 도착한 나라로 보였습니다. 그러나 교사의 원격수업 운영 방법과 학생참여의 어려움이 문제가 되었습니다. 교사는 콘텐츠를 활용한 과제제시형 수업을 선호하고, 학부모는 과제제시형 수업보다 실시간 쌍방향 수업을 원했습니다. 실시간 쌍방향 수업을 운영하는 대도시 교육청이 부러움을 샀습니다. 실시간 쌍방향 수업을 강조하는 데에는 학생의 자기 주도적 학습 능력이 부족한 탓도 있었습니다. 학생 자신의 꿈과 진로를 따라 스스로 학습하는 학생참여형 수업과 학생 주도적 학습을 강조한 지 몇 년이 흘렀으나 잘 안된 모양입니다.

'학생맞춤형 수업'이 더 강조되었던 탓도 있습니다. 개인의 학습권을 보장하고 개인의 요구, 특성과 흥미를 고려한 '학생맞춤형 수업'과 '학생주도적 학습'을 동시에 강조하는 것은 모순입니다. 서로 맞서는 상황을 동시에 강조합니다. 학생이 주도적으로 자신에게 맞는 교육을 찾고 필요한 것을 요구해야 합니다. 학생들의 다양한 요구에 한 명의 교사가 '맞춤형 수업'을 운영하는 것이 불가능하고, '학생주도적 학습'이 앞서고 학생의 요구와 필요에 맞는 '맞춤형 수업'이 뒤따라야 이 상황이 잘 넘어갈 것입니다.

2020년 3월, 첫 등교 날짜 수정하기를 여러 차례 한 뒤 원격 개학을 했습니다. 처음 해보는 원격 개학 상황에서 학부모는 학습의 자리를 비운 자녀에게보다는 수업을 진행하는 교사에게 불만을 터뜨렸습니다. 주도적인 학습 태도를 기르지 못한 책임이 원격수업에 진땀을 빼는 교사에게 왔습니다. 교사의 역할을 묻는 학부모의 불만 가득한 말에서 '교사가 곧 학교'이고 '수업이 교육'이라는 외침을 들었습니다. 학부모의 역할이 더 중요한 때라는 사실을 학교는 알고 있습니다만 속울음 삼키며 불만의 돌을 맞고 있었습니다. 교사와 학부모, 학교와 가정이 협업과 소통으로 아이들의 행복과 미래를 만들어야 합니다.

2020년 5월 23일~24일 사교육걱정없는세상 단체가 의뢰한 리얼미터 조사 결과, 응답자의 62%가 온라인 수업으로 교육격차가 심화되었다고 응답했습니다. 배움의 자리에서 떠나 있는 아이들이 더 많아진 것입니다. 코로나 상황으로 학교에 가지 못하는 아이들이 '삶의 의미'를 찾지 못할까 걱정합니다. 선택할 자유를 빼앗긴 채 홀로 어두운 방에 있는 아이가 없기를 바라며 꼬깃꼬깃 접어 둔 편지를 꺼냅니다.

오전에는 꽃잎이 봄비를 타고 내려왔습니다. 학교 담장 너머 퇴락

한 진영역, 기찻길을 지키는 벚꽃이 저들끼리 이리저리 흩어지고 저혼자 소리 없이 내리겠지요. 코로나19 상황으로 학교에 가지 못하는 막내는 눈이 내리거나 태풍 불어 학교 안 갈 날을 기다리더니 이제는 학교 갈 날을 손꼽아 기다립니다.

"학교 가고 싶다."

'학교 안 가고 싶다.'를 아침마다 외치던 막내의 입에서 서쪽에서 해 뜨는 소리가 나옵니다. 올해 고등학교 1학년이 된 막내는 친구들 몇몇과 학교에 가서 농구라도 해야겠다고 찬 기운이 남은 바람에도 반바지 차림으로 기어이 나갑니다. 학교에 몹시 가고 싶은 것입니다.

학교 한 모퉁이에는 학교 설립자 고(故) 강성갑 선생의 흉상이 좌우 동백의 호위로 서 있을 테지요. '겨레의 상록수'로 불리는 교육자였습니다. 1950년 8월 2일 공산주의자라는 누명을 쓰고 38년의 생을 마감하신 분입니다. 가난한 사람들에게 희망을 주고자 곡물검사소 창고를 이용한 건물에서 가마니를 깔고 수업을 했다고 합니다. 학교에 가지 못하는 올봄은 심훈의 '상록수' 한 장면과 흙벽돌로 학교를 지으신 강선생님이 더 자주 생각납니다.

심훈의 '상록수'는 중학교 3학년 국어 시간에 읽었습니다. 학생 수를 제한하라는 주재소 순사의 명령을 받은 영신이 고개를 넘는 힘겨운 모습이 그려졌습니다. 영문도 모른 채 재잘거리며 들어와 '금' 밖에 앉은 아이들이 치마를 붙잡고 늘어지는 아이들 속에 제가 있었습니다. 창문에 매달린 아이들을 위해 옮겨놓은 칠판에 커다랗게 쓴 글씨가 오늘도 하얗고 또렷합니다.

"누구든지 오너라! 배우고서야 무슨 일이든지 한다."

나무에 매달린 아이들이 악을 쓰듯 읽어가는 그 소리는 지금도 쟁쟁 울립니다. 강성갑 선생님과 '상록수'의 영신이 무척 닮았습니다. 배움으로 '무슨 일'을 할 수 있다고 외치는 것일까요?

학교는 '살아갈 이유'를 발견하는 배움의 자리입니다. 배움의 자리는 행복한 내일을 꿈꿀 수 있게 합니다. 내일을 꿈꾸는 삶이 얼마나 좋은지 알았습니다. 누구든지 갈 수 있는 학교는 누구나 갈 수 있는 공간이 아님을 알았고, 배우지 않으면 무슨 일도 할 수 없다는 것을 알았습니다. 끊어진 실과 같은 단절을 경험했습니다. 다시 연결된 학교에서 '삶의 의미'를 찾았습니다. 살아갈 이유와 목적을 알고 '좋은 삶'을 만들었습니다. 학교는 좋은 삶으로 가는 사다리입니다.

1987년에 대학생이 되었고, 졸업 후 농민 후계자 10년 생활을 뒤로하고 다시 학교에 왔습니다. 교사가 되었습니다. '무슨 일'을 하고 싶은지 알았습니다. '삶의 의미'를 발견하는 일입니다. 살아갈 이유를 찾고 살고 싶은 마음 가득한 '좋은 삶'을 만드는 일입니다.

오늘도 목이 쉬도록 아침부터 아이들 이름을 부르고 찾았을 선생님, 아이들 목소리 듣는 것조차 힘든 상황에서 온라인 수업을 열고 아이들을 찾았을 선생님, 화면의 열기에 충혈된 눈을 감싸고 계실 선생님, 온라인 쌍방향 수업이라는 무거운 짐을 지고 고개를 오르는 선생님을 생각합니다.

미래로 가는 삶에서 강조하는 역량을 생각조차 할 수 없어 더 괴로운 선생님을 생각합니다. 온 힘 다해 배움의 자리를 지키는 선생님께 감사의 마음을 전합니다. 배움으로 좋은 삶을 만드는 선생님이 '좋은 학교'입니다.

체육 교사가 되고 싶은 막내가 돌아왔습니다. 붉게 상기한 얼굴에 생기 가득합니다. 학교 운동장에서 가져온 생기를 집안 가득 쏟아 놓습니다. 배움으로 생기 가득할 날을 기다립니다. 부디 건강하십시오.

질문이 꽃핀 자리

:

수업

사소한 수업 🌿

상록수의 노래를 따라 학교에 왔습니다. 살아야 할 이유가 되었던 학교에서 삶이 걸어온 질문에 답하고 있습니다. 살고 싶은 마음이 가득한 '좋은 삶'을 위해 의미 있는 일을 합니다. 나를 넘어 세상의 변화를 만드는 '나넘세꿈' 수업, 생각의 날개를 펼치는 '사소한(思笑翰) 수업'을 합니다. 배움의 밭에 놓인 돌멩이, 가시덩굴을 걷어내고 생각의 싹을 틔우는 질문으로 역량이 꽃 피는 꿈을 꿉니다.

2015년에 학교 밖 전문적학습공동체 경남토론교육연구회를 운영하면서 토론모형을 구안하고 수업에 적용했습니다. 학교 교육에서 논술 교육이 강조될 때 독서와 토론 과정이 없는 논술은 알맹이 없는 쭉정이라는 생각을 했습니다. 논술이라는 그릇에 담을 생각을 키우지 않으면 좋은 글, 논리적인 글을 쓸 수 없기 때문입니다. 독서와 토론 교육으로 논리적, 비판적 사고력을 길러야 온전한 논술 교육이 될 수 있다고 생각했습니다.

학교 밖 전문적 학습공동체인 토론연구회에서 수업 개선과 변화를 위한 해답을 찾았습니다. **질문의 수준이 곧 생각의 수준이었습니다.** 그즈음에 '질문의 전략, 질문의 기술, 질문이 답이다, 질문지능, 질문중심 하브루타'와 같은 책이 쏟아져 나왔고 오바마 대통령이 우리나라에 준 선물 보따리를 풀지 못한 동영상이 유포되면서 우리는 **질문 없는 대한민국 교육을 부끄러워했습니다.** 토론연구회는 배움중심 수업을 위해 '질문중심 토론 수업'을 하면서 물 만난 고기와 같이 펄

떡거렸습니다. 국가수준의 교육과정이 주입식 교육의 터널을 지나는 소리를 들었습니다. 대학수학능력시험이 터널 출구를 막고 선 것은 지금도 매한가지이지만 변화를 위한 몸부림은 뜨겁고 강렬했습니다.

2017년에는 '토론을 적용한 과정중심평가 방안'을 연구하고 수업에 적용했습니다. 성장을 위한 토론 수업과 과정중심평가로 변화의 주체가 된 학생들은,

"선생님, 이 수업으로 수능 성적을 올릴 수 있을까요?"

불안 섞인 물음에 분명한 답을 하지는 못했습니다. 책(교과서)을 읽고 질문하고 다양한 자료를 정리 분석하고 견해를 더해서 자신의 언어로 표현하는 토론 수업에서 학생들은 **'수업을 듣는 자리에서 역량의 자리'**로 갔습니다.

교과 교육과정에 수업 철학과 가치를 담아 배움이 일어나는 수업, 단 한 명의 학생도 소외되지 않는 수업으로 모두가 모두에게서 배우고 성장하는 수업, 역량을 기르는 과정중심평가로 미래 교육을 실현하는 것이 교사의 몫으로 주어졌습니다. 오직 교사만이 교육과정을 실현하는 주체로 남아 있지는 않지만 우리는 우리가 교사인 소명을 다해 이 모두를 수용하고 감당합니다. 교사들, 숙명적으로 교사인 사람들, 변하는 교육 패러다임을 두려워하거나 현실에 안주하지 않고 적극적으로 마주하고 자신을 성찰하는 교사들, 교육에 대한 책임감으로 수업 변화를 위해 실천합니다. 다양한 과정중심평가 도구를 개발하고 모둠 협력수업, 문제기반학습, 토론 수업으로 교실은 시끌벅적합니다. 모든 교사가 다양한 수업방식으로 다양한 평가를 하다 보

니 학습량의 적정화를 통한 학습 부담 경감이라는 문장은 다시 현실과 멀어지려 합니다. 교육과정에서 제시한 비전으로 가는 길에 있는 장점과 단점을 봅니다. 그러나 교사는 장점을 강화하고 단점을 보완해서 개선점을 찾는 PMI[20]를 작동하고 변화를 위한 수업을 합니다. 현실의 문제를 알고 해결책을 찾아가는 '사소한 수업'에서 교사와 학생은 배움으로 미래를 만납니다. 현재의 지식이 절대적 지식이라고 단언할 수 없기 때문에 삶의 모습을 향상할 수 있는 실천적 지식을 탐구하는 질문으로 변화를 만납니다. 삶의 문제를 넘기 위해 질문하고 대화하는 '사소한(思笑翰) 수업'은 변화를 만드는 '역량 수업'입니다.

수업에서 깨운 것 🍃

학교에는 고래가 산다고
학교에는 코끼리가 산다고
학교에는 무엇이 산다고

존중과 배려
자율과 책임

---

20) PMI(plus minus interesting) 기법은 아이디어를 찾고자 하는 특정 대상의 강점과 약점 그리고 흥미로운 점을 각각 기록한 다음, 이들 각각을 분석하고 판단하여 최선책을 찾는 기법이다.

소통과 나눔

창의와 행복

그리고 미래

수업에서 무동을 타고

아이가 꿈을 꾼다고

차렷,

두 줄로 선

11월에게

단감 같이 발그란 꿈을 깨우랬더니

단풍 같이 엎드린 잠을 깨운다.

붉은 단풍이 부시시 일어난다.

어쩌지?

배구공의 속도

"사람은 무엇으로 사는가?"

"사람은 어떻게 사는가?"

질문에 답하는 삶을 살 수 있도록 '봄 길'이 되어 주신 선생님이 있었습니다. 초등학교 5학년 6학년 담임선생님, 조창래 선생님이십니다. 이 이름을 생각할 때면 그리움이 함께 와서 눈물이 됩니다. 살아야 할 이유를 찾지 못해 힘든 삶을 찾아주신 이름입니다.

선생님께서 암으로 눈 감기 전까지 제 이름 기억하시고 찾았다 하셨습니다. 대학 3학년 때입니다.

"정혜야, 조창래 선생님께서 너 찾으셨단다."

"언제?"

"지난 해에 교육대학원 연수에 오셨을 때 뵈었는데, 너 잘 있냐고 물으셨다."

"지금 어디 계신데?"

"……."

"왜?"

"안 계셔."

"왜?"

"암으로."

저는 허약해서 별명이 '삐삐당구'였습니다. 너무 약해서 걸을 수 있을까 염려가 되는 아이였습니다. 동네잔치 같았던 운동회는 즐거운 가을날이기도 하지만 제일 힘든 날이기도 했습니다. 재미있는 구경거리가 많았고, 동네 어른들께서 맛난 것도 사 주시고 맛있는 점심을 빙둘러 먹는 즐거운 날이었습니다. 그런데 운동회 때에는 꼭 달리기를 합니다. 육지에서 달리기를 못하는 거북이도 너보다는 빠르겠다고 놀렸습니다. 5명 나란히 출발해서 달리면 먼저 도착한 아이들이 저를 기다리고 다음 출발선에 선 5명도 기다립니다. 대기 시간이 길어서 잔뜩 짜증을 내었습니다. 4명 뛰면 4등, 5명 뛰면 5등, 6명 뛰면 6등이었습니다. 6등짜리 모아 달리기를 해도 뒤에서 달립니다. 기어갔다는 것이 맞는 표현입니다. 느렸습니다.

옆집 옥이는 운동회 마지막 릴레이를 장식하는 달리기 소녀 '하늬'입니다. 빨랐습니다. 반바퀴 이상의 거리를 두고 앞서 달리는 바람 같은 '하늬'였습니다. 배구선수팀을 선발할 때 옥이는 당연 1등으로 뽑혔습니다. 우리 마을은 학교에서 걸어 30분 거리에 있었습니다. 옥이는 배구 연습 끝나고 같이 가자고 했습니다. 뙤약볕이 내리쬐는 벤치에 앉아 구경하는 몇 날이 지났을 때, 배구팀 감독이셨던 조창래 선생님께서는,

"너도 이리 와서 같이 해라."

"……."

친구들도 저도 어이없는 표정으로 무서운 선생님을 바라봤습니다. 진짜 진짜 무서운 선생님이셨습니다. 철두철미했습니다. 그런데 저를 향해서 너도 같이하라십니다.

"자, 내가 공을 여기서 저리 대각선으로 던질 거야, 공 잡으면 시켜줄게."

아이들이 웃었고 저도 웃었습니다. 선생님이 저를 잘 모르시는 모양이었습니다. 3월이라 잘 모르실 수 있겠다 싶었습니다.

"내가 공을 던지면서 '뛰어' 할거야, 그때 뛰어서 잡아야 된다."

'뛰어.' 하면 뛰어가서 공을 잡으면 된다고 하시니 그래보기는 하겠

지만 도무지 가능한 일이 아니었습니다. 선생님의 의도가 무엇일까를 생각해보지 않을 수 없겠는데 갑자기,

"뛰어!"

소리에 놀라서 튕겨 나갔는지 얼떨결에 그 하얗고 뽁뽁한 배구공을 잡아버렸습니다. 한 달이 지났을 무렵, 농구팀 코치를 맡게 된 선생님은 우리를 모두 농구 선수로 뛰게 했습니다. 이상한 일이 생겼습니다. 참 이해하기 어려운 현상입니다. 4명이 빠르게 공을 치고 나가 정해진 선을 돌아오는 훈련을 반복하면서 어느 날부터인가 제가 선두에서 돌아오는 장면을 보게 되었습니다.

농구부 선수는 5명, 배구부 선수로 선발된 12명 중 5명 외에는 후보 선수로 등록 됩니다. 후보 선수 명단에 제가 없었습니다. 이상한 일입니다. 5명의 이름 안에 제 이름이 있었습니다. 맨손으로 달리면 뒤처지는 제가 농구공 치고 나가 빠른 공격으로 이어가는 속공으로 득점률을 높인다 했습니다.

우리는 진주시에서 개최되는 어린이 농구대회에 학교 대표로 참가했고, 시 대표팀과의 결승전에서 37대 31로 졌습니다. 진로 방해라는 수비자 반칙으로 5반칙 퇴장을 당한 억울함으로 땅을 쳤습니다. 절대 물러서지 않는 수비를 하는 것이 제 특기였는데 '반칙'이라 했습니다. 들은 적이 없는 경기 규칙이었습니다. 수비수 파울을 가르쳐주지 않은 선생님을 원망했습니다. 간혹 학교에서 대드는 학생을 보면 '저 아이가 간절히 원하는 다른 일이 있구나.'를 생각하고 서운해 하지 않습니다. 경기가 끝났을 때 그 무서운 선생님의 눈시울이 붉어지는 것을

저는 보았습니다. 운동 선수 경험 이후 변화가 생겼습니다. 운동회에서 달리기를 걱정하지 않아도 되었고, 공부를 하게 되었습니다. 열심히 수업하신 선생님께 보답하고 싶은 마음을 가졌습니다. 잘하지는 못하지만 열심히 했습니다. 평균 90점 이상인 학생들이 받는 성적 우수상을 주실 때 선생님께서는,

"비가 오지 않았더라면, 운동장에서 상을 받을 수 있었을 텐데."

교실에서 상장받는 것을 몹시 서운해하셨습니다. 그러나 저는 선생님께서 주신 상장을 받는 것이 몹시 기뻤습니다.

15살, 중학교 2학년 봄에 공장에서 '끊어진 실 잇기'를 하다 다시 다니는 학교에 선생님께서 찾아오셨습니다. 저는 너무 부끄러워서 인사조차 드릴 수가 없어 말없이 서 있었습니다.

"잘 사니?"

잘 사는 모습을 보여드리고 싶었습니다. 공부도 잘하고 열심히 사는 모습을 보여드리고 싶었습니다. 잘 사는 모습이 어떤 것인지 알 수는 없었지만 살고 싶은 마음이 없었던 그때는 분명 잘 사는 삶이 아니었습니다. 그날 이후 뵌 적이 없습니다. 스승의 날이 되면 마음이 아픈 것은 마지막 순간까지 저를 찾으셨던 선생님께 인사를 드릴 수 없기 때문입니다.

아이들 가르치면서 알게 된 것이 있습니다. 12살 느림보가 대각선으로 던진 공을 어떻게 잡을 수 있었는지 알았습니다. 32살에 첫 발령을 받고 근무하던 여학교 체육대회를 준비할 때입니다. 피구 연습을 시키던 중, 공의 빠르기를 조절하는 법을 가르치면서 12살에 나를

부르시던 선생님의 목소리를 들었습니다.

"너도 이리 와서 해봐라."

"어떻게요?"

"느린 제가 어떻게 공을 잡을 수 있어요?"

"잡을 수 있지."

"어떻게요?"

"봐봐, 공을 둥근 포물선 그리듯이 둥글게, 니가 뛰는 속도에 맞춰서 던지면 되지."

여자아이들이 피구 공을 피하느라 '꺅꺅' 거릴 때 저는 알았습니다. 제 속도를 아셨던 선생님은 제 속도에 맞춰서 배구공을 높이, 둥글게, 그리고 천천히 던지셨던 것입니다. 20년이 넘도록 제가 잘 뛰어서 잡은 줄 알았던 그 공 뒤에 숨겨진 선생님의 비밀을 알게 된 그 날은 운동장 한가운데 말없이 오래 서 있었습니다.

"아이의 속도에 맞게 공을 던지라."

모든 아이들이 공을 잡을 수 있다는 것을 알고 있습니다. 아이의 속도에 맞게 던지면 자기의 속도에 맞는 공을 잡을 수 있습니다. 제 속도를 아셨고 제가 잘 살 수 있다고 믿으셨던 조창래 선생님은 길이 끝난 곳에서 길이 되신 '봄 길'이셨습니다. 봄 길을 걷는 '사소한 수업'의 길을 만드셨습니다. 이제는 제가 '봄 길'이 되어야겠다고 생각합니다. 그러나 여전히 아이의 속도보다 비교의 속도, 평균의 속도, 제가 정한 속도로 공을 던지는 나쁜 습관이 있습니다.

시어의 속도 🍃

'이 땅 곳곳에 너의 발길이 가서 닿기를'

시 '봄 길'을 배우고 화포천을 걷는 날 우리 마음에 새긴 문장입니다. 길이 없는 곳이 없다는 것을 배워 모든 곳에 있는 '나넘세꿈'이 되기를 바랐습니다. 배움이 꽃처럼 피기를 바랐습니다. 정호승의 시 '봄 길'을 읽고 '스스로 사랑'이 되어 끝없이 걷는 시인의 마음으로 화포천을 걸었습니다. 학급 친구들과 공감하며 '문학 작품에 대한 감상 능력을 기르고 심미적 정서를 함양한다.'는 수업목표를 향해 걸었습니다. '꽃잎이 떨어지고, 흐르던 강물이 멈추고, 새들이 돌아오지 않는' 절망의 길 끝에서 사랑이 되어 걸었습니다.

긍정에서 시작하여 부정으로, 다시 긍정에서 끝나는 시의 마음을 품었습니다. 삶이 부정으로 끝나면 희망을 어떻게 품을 수 있겠냐면서 '희망'을 만들고 싶은 시인의 의도를 알아챘습니다. 주어 자리에 앉을 명사형 단어와 서술어 자리에 앉을 동사, 형용사 단어를 뽑는 '단어강제연결법'으로 부정의 이야기를 엮어서 시의 상황에 빠졌습니다. '놀이터와 텅빈다'를 엮어서 '함께 놀던 친구 떠난 놀이터가 텅 비어도'라는 시행을 만들어 부정의 상황을 품었습니다. 강한 부정을 알아야 긍정의 힘을 알 수 있고, 절망한 만큼 희망을 만드는 사랑의 힘을 더 잘 알기 때문입니다.

3월의 봄바람은 16살의 엉덩이를 가만두지 않습니다. 봄의 재촉에 못 이기는 척 봄 길을 나섰습니다. 3월 개학해서 3주째 되는 토요일이었습니다. 첫 단원 시 작품에 너무 오래 머물러 있다 보니 교과서 진도를 걱정하는 소리가 따라왔습니다. 걱정을 달래면서 같이 걸었습니다.

"우리가 시 앞에 앉는 것은 마치 꽃 앞에 앉아서 형태와 관계와 색채에 주의를 기울이는 것과 같다. 우리는 시가 감정을 움직이도록 허용한다. 우리가 산문을 읽을 때는 자신에게 통제권이 있는 것처럼 느끼지만, 시를 읽을 때는 통제권이 없는 것처럼 느낀다."

유진 피더슨의 '거룩한 그루터기'에 나오는 말입니다. 시의 속도는 빠를 수가 없습니다. 활자로 꽉 채워진 산문을 읽을 때와는 달리 행간의 여백이 주는 침묵의 언어를 읽는 시간이 필요합니다. 시간의 다림질로 언어의 주름살을 펴야 그 속에 꽁꽁 잘도 감추고 있는 보석 같은 '의미'를 캐낼 수가 있는 것입니다. 화포천 습지를 걸으며 언어의 주름살을 폈습니다.

우리나라 최대의 하천형 배후 습지인 화포천 습지는 노랑부리 저어새와 큰기러기를 비롯한 매우 희귀한 식물이 서식하고 있는 생명의 땅입니다. 화포천을 걸었던 아이들은 자신이 나고 자란 지역을 품고 지역을 닮은 생명 길을 걷게 될 것입니다. 나넘세꿈 아이들이 봄 길 걷는 발자국 소리 같이 들어보겠습니다.

「봄 길」이라는 정호승 시인의 시를 읽고 봄 길을 걷자는 친구들 때문에 기분이 좋지 않았다. 주말에 차라리 집에서 쉬면 더 낫지 않을까는 생각이 들었다. 가보니 공기도 좋고 친구들끼리 이야기도 하며 따스한 햇빛을 받으니, '봄 길 걷기를 잘 했다.'는 생각이 들었다. 교실에서 조용히 있던 남이가 점심에 먹을 도시락을 가득 싸 왔다. 내가 먹을 김밥도 겨우 사서 왔는데 친구들은 먹거리를 가득 들고 왔다. 저걸 누가 다 먹을 수 있을까 싶었는데 미처 도시락을 못 가져온 우연이와 상미가 먹을 수 있어서 다행인 봄이 되었다. 어젯 밤 잠깐 비가 다녀 갔는지 돌다리가 놓인 길이 안보였다.

"길이 끝났네."

"수미야, 네가 힘이 젤 세니까, 저기 있는 돌 좀 갖고 와 봐."

돌 주우러 가는 수미의 뒤를 따라 성혜도 갔다.

"너희가 봄 길이네."

선생님께서 우리에게 '봄 길'이라 해서 기분이 좋았다. 또, 평소에 자연환경에 관심이 있어서 내가 아는 실물이 있어 재밌기도 했고, 새롭게 배운 동식물들이 있어서 신기했다.

"로제트 식물"

생태 해설사 선생님이 가리키는 곳에 쭈그려 앉았다. 지면에 붙어서 땅에서 뻗어간 낮고 작은 로제트를 본다고 친구들이 동그랗게 앉았다. 머리가 부딪치는 바람에 현이가 뒤로 자빠졌다. 냉이, 질경이, 개망초, 민들레, 꽃다지가 로제트식물이라 했다. 길가다 보이던 꽃들이 로제트, 지면에 붙어서 땅의 온기로 겨울을 난다고 한다. 땅은 참 신기했다.

생태해설사 선생님과 친구들이 화포천을 걷다가 자신보다 큰 동물에게 물려 죽어 뼈만 앙상하게 남은 고라니를 보았다. 고라니를 보니 마음이 아프고 무서웠다. 하지만 아직 우리 지역에 이런 동물이 서식한다는 것이 놀랍고 신기했다.

화포천은 낙동강이 범람해서 생긴 습지이며 600여 종의 동·식물의 보금자리이며, 수질 정화, 자연재해 방지(가뭄, 홍수), 멸종위기의 야생 동·식물(참개구리, 멧새, 수달, 노랑할미새 등)이 서식하는 생태 보금자리의 역할을 하는 것을 알게 되었다. 꽤 오랫동안 이 지역에서 살았는데도 화포천이라는 곳을 알지 못했다는 것이 부끄러웠다. 앞으로는 우리 고장을 더욱 알아가며 아끼고 지켜야겠다는 생각이 들었다.

화포천에서 모르던 친구와 알게 되고 어색했던 친구들과 친해졌다. 화포천 가까이 있는 봉하 마을에는 가끔씩 갔었는데, 근처에 있던 화포천에 대해 알지 못했다. 화포천에 대해 알게 되어 기쁘다. 선생님과 친구들 모두 화포천의 사계절을 걷고 싶다.

봄 길을 같이 걸었던 홍이 엄마와 철이 엄마는 쑥을 캐느라 귀가 시간에 돌아오시지 못했습니다. 새 쑥 향에 취해서, 추억에 취해서, 봄에 취해서, 둑길을 따라가다 시간을 잊었다 했습니다. 그다음 주 월요일에는 쑥떡을 먹었습니다. 새 쑥을 넣은 쑥떡을 먹으면서 3학년 4반 34벼리의 꿈을 엮는 동아줄을 매었습니다. 벼리가 꿈꾸는 소리를 들었습니다.

저의 꿈은 생물학 연구원입니다. 제가 생물학 연구원이 되고 싶은 이유는 물고기, 식물, 개나 고양이 가리지 않고 다 좋아하고, 그중에 특히 해양 생물들을 좋아하기 때문입니다. 금붕어나 열대어를 키운 경험 외에 다른 경험은 없지만, 파충류나 애완동물, 생물들을 좋아합니다. 제가 다녔던 유치원에는 작은 연못이 있었는데 논에 물대기를 할 무렵에 개구리가 낳은 알을 거기서도 볼 수 있었습니다. 알에서 나온 올챙이가 헤엄치며 다니는 구경에 빠져서 친구 손에 끌려서 교실로 들어가곤 했습니다. 모가 심겨진 논에 들어가 올챙이를 잡다가 동네 어른께 야단을 듣기도 했습니다. 혼이 나면서도 잡은 올챙이를 데리고 집까지 들고 와서 엄마에게 또 야단을 들은 기억이 있습니다. 올챙이가 살던 곳으로 데려다 주지 않으면 죽게 된다는 말에 달이 뜬 논으로 가서 올챙이 엄마한테 데려다 주었습니다.

직업에 대해 검색하고 검사할 수 있는 진로 커리어넷에서 직업 가치관 검사를 해보니 능력 발휘가 7, 자율성 0, 보수 2, 안정성 6, 사회적 인정 2, 사회봉사 3, 자기 계발 5, 창의성 3 이라는 결과가 나왔습니다. 능력 발휘와 안정성이 높고, 상대적으로 자율성과 사회적 인정은 낮은 편입니다. 높은 점수가 나온 '능력 발휘'는 능력을 충분히 발휘할 수 있을 때 보람과 만족을 느끼는 것이 특징인데 생물학 연구원이 되어 제 능력을 발휘하고 싶습니다. 다음으로 높은 '안전성'은 계획한 대로 안정적으로 유지되는 걸 좋아하는 것이 특징입니다. 생물학 연구원이 되어 연구 계획을 세우고 연구를 하는 과정은 안정성을 갖고 있다고 생각합니다.

생물학 연구원의 핵심 능력은 창의력, 언어능력, 수리 논리력 등이 있고, 관련 학과는 농생물학과, 생물학과가 있습니다. 생물학과가 있는 대학을 정하고 열심히 공부하겠습니다. 생물학 연구원이 하는 일에는 여러 가지가 있는데 생명체의 기원·발달·해부·기능 관계 및 기타 원리를 연구하고, 연구 결과를 의학·농업 등의 분야에 직접 적용하거나 응용 방법을 개발하고, 자연환경에서의 생물의 생태 특징과 행동을 관찰하며, 생명체의 기원, 발전, 구조, 분포, 환경, 상호관계 및 기타 생활방식에 대한 조사 및 실험실에서 연구 활동을 합니다. 이에 따른 흥미와 적성은 생명체와 생명 현상에 대한 관심과 열정을 가지고 있어야 하며, 새로운 것에 대한 탐구 정신과 호기심을 가져야 합니다. 오랜 시간 동안 지속하는 실험과 결과를 분석할 수 있는 인내심과 꼼꼼함, 세밀함, 논리력, 추리력, 관찰력 등이 필요합니다. 그래서 저는 앞으로 책을 많이 읽고, 의사 표현을 뚜렷하게 하며, 과학 시간 실험을 할 때 연구하는 자세를 가지겠습니다.

생물다양성 협약에 대해 들어보신 적이 있습니까? 1992년 5월 케냐의 나이로비에서 채택되어 1994년 10월에 우리나라는 154번째 회원국으로 가입했습니다. 1900년대 이후 생물종의 멸종 속도는 그전에 비해 50~100배 빨라졌다고 합니다. 생물 다양성 감소는 지구 공존과 생존을 위협한다고 들었습니다. 1970년대부터 국제사회는 생물종 보호의 중요성을 인식하고 여러 협약을 체결해 생물종 보전을 위해 노력하고 있습니다. 생물종 다양성이 높으면 그만큼 사슬이 복잡해져 생태계 평형이 잘 유지됩니다.

그런데 1980년대 이후 열대 우림을 가지고 있는 개발도상국의 산림 벌목, 지하자원의 무분별한 채굴, 농경지 확장 등 경제개발을 위해 자연을 파괴하면서 생물종의 멸종 속도가 더 빨려져서 생태계가 위험하다는 위기의식이 높아지고 있습니다.

화포천 생태 탐사 활동에서 해설사님께서 황소개구리가 생태계 교란종이라 해서 깜짝 놀랐습니다. 어릴 때 우리 동네 앞 개울에서 황소개구리 울음소리를 자주 들었는데 금개구리나 토종 개구리 서식지를 위협한다고 했습니다. 외래종 '배스'가 우리나라 하천의 생태계를 파괴한다고 했습니다. 뱀의 머리 하나를 자르면 그 자리에서 두 개나 생기는 히드라처럼 다 자란 물고기를 많이 잡으면 어린 배스가 급증해서 작은 여울에 사는 우리나라 토종 어종을 잡아먹게 됩니다. 그래서 외래종을 없애기가 어렵다고 합니다.

그래서 궁금증이 생겼습니다. 배스가 우리나라에 들어온 이유가 무엇일까요? 그리고 배스는 어느 나라 어종일까요? 남의 나라 물고기가 들어와서 우리나라 물고기를 다 잡아먹어 우리나라 하천의 생태계가 교란되어 퇴치작업을 한다고 하는데 배스가 스스로 온 것일까요? 배스를 들려온 것이 사람이지 않을까라는 생각이 들었습니다. 생물종 다양성 협약을 찾아보다가 우리나라 생태계에 관심을 가지게 되었습니다. 열대어 구피를 키우고 있는데 번식력이 매우 좋아서 여러분께 분양을 할까하다가 이름이 '구피'라서 좀 생각을 해봐야하겠습니다. 생물학 연구원이 되어 우리나라 사람의 토종적인 삶을 잡아먹는 외래종이 없는지 연구해보겠습니다. 감사합니다.

동백의 꿈 🍃

'앗, 저것!'

복숭아꽃 붉은 기운이 구름처럼 두둥실, 하얀 배꽃과 다투어 산등성이를 오르고 있습니다. 겨울을 견디느라 바짝 긴장한 감나무 아래 푸른 기운이 잔디처럼 번지는가 싶었는데, 발그레한 솜사탕처럼 보송보송 부풀어 초록을 오릅니다. 마음이 그만 두둥실 들떠버립니다.

'우~욱'

입덧을 합니다. 동짓달부터 겨울을 움켜쥐고 단단히 버텼는데 기어이 내의를 벗겨냅니다. 헛구역질하는 입덧 증상으로 봄이 오고 있다는 것을 먼저 압니다. 농사를 지으며 첫아이를 기다리던 그때, 땅에서 봄 냄새를 맡을 줄 알았던 농부는 생명이 싹트려면 '입덧-들뜸'이 있어야 함을 알았습니다.

교실 창밖으로 연초록이 산등성이를 타고 오르는 봄의 경주를 바라보다 마음이 들떠 운동장을 서성입니다. 좁은 운동장 가에 핀 홍매화는 남학생들의 짓궂은 장난에도 의연합니다. 몇 해 전 '섬진강 좌우도' 문학기행을 갔을 때, 매천 황현의 집에서 본 그 꽃과 홍매화가 매우 닮았습니다. 청소 시간의 비질로 날리는 먼지와 심술부리는 발길질에는 끄떡도 하지 않을 지조와 절개가 넉넉합니다. 아이들 때문에 씩씩거리는 나를 나무라는 듯 합니다. 애꿎은 매화에다 대고 거만함을 감추는 이중성을 버리라고 퇴박을 놓습니다. 그래도 의연한 홍매화의 꽃망울이 열릴 때에는 맥없이 주저앉습니다. 꽉 쥔 주먹이 풀려

버립니다. '이제 그만 봄이다.' 더 기다릴 것 없이.

홍매화를 지나 운동장 둥근 길을 따라 빛바랜 사임당 동상 앞에 섭니다.

"생경하다."

동백나무가 빙 둘러선 사임당 동상이 고등학교 교정에 있습니다. 역사에 남을 인물을 교정에 세워 아이들이 본받기를 바라는 유치한 발상이 이곳에 있습니다. '창의융합형 인재를 기른다.'는 교육 목적을 닮은 동상에 아무도 눈길을 주지 않는 인문계고등학교에 있어 생경합니다. 낯설기도 하고 비웃음에 가까운 웃음도 납니다. 대학입시 경쟁에 마음까지 찌든 이곳에 신사임당의 미소가 있다니요. 여기뿐 아니라 저기 급식소 가는 담벼락 끝에 동상 하나가 더 '우뚝' 있습니다.

유치한 발상이 곳곳에 남아있는 학교라 조소 섞인 웃음이 온몸으로 번질 즈음해서 동상 옆 동백나무에 시선을 빼앗깁니다. 붉은 색을 좋아하지만 찬 기운 이기고 피는 동백은 좋아하지 않습니다. 추운 겨울을 힘들어 하는 나를 비웃기라도 하듯 보란 듯이 붉어서 질투가 납니다.

"왜 피었나?"

퉁명스럽게 대들어봅니다. 김유정의 '동백꽃'에서 보았던 점순이의 첫사랑이 너무 서툴러서 내 서정도 비뚤름합니다. 가난한 마름의 아들인 '나'의 덜 자람, 뭘 모르는 것을 오히려 다행으로 여깁니다. 노란 동백꽃 속에 파묻히고 싶은 점순이의 사랑을 붉은 동백은 모르는 게 낫습니다. 〈자전거 여행〉에서 김훈은 절정에서 모가지채 추락하는 동백을 몹시 안타까워 합니다. 절정에서 추락할 점순이의 사랑이 아픕니다. 동백의 서정이 편하지 않습니다.

"너그 집에 이거 없지?"

'왜 하필 이 말이 튀어나왔을까?'

후회해도 늦었습니다. 삶은 감자를 외면한 그를 바라보는 '점순'의 눈에 '툭'하고 떨어지는 동백의 상처. 동백이 추락한 곳에 점순이의 첫사랑이 나동그라집니다. 사임당 동상의 빛바랜 치마폭에 점순이와 뭘 모르는 '나'가 싸이는 것을 봅니다.

즐거운 꽃구경으로 교정을 걷다 보니 어느새, 멀리서 보았던 그 동상 앞에 우뚝 섰습니다.

'강성갑'

동상은 진영여자중학교와 진영고등학교를 가르는 담벼락 끝 모서리에서 학교 정문을 향해 있습니다. 두 학교를 설립하신 분, 아니 좀 떨어진 곳의 한얼중학교까지 세 학교를 설립하신 분입니다. 그에 대한 소문을 들었습니다.

6·25전쟁 무렵 한얼중에서 학생들을 가르쳤던 김동길 전 연세대 교수의 증언이다. "강 목사님은 학생들과 흙을 빚어 담을 쌓고, 그

담이 네 번이나 무너져도 다시 세우셨어요. 농가를 지도 방문할 때면 꼭 감나무 한 그루를 심어주고 미래를 기대하자고 당부하시더군요. 학교에서 일하는 소사 미장이, 토목공, 이발사 등에게도 똑같이 선생님이라 부르셨어요. 월급도 같았죠." 〈국민일보, 한국기독교역사여행 글에서〉

학교를 세우고자 했던 그의 뜻은 무엇이었을까요? 감나무를 심어주고 미래를 기대하던 그 사람이 여기에 있습니다. 홀로 여기 동상으로 서 있습니다. 급식을 기다리는 아이들조차 눈길을 주지 않는 이 흉상은 누구를 위해 서 있을까요? 재잘거리는 아이들을 뒤에 두고 고요히 정문을 바라보고 있습니다. 밤늦도록 공부하다 돌아가는 아이들을 오래오래 보고 싶은 듯.

공간이 부족하여 고등학교와 중학교가 함께 사용하는 급식소에서 나오면 고등학생들은 그의 앞이 아니라 그의 뒤에서 걷게 됩니다. 낡은 동상을 지키는 묘비문이 그의 뒤를 지키고 있습니다.

한얼의 설립자 강성갑선생
1912년 6월 21일 의령 땅에 나서
1950년 8월 2일 낙동강변에 쓰러졌다.
이 백성에게 예수의 복음을 전한 설교자
가난한 농민의 아들 딸을 위해서 피와 땀으로

학교를 세운 위대한 이 겨레의 스승
끝까지 서러운 자의 벗으로 이 민족을 섬기고
동족의 흉탄에 넘어진 한알의 밀알
그는 싸워서 바르게 살고 힘써 하나님과
이웃과 흙을 사랑하였다.
그의 아름다운 마음 이 백성 위에
영원히 빛나라

　　　　　　1954. 5. 14.

　누군가 그의 뒤에 서서 등짝을 떠미는 바람에 묘비문 처럼 살다 죽은 듯 돌아서서 말이 없습니다. 그의 옆에서 동백이 수없이 많은 세월을 피고서는 절정에서 '뚝', 1954년 5월, 38살의 그때처럼 모가지 채 추락하여 선혈이 낭자합니다.

　"교육은 당신의 뒤를 따를 수 있을까요?"

　"서러운 자의 벗이 되는 길을 어떻게 따를 수 있을까요?" 감 나무 한 그루 심어 주며 미래를 당부하시던 당신을 어떻게 따를 수 있을지 여쭈어봅니다.

봄 처녀 꽃 치마 흔들 듯 🍃

"드르륵!"

교무실 문이 열리고 오늘도 어김없이 녀석들이 온다, 아니, 달려옵니다.

"선생님, 안 가세요?"

"선생님, 언제가요?"

눈망울 또렷, 호기심 가득한 중학교 1학년에 만난 이 아이들의 초롱초롱 목소리가 고등학교 2학년 중저음에 묻어 화음처럼 들려옵니다. 야간자율학습을 마치고 교무실로 와서 보채는 소리에 벚꽃의 추억이 하르르 하르르 날아다닙니다. 날리는 벚꽃 잡으려 팔을 휘휘 저어봅니다. 나보다 1년 먼저 이 학교에 진학해서 봄 길을 만들었을 '나넘세꿈'입니다. 중학교 졸업하던 날 잔소리처럼 흘렸던 말이 씨앗 되어 다시 만났습니다.

"똑바로 안 하면, 또 따라간다."

"네, 선생님, 또 만나요!"

"잘 살아, 내년에 나도 갈 거니까."

교정을 나가는 아이들을 교무실 창밖으로 목을 뺀 채 오래 바라보았습니다. 3년을 뒤좇아 갔습니다. 중학교 1학년부터 짝사랑하듯이 따라다녔습니다. 지겨워하는 아이들의 마음을 모르는 척하고 따라다녔습니다. 3년을 함께한 정이 끊어지지 않아서 엉엉거렸던 것이 불과 1년 전입니다. 새봄에 기적같이 왔습니다. 오자마자 나넘세꿈은 봄길을 다시 걷자고 성화입니다.

"가야지."

"아니, 안 갈 거야!"

머리를 세차게 흔들어 저항해 보지만 소리의 끝음절에 힘이 빠지는 건 녀석들도 다 압니다. 이미 문학기행 장소를 훑어 내리고 있던 어제의 나를 이녀석들이 모를 리가 없는 것입니다.

"올해는 가지 말자, 능력 밖의 일을 하느라 그동안 힘들었던 사람은 나만이 아니야."

"수업 방법을 개선하고, 수업의 질을 높이는 데 집중해야지!"

"인문계 고등학교에서 문학기행?, 독서토론?, 더군다나 진영고등학교에서!"

"책 걷기는 그만하자."

마음을 다그쳐 보지만 달달한 커피 못 참듯 저 봄빛에 마음이 들떠 버렸습니다. 입덧하듯 들뜨는 날에는 그것으로 그만입니다. 봄처녀 꽃 치마 흔드는 바람처럼 주체할 수 없습니다. 녀석들이 중학교 1학년이던 그해 봄, 벚꽃이 바람 타고 꽃비로 내리던 섬진강, '지리산 행복학교' 문학기행은 시작되었습니다. '강 길 따라 문향 백 리, 섬진강 문학기행'의 첫 경험을 잊지 못합니다. 나넘세꿈 동아리에서 할 수업 준비하느라 늦은 귀가 시간, 가족의 기다림을 뒤로하고 옆자리 앉은 정선생님과 봄밤에 젖어 차 한 잔을 나누면서 시작되었습니다.

"선생님, 우리, 아이들 데리고 문학기행 갈까요?"

마흔이 넘었어도 소녀 같은 정선생님의 감성이 봄바람을 타고 흘러옵니다. '나비들이 날개 접고 꿈꾸는 봄~~밤에 진달래, 개나리도 예쁜 꿈을 꾼다지~~랄라' 노랫말 같이 봄밤에 취해서 나도 예쁜 꿈 한 자락을 꾸었고 같은 꿈을 오늘도 꿉니다.

"올해는 어디로 가나?"
"선생님, 이제 집에 가실 시간이라구요!"
"……"

야간자율학습을 마치고 함께 집 가자고 재촉한 소리를 문학기행 가자고 보채는 소리로 들었습니다. 재현이는 앞에서 재잘조잘, 연주는 뒤에서 짝짝 연이어 맞장구, 인화는 옆에서 톡톡, 촌철살인 야무지게 언어의 돌멩이를 던집니다. 웃음소리 봄꽃처럼 환하게 핍니다. 봄꽃 피는 요란한 소리에 자다 깬 강아지도 짖습니다. 멀리 있는 성국이 웅근이는 잘 있는지, '나넘세꿈'[21] 사람들은 잘살고 있는지 저도

---

21) '나넘세꿈'은 나를 넘어서(너와 함께) 더 좋은 삶, 더 좋은 세상을 꿈꾸는 사람들이 만나서 의미를 발견하고 실천하는 수업 이름이다.

짖습니다. 그리운 사람들 얼굴이 달처럼 환해집니다.

책 걷기 1: 지리산 행복학교 🍃

독서를 통해 행복한 꿈을 꾸는 사람들이 봄 기운을 못 이긴 봄밤에 취해 꿈길 걷듯 섬진강으로 떠납니다. '나를 넘어 세상을 품는 꿈'을 가진 사람들이 모여서 〈지리산 행복 학교〉를 읽고 시심(詩心) 같이 순수한 시인을 찾아갑니다. 시심같이 순수한 삶을 만나는 끝자락에는 대하 소설 〈토지〉를 따라가는 역사를 덧대어 놓았습니다.

삶과 함께 울고 웃으며 때론 고단한 삶을 풀어내는 문학을 걸으며 현실의 고단함이 풀어지기를 바랍니다. 문학의 현실이 곧 나의 현실임을 알게 되는 문학기행, 책을 걷는 길에서 너와 함께 걷는 또 다른 나를 만나기를 바랍니다. 내 생활의 빗장을 열고 다른 공간에 자신을 담고, 거기 살아 숨 쉬는 역사와 문화를 호흡하십시오. 시간과 공간을 확장하는 책 걷기로 나를 넘어 세상으로 더 깊이 들어가는 '의미 경험'을 하시기 바랍니다.

야생 녹차가 유명한 하동 섬진강에서 문학이 우려낸 멋과 녹차 한 잔의 맛이 벚꽃과 어우러진 봄 길을 걷겠습니다. 섬진강 백 리 길에 흩뿌려지는 꽃잎을 본 그 여운은 깊고 오래 갈 것입니다. 섬진강에 점심 도시락을 부시고, 공지영 작가의 〈지리산 행복학교〉 시인을 우리 삶으로 모셔옵니다. 삶이 문학이고 문학이 삶인 버들치 시인의 화전 같은 이야기를 듣겠습니다. 그곳, 지리산이 있어 물 깊은 섬진강에서 산이 아내고 강이 자식인 시인, 버들치를 키우고 '랄랄라' 닭 한 마리를 키우는 시인을 만납니다. 꽃 먹듯이 떡 먹듯이 화전에 취하십시오. 박경리가 쓴 〈토지〉에서 서희 엄마가 먹고 싶다던 진달래 화전 같은 꽃잎을 섬진강 맑은 물결 따라 동그마니 원 그리며 띄워 보내겠습니다.

"산이 떠내려가냐?"
"강이 증발하냐? 밥 안 먹었으면 11시고, 밥 먹었으면 2시지!"

시간 딱딱 따지는 지인의 합리적 계산을 밥알 뒤에 술술 떠넘기시는 분, 버들치를 키우다 낯선 사내들 손에 죽은 것을 자기 탓으로 여기시는 분, 먹거리가 지천인 이 땅에서 앞개울 헤엄치던 버들치를 고추장에 양념해 먹는 탐욕을 굳이 탓하지 않고, 다시 버들치를 키우시는 시인의 이야기를 듣겠습니다.

공지영 작가가 쓴 〈지리산 행복학교〉를 읽고 떠난 책 걷기, 문학기행에서 만난 시인 박남준은 2019년 4월 고등학교 3학년 모의고사 시험에 소개된 시 '따뜻한 얼음'과 같은 분이셨습니다. 시험지에서 뛰어나오셔서 고생하는 수험생들을 안아주실 분입니다. 이분의 육성으로 들은 시에는 정다운 마음이 곳곳에 있습니다.

옷을 껴입듯 한 겹 또 한 겹
추위가 더할수록 얼음의 두께가 깊어지는 것은
버들치며 송사리 품 안에 숨 쉬는 것들을
따뜻하게 키우고 싶기 때문이다
철모르는 돌팔매로부터
겁 많은 물고기들을 두 눈 동그란 것들을
놀라지 않게 하려는 것이다

그리하여 얼음이 맑고 반짝이는 것은
그 아래 작고 여린 것들이 푸른빛을 잃지 않고
봄을 기다리고 있기 때문이다

이 겨울 모진 것 그래도 견딜 만한 것은
제 몸의 온기란 온기 세상에 다 전하고
스스로 차디찬 알몸의 몸이 되어버린 얼음이 있기 때문이다.
쫓기고 내몰린 것들을 껴안고 눈물지어본 이들은 알 것이다
햇살 아래 녹아내린 얼음의 투명한 눈물 자위를
아 몸을 다 바쳐서 피워내는 사랑이라니
그 빛나는 것이라니   〈박남준, 따뜻한 얼음 전문〉

봄을 기다리는 작고 여린 것들을 품느라 온기를 다 내주고 두꺼워
진 얼음, 쫓기고 내몰린 것들을 껴안고 얼마나 울었을까요? 〈지리산

행복학교〉에서 '살아 숨 쉬는 모든 존재에 약하신 분'이라는 공지영 작가의 말에서 그곳이 '지리산 학교가 아니라 지리산 행복학교'인 의미를 알았습니다. 행복은 작고 여린 것들이 멀리 갈 수 있도록 자신의 온기를 내어주는 것입니다. 그래서 행복한 학교는 누군가 그 몸을 다 바치는 사랑이 있어야 가능한 것입니다.

5월의 섬진강 문 향 백 리를 걸었던 아이들은 10월의 문학의 밤 순서지를 만들면서 목소리를 높였습니다. 박남준 시인의 목소리에 '시 맛'을 본 아이들은 물러서지 않았습니다.

"시 낭송이 얼마나 좋은데, 시낭송 넣어야 돼!"
그러나 시 낭송을 들어본 적 없는 아이들은,
"시 낭송?, 뭐 그런 닭살 돋는 걸 해!"

의미 없는 경험이 없는 것이라고 말할 때 나는 종종 문학 작품을 읽고 삶의 자리로 찾아가는 책 걷기 예를 들어 줍니다. 가치를 경험하지 않은 사람들은 결코 모르는 일입니다. 가치를 경험한 사람들은 그 가치를 살 수 있습니다. 최근 계간 진해 발간 30년, 100호 발간 소식은 가치를 살아가는 '지리산 행복 학교'의 삶을 생각나게 합니다. 지리산 행복학교 사람들의 모습과 닮은 진해 사람들이 진해 벚꽃만큼이나 예쁜 마을을 만들고 있었습니다. 계간 진해 100호 발간을 축하하며 '문향 100리에 꽃향 더하기'를 바라는 마음 편지에 담아 보내 드렸습니다.

계간지를 발간한 세월이 30년이라니 얼마나 소중한 잡지인가요? 계간 진해 30년 100호, 특집 간행이라는 감동의 자리에 초대해 주셔서 감사합니다. 30년 긴 세월 길어 올린 문향이 100년, 또 더하여 흘러가리라는 기대에 두 손이 절로 맞잡아집니다. 좋은 가치를 발견하기도 어렵지만 살아내기는 더욱 힘들어, 가고 서다를 반복하다 몇 날이 못 되어 멈춰집니다. 오래지나지 않아 멈추는 일이 많아 엄두조차 못 내는 일을 30년 세월 이어온 사연이 궁금합니다. 누가 무엇 때문에 계간 진해를 만들고 어떻게 살았는지요?

보내 주신 계간지 한 권에는 몽당연필을 꼭꼭 눌러가며 쓴 편지처럼 진해 소식 한 장 한 장 가득하였습니다. 나지막이 흙담을 두른 이웃집에 빈 바가지 불쑥 내밀어도 장독 열어 된장, 간장, 고추장 다 담아 주는 정이 깨알 같이 또르르 달려 나오듯 합니다. 어디 가서 배곯지 말고 밥 든든히 챙겨먹으라고 주시는 할머니의 꼬깃꼬깃한 용돈 같기도 하였습니다. 경계하고 구분 짓는 담이 아니라 서로 마주 기대어 이야기 나눌 찻상 같은 흙담이었고, 종이 한 장 한 장에는 애지중지 키운 손자 걱정하는 애틋함과 그리운 정이 배여 있었습니다. 세련된 하이힐이 아니라 아무데나 흙 묻어도 괜찮은 검정고무신 같은 글이었습니다. 그래서 30년 세월을 걸어왔나 봅니다. 꾸미지 않고 때 묻어도 괜찮은 이야기를 가만가만 들려주는 '계간 진해'는 계절이 바뀌기 전부터 기다려지는 편지 같은 것이었나 봅니다.

내가 들려주는 이야기도 좋고, 네가 전해주는 소식이 더 궁금한 사람들이 더불어 온 동네 다니면서 아이 어른 가리지 않고 찾아낸 글이었습니다. 나이의 경계, 관계의 경계가 없어 모두 어울리는 대동 한 마당 같은 '계간 진해'의 이야기를 기다리는 사람이 되었습니다. 너의 이야기가 곧 내 이야기라는 연대가 생깁니다. 그곳 장복산의 벚꽃 이 야기가 그리워 이번 겨울엔 제가 먼저 벚꽃으로 피겠구나 싶습니다. 하르르 지는 벚 꽃 아래 손잡고 걷는 정인이 되겠습니다. 부디 봄 꽃 피기 전에 101호 계간지 보내 주시기를 바라 봅니다. 산 너머 진해 바다 윤슬을 그리워하지 않아도 되겠습니다. 이제는 그곳에 가서 살 고 싶은 사람이 되었습니다.

책 걷기 2: 태백산맥을 넘어 🌱

'강 길 따라 문향 백리', 섬진강 기행에 이어 태백산맥의 염원을 품 는 여정을 꾸렸습니다. 행복을 감싸 안고 도는 지리산과 섬진강의 따 뜻한 마음을 품고 언강 언저리에 앉아 추운 날에 더 두꺼워지는 시인 을 만난 기행이 좋아서 다음 해 다시 길 떠났습니다. '태백산맥', 문학 의 삶을 찾아 일제 식민지와 분단의 파도가 있는 전라도 벌교로 텀벙 뛰어들었습니다.

"얼어붙은 갯벌을 파 뒤집어 먹을 것을 구걸하던 힘겨운 삶이 우리 의 위로를 기다리고 있지 않을까? 이념의 총부리가 위협하던 그곳, 난간 없는 소화다리에서 떨어진 역사가 너를 부르고 있지 않을까?"

쇠붙이를 모조리 빼앗아 제국주의의 야망으로 녹여 무기를 만들던 그때로 갔습니다. 모진 고문과 이념의 갯벌 위에 세워진 억압의 역사를 직면하기 두려웠습니다. 일제가 뜯어간 난간 없는 소화다리는 학살의 장소로 요긴해 보였습니다. 난간 없는 다리 위에 사람을 세우고 총을 쏘면 갯벌로 떨어진 주검을 수습하지 않아도 되었습니다. 그들의 잔인함을 거둬준 바다가 하얀 거품을 내 품으며 침략과 이념으로 죽은 이들의 삶을 증언하고 있었습니다.

중도 방죽에 서서 아버지의 이름을 부르던 염상진의 아이들, 광조와 덕순이를 안아주었습니다. 고열로 앓아누운 어머니를 위해 게 잡으러 나온 아이들이 못내 그리운 아버지를 불렀습니다.

"아부우우지이이이!"

아부지가 있는 산이 아니라 바다를 향해 빨치산이 된 아버지를 불렀습니다. 산에 있는 아버지를 등지고 바다를 향해 소리치는 아이들의 외침이 태백산맥을 휘돌아 왔습니다. 통일을 향한 민족의 염원이 검푸른 파도를 타고 태백산맥을 넘어왔습니다. 통일의 당위성에 대한 쟁론을 뒤로하고 우선 우리의 삶을 톺아보았습니다. 민족의 역사를 관통하는 문학으로 지금의 삶을 다시 보았습니다. 사상과 이념의 상처로 아파하는 민족이 우뚝 솟은 자유와 평화의 산맥을 넘어 새 세상을 만드는 꿈을 꾸었습니다.

나넘세꿈의 염원: 재식이의 기행문 🌿

　무더운 여름 날, '백두대간의 염원을 품다!'라는 주제로 우리가 읽었던 소설 '태백산맥'의 배경인 벌교와 순천만, 선암사 일대를 다녀왔다. 백두대간의 염원은 무엇일까. 백두대간은 흔히들 호랑이라고 하는 한반도의 척추로 민족 뼈대를 이루었다. 그런 백두대간이 일제에 의해 유린당하던 때는 반도 전체가, 민족 전체가 외세에 의해 강탈당하던 때였다. 백두대간의 수난은 여기서 끝나지 않는다. 광복이 되고 좌우가 협력하여 새 나라를 세우려던 참에 미국과 소련이 개입하여 보이지도 않는 선을 기준으로 반도를 남북으로 가르고 백두대간 역시 갈린다. 백두대간은 이런 아픈 역사를 치유하고 잘린 허리를 이어주기를 바라고 있다. 조정래는 '태백산맥'의 머리말에서 자신의 작업이 민족의 허리 잇기를 위한 작업이라고 밝혔다. 백두대간의 염원을 품는다는 것은 '허리 잇기'라는 생각을 하면서 기행을 시작했다.

　여순사건으로 도망치던 정하섭을 생각하며 순천만으로 들어갔다. 만은 넓었다. 물이 빠져 갯벌이 드러나 있었다. 갯벌에는 푸른 갈대들의 키가 컸고 그 사이로 농게, 망둥이(짱뚱어)가 돌아다니고 있었다. 순천만은 흑두루미가 월동하는 세계적인 철새도래지라고 한다. 이런 가치를 인정받아 람사르 협약에 등록되기도 했다. 지금은 평화롭고 생명이 숨 쉬는 이곳이 한때 피가 흐르는 싸움터였다는 사실이 믿기 싫을 정도였다. 어디 순천만만 그랬을까. '태백산맥'의 다른 배경인 지리산도 골짜기마다 수없이 많은 목숨이 한을 품고 묻혔고 한국전쟁 때는 엄청난 사람들의 주검이 널부러졌다. 반만년 역사를 내려오면서 수천 번의 침략에 맞서 죽어간 혼 또한 헤아릴 수 없다. 어느 역사학자는 '우리는 지금 무덤 위에 살고 있다.'고 하였다. 백두대간은 죽어간 혼들의 염원을 품고 있는지 모르겠다.

순천만을 보고 벌교에 들어섰다. '벌교 가서 주먹 자랑 하지 말라.'는 말이 있다. 그만큼 깡패가 많았고 그들을 유인한 돈 또한 많았던 벌교, 역설적으로 지금의 모습은 조용한 시골의 작은 읍, 그 이상도 이하도 아니었다. 주먹 자랑 하지 말라는 말은 단순히 깡패가 많다는 말 뿐만 아니라 그만큼 이곳 민중들의 삶이 거칠어 그들 또한 강인했다는 말일 것이다. 벌교의 역사가 한국의 역사 같다고 한다. 치열했고 아팠으며 한 맺힌 역사. 한국 사람들이 드세다는 평가를 받는 이유도 치열했던 역사에 그 원인이 있을 것이다.

"태백산맥은 역사의 무덤이다. '태백산맥'은 그 무덤을 파헤쳐 나가는 작업이었을지도 모른다."

'태백산맥'은 우리의 문학에서 최초로 해방공간을 연구하며 쓴 작품이다. 그러나 암매장한 역사, 해방공간을 다룬 이 작품은 금기를 건드렸다는 이유로 수많은 탄압을 당한다. 그 탄압의 가해자들에게 말하고 싶다.

'해방공간의 역사를 버려두는 것은 일본이 역사를 왜곡하는 것과 다를 것이 없습니다. 단절된 역사는 단절된 국민을, 단절된 국가를 만듭니다. 해방공간을 버리는 것은 그 상처가 곪는데도 상처를 버리

는 것과 같습니다. 잊고 싶은 역사를 잊는다고 아픔이 사라지지 않습니다.'

태백산맥 문학관을 계속 돌아보았다. '태백산맥'을 쓰기 위해 작가가 취재한 엄청난 자료들과 사람 키만 한 육필원고를 보니 역사를 탐구하는 것은 어려운 일이라는 생각을 했다. 벌교 공공기관에 근무하면서 태백산맥 소설의 문장을 줄줄 외고 있는 위 선생님이 문학기행의 의의를 명쾌하게 설명하셨다. '작가는 상상력에 의하여 글을 쓰고 독자는 작가의 상상력을 상상한다.' 그러나 나는 아픈 역사를 품고 있는 태백산맥을 어찌 상상해야 할지 몰라서 곤란했다.

어느새 문학기행의 마지막인 선암사로 향했다. 선암사가 위치한 조계산을 올랐다. 고요한 산길을 오를수록 마음이 고요해지며 흐르는 계곡물이 나를 깨끗하게 씻어 주었다. 그러나 이 길을 걸었을 빨치산을 생각하니 피가 끓는 듯하며 투쟁으로 죽어간 사람들 생각에 우울해졌다.

새 세상 찾아 산에 산에 첩첩 산에
새 세상 못 봐 산에 산에 첩첩 산에
새 세상 살아 산에 산에 첩첩 산에

그들이 새 세상을 만났기를 바란다. 죽어서 산에서라도 새 세상 만났기를 빌어본다. 그들이 꿈꾼 새 세상을 지금 여기를 사는 나도 꿈꾼다. 새 세상은 언제 만날 수 있을까?

산을 오르니 승선교가 보인다. 아쉽게도 물이 적어 승선교의 원을
보지 못했다. 아쉬워라. 원은 시작도 끝도 없다. 시작과 끝이 없으니
위아래도 없다. 원은 **모두가 잘사는 세상**을 의미할지 모른다. 불교의
해석은 그와 다르겠지만 결국 종교도 모두를 위한 것이 아닌가. 승
선교는 **모두가 잘 사는 세상을 바라는 염원**을 담고 있는지도 모르겠
다. 선암사에서 만해와 철운의 임을 보고, 벌교에서 민족과 사람을
품는 꿈을 가지고, 순천만을 거쳐온 소화의 사랑이 서 있는 모습을
본다. 해가 지는 모습을 보며 나도 산을 내려왔다.

　기행을 마치고 집에 오면서 다시 생각했다. 일본이 물러나자 다시
미국이라는 외세가 들어오고, 일본에 빌붙었던 사람들까지 득세하
며 우리는 새 세상 만들기에 실패했다. 그 문제는 지금까지 논쟁이
되고 있다. 그때 청산하지 못한 문제가 지금의 문제를 낳고 있을지
도 모른다. 백두대간은 암매장된 역사를 청산하고 왜곡된 역사의 장
례를 기다리고 있을지도 모르겠다. 그것이 백두대간의 염원이다. 그
염원을 생각하며 기행을 끝낸다.

책 걷기 3: 정의의 문체가 된 시(詩) 🍃

〈정조와 불량선비 강이천〉을 읽고 부산 인디고 청소년 서점에서
저자와의 만남을 가진 적이 있습니다. 그 이후 정조의 위대한 업적
뒤에 억압의 정책인 문체 반정, 언로를 차단하고 자유로운 사상의 표

현을 억압한 정책을 생각하게 되었습니다. 정조의 총애를 받던 정약용 또한 신유박해에서 벗어나지 못했고 '강이천'이라는 인물보다 더 뜨겁게 시대의 변화를 위해 애쓴 인물을 내친 것은 정조의 실책이지 않을까를 생각합니다. 시대를 탓하기보다 인물에 집중했고, 우리 시대 정의의 문제가 무엇인지를 물었습니다.

정조와 정약용의 시대를 따라 〈정약용과 그의 형제들〉을 읽고, 당쟁으로 물든 역사의 아픔이 뿌리가 되어 누워 있는 유배 땅, 실학의 뿌리가 묻혀 있는 강진 땅을 걷습니다.

"시대를 아파하지 않고 시대를 분노하지 않는 시는 시가 아니다"

다산 정약용의 이 단호한 한마디를 잊을 수 없습니다. 그의 시는 백성의 삶이고 백성의 삶이 그의 삶이었습니다. 그의 시론에는 가난하고 소외된 백성을 위한 긍휼의 마음과 사랑이 담겨 있습니다.

> "임금을 사랑하고 나라를 근심하지 않는 시는 시가 아니며, 시대를 아파하고 세속에 분개하지 않는 시는 시가 아니며, 아름다운 것을 아름답다고 하고 미운 것을 밉다고 하며, 착한 것을 권장하고 악을 징계하는 뜻이 담겨 있지 않은 시는 시가 아니다." 〈「학연에게 부친다 1808년 겨울」 중에서〉

정약용에게 시는 자신의 사상을 실천하는 한 방법이었습니다. 아이 낳은 것을 후회하며 생식기를 베어 버린 백성의 슬픔을 담은 「애절양(哀絶陽)」은 다산의 시론을 잘 드러냅니다. 이 시를 지은 사연이

『목민심서』권8에 소개되어 있습니다.

> 이 시는 강진에 있을 때 지은 시로 갈밭 마을에 사는 한 백성이 아이를 낳은 지 사흘 만에 군보에 등록되고 이정이 소를 빼앗아 가니, 그 사람이 칼을 뽑아 자기의 생식기를 자르면서 '이것 때문에 곤액을 당한다.'라고 말했다. 피가 뚝뚝 떨어지는 생식기를 관가에 가지고 가서 그 아내가 울며 하소연했으나 문지기가 막아 버린 일을 듣고 지은 시다.

1987년 6월, 민주화 운동이 한창이던 그때 저는 대학 1학년이었습니다. 시대의 아픔을 이해하고 분노하기에는 너무도 낯설고 어리둥절한 나이였지만, 선배들의 외침을 따라 교문을 나섰습니다. 대학 진입로를 점령하고 피가 뚝뚝 떨어질 듯한 구호를 외치며 개혁과 정의를 위한 돌멩이를 들었습니다. 서정시를 쓰시던 노교수님을 비판하며 강의실 문을 막았습니다. 시대의 아픔과 분노를 느낄 수 없었던 노 교수님의 시를 비판하며 무례하게도 강의실의 입실을 거부했던 그 일을 두고두고 후회합니다. 시대를 분석하고 통찰하지 못하면서 정치에 대한 비판이 앞섰고 문학에 대한 인식이 싹 터기도 전에 시대의 바람에 흩날리며 분별없이 행동했던 그때 일을 부끄러워합니다.

오늘은 다산의 유배 길을 걷습니다. 다양성을 인정하지 못하던 폐쇄의 시대, 아집에 갇혀 변화를 거부했던 경직의 시대, 반대 당파를 공격하기 위해 무고한 사람의 목숨을 서슴없이 죽이던 증오의 시대,

자신과 다른 모든 것을 증오한 시대의 유산을 고스란히 이어받아 살면서 아무런 저항 없이 부정의 시대를 살아도 우리는 괜찮을까요?

그분의 사상과 삶을 담은 시를 읊조리며 걷는 길은, 정호승 시인의 말처럼 '산을 안고 지상의 뿌리가 가야 할 길이 되어 눕는 길'입니다. 모든 길의 뿌리가 된 다산의 삶을 내 삶으로, 우리의 삶으로 가져와 우리도 길 위에 눕겠습니다. 땅의 찬 기운을 기꺼이 온 몸으로 받겠습니다.

책 걷기 4: 면앙정가, 참 좋은 당신 🍃

지난해 우리는 다산의 실학과 시를 걸었습니다. 동백나무에서 '또 옥똑' 떨어지는 빗방울 소리 들으며, 나무에서 한 번 피고 땅에서 또 한 번 피고 우리 마음에서 영원히 붉게 핀다는 동백의 전설을 들으며 걸었습니다. 백련사에서 다산 초당으로 가는 오솔길에 핀 동백은 다산이 사랑한 백성의 삶을 뿜어내는 것 같았습니다. 다산이 백련사 지인을 찾아 수없이 오갔을 길을 걸었습니다. 실학의 굵고 강인한 뿌리처럼 길바닥에 누운 큰 나무뿌리를 계단 삼아 걸었습니다. 후학이 가파른 길을 오를 수 있도록 계단이 되어 준 학문의 뿌리를 아이들은 무심코 밟고 내려왔습니다. 비 걷히고 해 떠서 좋은 날이라고 새 소리 같이 아이들이 재잘거렸습니다.

기록하기를 즐겨하라

동트기 전에 일어나라

차를 사랑하는 민족은 망하지 않는다

다산의 권언이 적힌 차 수건을 하나 사고, 그의 후손인 강진 군수님 이야기를 들었습니다. 동트기 전에 일어나서 차 한잔으로 몸을 데우고 평화를 기록하는 기도문을 쓰고 싶어졌습니다. 그의 집에서 마련해준 비빔밥에는 전라도 음식의 깊은 손맛이 배여 있었습니다. 가난한 백성의 삶을 안고 슬퍼했던 다산의 「애절량」 시를 후손의 육성으로 들었습니다. 내 앞에 다산이 앉아 '가난을 외면하지 말라.'는 소리를 들은 듯 했습니다. 가난을 외면할 수 없는 삶, 죽음을 생각한 가난한 삶을 알고 있다고 조용히 말씀드렸습니다.

실학의 사상을 살아간 대학자의 삶을 톺아보고 돌담에 속삭이는 햇발같이 풀 아래 웃음 짓는 샘물같이 고운 봄 길 위에 있는 영랑의 집으로 갔습니다. 보드레한 에메랄드 얇게 흐르는 실비단 하늘에 떠가는 부끄러운 일들을 보았습니다. 혼자 살기도 힘들어 시대를 아파하지 않았고, 나부터 살겠다고 경쟁하며 살았고, 하고 싶은 일을 하느라 해야 할 일을 하지 않았습니다. 마침, 삼백예순날 마냥 섭섭해서 우는 모란이 시처럼 피어 대신 울어주었습니다.

해가 바뀌어 담양의 누정길을 걷습니다. 어릴 적 대나무로 만든 갈고리를 들고 산에 나무를 하러 간 적이 있습니다. 낙엽을 끌어 담아한 자루 채워 대나무 갈고리를 지팡이 삼아 산을 내려왔습니다. 산

내려오다 지쳐 쉬는 묏등에서 우리는 뭣도 모른 채 어른들의 말을 뇌까리곤 했습니다.

"야, 이봐라. 이거, 담양산 대나무로 만든거데이, 우리 옴마가 그러는데 담양산 대나무가 제일이라 카더라."

담양산 대나무로 만든 갓은 농기구—키질로 알멩이만 남길 수 있는 채, 바구니, 채반, 도리깨, 복조리 등—를 가진 것이 큰 부자나 된 듯 한껏 뽐내면서 뇌까렸던 담양산 대나무는 부러움을 샀습니다. 대나무로 유명한 담양에 누각과 정자가 많고 절개와 지조의 상징인 대나무 같이 학식과 덕망 높은 선비가 더 유명하다는 것을 이제야 알았습니다. 사르락 거리는 댓잎 소리에 정신을 가다듬고, 댓잎 차 잔에 번지는 죽향을 음미하며 죽녹원 대숲을 걷게 됩니다.

책 걷기, 섬진강 문학 기행을 시작으로 벌써 4년째입니다. 나넘세 꿈 사람들과 문학을 걷는 길을 만드는 답사 길은 지도를 들고 보물 찾으러 가는듯합니다. 지리산 행복학교 사람들을 만나러 가는 길에 흩날리던 쌍계사 벚꽃 마중을 잊지 못합니다. 화계장터의 역마살이 내게도 있을까 걱정하지 않아도 되는 시절이라 평온하였습니다. 역마살이 있어 슬픈 세월이 아니어서 다행입니다. 떠남이 있어 기다림도 있는 화개장터 꽃 장에서 넝실대는 꽃들의 춤 구경에 빠졌습니다.

동행하는 사람이 있어 더 정다운 답사 길입니다. 담양 누정길에는 가족과 함께 갔습니다. 담양은 눈감고도 다 알아서 안가도 된다는 동료의 큰소리를 뒤로하고 갔습니다. 그 땅을 밟아보기 전에는 그 땅의 흙 빛깔과 질감을 알 수 없는 것입니다. 몇 번을 갔어도 처음 간 듯한 풍경을 봅니다. 몇 번을 읽어도 처음 본 문장이 있는 것처럼.

이른 새벽, 잠에 취한 11살 막내를 등에 업고, 군입대를 앞둔 21살 장남, 그리고 다음 달 8월이면 유학 떠나는 큰딸을 태우고 남편은 콧노래까지 부르며 신이 났습니다. 미안한 마음이 잠시 가라앉는 시간입니다. 밤늦도록 학교에서 돌아오지 않는 엄마를, 아내를 기다려 준 것에 미안함과 고마움이 엉켜 '가족' 단어만 봐도 먹먹해집니다. 이날은 마음이 편안했습니다.

책 걷기 일정을 짜 놓은 대로 죽녹원에 도착했습니다. 대나무 숲이 유명하다 하여 죽녹원을 찾아 들어갔습니다. 죽녹원 들어서기 전 담양 관광 안내소를 찾아가 인사를 드렸습니다. 지역의 흙냄새, 질감, 빛깔을 가장 잘 알고 있는 곳입니다. 지역의 맛과 멋을 가장 잘 알고 계신 분을 만나 그 사람들의 이야기를 듣기 전에는 그곳을 떠나면 안 되는 것을 배웠기 때문에 나이 지긋한 분이 다가올 때는 설레기까지 하였습니다. 초록 이파리 같은 스카프를 목에 둘러 하얀 머릿결이 시원한 바람처럼 보였습니다. 가족 여행은 시시하다고 징징대는 막내를 큰딸이 달래고 있었습니다.

"죽녹원 가시거든 훈장님 꼭 보고 가시오잉~."

"한국 가사문학관 가시거든 거기 여사님 꼭 보시소잉~."

정겹다는 말, 울림소리 짙은 전라도 말, 남도 가락이라는 말의 정수리에 닿은 듯 그 끝 음의 울림이 종처럼 울렸습니다. 지조와 절개를 품은 대나무 숲을 지나 '송강정' 정자에서 훈장님을 만났습니다.

"저어기, 저그 가서 쥘 부채 하나 맨들어 오시오잉."

하얀 삼베 저고리 입으시고 상투 튼 어른 말씀을 공손히 받들어 줄 부채 장인이 만든 부채를 세 개 만들어 다시 갔습니다. 두 마리 강아지를 쥐 잡듯 몰아세우는 이상한 수탉, 마치 〈마당을 나온 암탉〉, '잎 싹' 같은 수탉이 의기양양 모이를 쪼고 있습니다. 흰 나리 한 송이 피어서 수탉의 횡포를 지켜보며 웃고 서 있습니다. 답사를 왔다는 우리를 정자 안으로 초대합니다. 세 아이와 남편이 훈장님 앞에 앉았습니다. 바깥에서 경치 구경을 한참 했는데도 안 나옵니다. 발이 쳐진 정자 안을 기웃거려보았습니다. 훈장님은 임제가 황진이 무덤 앞에서 읊조린 시조와 송순의 〈면앙정삼언가〉, 정철의 〈훈민가〉를 읊어주시더니 하늘을 우러르고 땅을 살펴 그사이에 사람이 어떻게 살 것인지를 생각하라 하십니다.

"어버이 살아신 제 섬길 일란 다하여라,

지나간 후면 애닲아 엇지하리,

평생에 고쳐 못할 일이 이뿐인가 하노라." 〈정철의 훈민가 중 '자효(子孝)'〉

문학이 삶이고 삶이 문학이 되어 분간키 어렵게 되었습니다. 갑자기 훈장님께서 딸에게 묻습니다.

"무슨 꽃 좋아하시오잉?"

낯선 가락에 전해온 물음에 당황한 큰딸이

"개나리요."

엉겁결에 답을 했는지 머쓱하게 웃는데,

"미국으로 가더라도 우리 것 잘 간직하시오잉~."
하시더니 쥘 부채에 매조도 그리시고 시 한 수 쓰시면서 읊어주십니다.

어느 봄날
당신의 사랑으로
응달지던 내 뒤란에
햇빛이 들이치는 기쁨을
나는 보았습니다.
어둠 속에서 사랑의 불가로
나를 가만히 불러내신 당신은
어둠을 건너온 자만이
만들 수 있는
밝고 환한 빛으로
내 앞에 서서
들꽃처럼 깨끗하게
웃었지요
아,
생각만 해도
참
좋은
당신. 〈김용택, 참 좋은 당신, 전문〉

정자를 나와 강아지 두 마리와 장난질하던 막내도 조용합니다. 시가 쓰인 부채를 들고 흰 나리 꽃 앞에 '서 보라'합니다. 가족이 우루루 서려는데 훈장님,

"큰딸이 참 예쁘네, 큰딸부터 한 장 찍고 다음 번에 다 같이 서시소잉."

꽃이 사람인지 사람이 꽃인지 어쨌거나 예뻤습니다. 올해 나눔세꿈 문학기행은 두말하면 잔소리입니다. 얼른 오고 싶은 길이 되었습니다. 송강정 정자를 나서는데 다시 훈장님,

"거, 소쇄원 들리셨다가 가사문학관에 이여사님 꼭 뵙고 가시오잉."

김동리 작가의 〈역마〉에 나오는 성기 엄마 목소리 같이 들립니다. 엿판을 짜서 가위소리 요란히 흔들고 가는 성기의 뒤에서 '밥 잘 챙겨 먹거라.' 소리치며 단도리하는 성기 엄마의 목소리가 들리듯 한데

"엄마, 내 생애 최고의 여행이었어!"

11년 산 막내가 생애 최고의 여행이라 합니다. 어이가 없어 하는 웃음소리 죽녹원에 번졌습니다. 가사문학관의 이 해설사님은 문학기행 당일에 만나기로 했습니다. 모든 일정을 확인할 시간이 모자랐습니다. 한국가사문학관이 기행 일정에 있다는 것을 알게 된 아이들은 고전문학 수업에서나 볼 수 있는 표정으로 저를 보았습니다. 그러나 기행의 별미를 맛본 것은 가사문학관에서 면앙정가를 판소리로 들었을 때입니다.

"세상에, 면앙정가로 뮤지컬을 만들었네!"

"뮤지컬이 아니고 판소리라 하잖아 판소리, 창과 아니리를 섞어서 면앙정가를 읽어 준 거라고."

"근데 그게 왜 뮤지컬처럼 들렸지?"

"······."

그해 10월, '시의 마음에 빠지다'는 주제로 학교에서 시화전을 열었습니다. 시화전을 보신 선생님께서,

"이런 게 혁신 아니겠나, 크고 강한 것만이 혁신이 아니네!"

'가사문학 누정길'을 다녀와서 변한 것 중 하나는 삶에서 문학의 맛과 멋을 누리는 것입니다. 아이들이 쓴 시를 액자 속에 가두는 전시회는 그만하게 되었습니다.

나넘세꿈 아이들이 죽녹원 간 날, 쥘 부채를 만들어 훈장님 앞에 앉은 아이들은 2시간이 지나도 일어나지를 않았습니다. 같이 간 선생님께서 이제 그만 가야된다고 다그치지 않으면 달을 보고서야 일어날 수 있었겠습니다. 2시간 넘게 훈장님 앞을 지키던 아이 몇몇은 자신의 부채에 훈장님의 그림을 받지 못했습니다. 훈장님의 하얀 손 인사를 뒤로하고 아이들을 몰아서 길을 내려오다 미안한 마음으로 준이를 불러 세웠습니다.

"준아, 어쩌노, 2시간 넘게 기다렸는데!"

"괜찮아요, 선생님. 정말 좋았어요, 있잖아요, 어제 제가 쓴 시조요, 그걸 제 손으로 부채에 쓰면 돼요."

그해 10월에 나넘세꿈과 만든 시화전, '시의 마음에 빠지다'는 생활 소품에 자기가 쓴 시를 써서 시의 마음 가득한 공간으로 만들었습니다. 죽녹원에서 만든 부채 12개에 아이들이 직접 쓴 시와 그림이 그려졌습니다. 꽃게 딱지를 씻어서 다시 색을 칠하고 그 위에 '향기'라

는 제목으로 쓴 시가 입구에 전시되었고, 도자기, 나뭇잎, 구멍 난 고무장갑, 떨어진 실내화와 손장갑에 시의 마음이 빠졌습니다. 버려진 비닐우산, 비옷에 쓴 시를 전시하느라 교장실의 옷걸이를 들고나오는 바람에 교장 선생님께서 시 공간에 오셔서 한참이나 고개를 끄덕여주고 가셨습니다.

새우젓갈 먹고 난 빈 통에 물을 가득 채우고 노란 배를 그린 시도 있었습니다. 그해 4월의 세월호 아이들을 위해 함께 흘리는 눈물이라 했습니다.

책 걷기 5: 무녀도와 밀밭 🍃

코로나 19 바이러스 확산으로 미국에서 귀국한 딸이 신앙을 의심합니다. 예수에 대한 이야기를 태에서부터 듣고 자랐고, 부모를 따라 교회를 다녔지만 성경을 문학으로 읽습니다. 진리, 정의, 선, 사랑을 추구하지만 노예제도를 지탱하거나, 침략과 약탈, 폭력의 정당성을 제공하는 불의 가득한 전쟁 소설 수준에서 읽기도 합니다. 성경에서 논리적 근거를 찾아 반론을 펼치는 데 어려움이 있어 신앙을 권하기가 궁색해질 때가 있습니다. 나넘세꿈 아이들과 〈무녀도〉를 읽고 현실에서 찾은 논제는 '종교' 문제였습니다. '종교는 평화에 기여한다'는 논제로 대화를 나눈 후 우리는 책 속 세상과 닮은 책 밖 세상을 걸었습니다. 경주에 있는 '동리목월 문학관'을 다녀왔습니다. 동리목월 문학관으로 가는 버스 안에서 각자의 질문과 삶의 이야기를 나누었습니다. 책 속 인물인 무녀 모화가 들어간 애기소에 갔습니다. 비가 어슬어슬 내리고 있어 겁이 났습니다. 죽음을 통해 더 큰 생명과 조화를 이루려 한 것이라는 애기소의 전설이 생각나서 모화가 물 위로 휘적휘적 걸어오는가 하여 겁이 더 났습니다.

애기소를 뒤로하고 목월 생가로 갔습니다. 키가 웃자란 5월의 밀이 바람결에 사그락 스그락 눕는 소리를 들어보셨는지요? 바람이 눕는 소리가 들린다며 아이들은 내리는 비에도 아랑곳하지 않고 뛰어나갔습니다.

"우산 들고 가야지."

"괜찮아요."

너그러운 미소를 머금고 지긋이 바라보는 목월 동상 옆에서 비 맞지 말라고 외쳤습니다. 조용히 하라며 '쉿', 입술에다 손가락을 갖다 대는 시늉을 하더니 휙 돌아서 뛰어갑니다. 잔소리에 늘씬한 5월의 밀이 쓰러지게 생겼다고 핀잔을 주더니 저희들 들어간 밀밭이 더 시끄러웠습니다.

강나루 건너서
밀밭 길을

구름에 달 가듯이
나는 나그네

길은 외줄기

남도 삼백 리

술 익는 마을마다

타는 저녁놀

구름에 달 가듯이

가는 나그네 〈박목월, '나그네' 전문〉

    돌아오는 버스에서는 나그네 시인 목월을 만난 즐거움에 노래가 저절로 나왔습니다. 나란히 앉은 사람 둘이 함께 노래를 불러보라 했겠지요. 목월의 시, '나그네'를 노래하기 위해 '도라지 타령', '과수원 길', '노을' 같은 3박자 민요와 동요를 빌려왔습니다. 3음보 가락이라서 3박자 노래에 맞춰지나 봅니다.

    "3음보 민요조는 우리 가락이고 여백의 미가 느껴지는 동양화 같은 시"

    핏대를 올리며 칠판을 두드리는 제 모습이 저 멀리 보였습니다. 가르친다고 정서를 잘 배우는 것 같지 않았던 시험지도 겹쳐 보였습니다. 나그네를 걸으면서 우리는 알았습니다. 시는 가르치는 것이 아니라 그냥 느끼면 되는 것을요. 그해 오월에 멋진 배우가 밀밭에서 결혼식을 올렸습니다. 밀밭을 거닐어본 아이들은 탄성을 질렀습니다.

    "너무 예뻤겠다."

밀밭을 다녀온 감흥이 채 가시지 않은 상기한 얼굴로 손뼉을 짝짝 치며, 부러움의 손을 맞잡고 팔짝팔짝 뛰면서 '까아깍' 소리를 지르는 소녀들을 혼자 보기가 참으로 아까웠습니다.

질문 꽃 만발한 자리

:

나넘세꿈

돈 안 되는 일, 되는 일 🍃

봄 되자마자 개학한 3월은 시끄럽습니다. 쉬는 시간이 되어도 엉덩이 붙이고 쉴 수가 없습니다. 아이들이 복도를 뛰며 고함치는 소리에 교무실 문을 박차고 나갑니다. '이 녀석들을 그냥' 가만두지 않겠다는 다짐으로 세상에서 가장 무서운 얼굴을 하고 섭니다. 호기심 가득한 얼굴들이 일제히 저를 향해 돌아섭니다. 조용해집니다. 귀엽습니다. 밤송이 같은 얼굴들이 잠깐 보이더니 다시 자기들끼리 하던 일로 까맣게 돌아섭니다. 신나고 재미있어 견딜 수 없는 일이 있습니다. 그 재미있고 견딜 수 없는 일이란 장난질입니다. 저러다 또, '누가 때려서 아팠다느니', '자기랑 안 놀아줘서 화가 났다느니' 온갖 투정을 데리고 와서 아까운 시간을 빼앗을 녀석들입니다. 좀 조용히 하라는 고함 소리가 아이들 소리와 합창이 되어 더 시끄럽다고 다른 무서운 얼굴이 나옵니다. 하나도 안 무서워합니다. 소용이 없습니다. 장난기와 천진난만이 대롱대롱 달려옵니다. '에휴' 그만 웃음이 나서 교무실 문을 닫습니다. 창밖 금병산도 웃어줍니다. 속 끓이지 않아도 된다고 위로합니다.

큰 산이 말해 준 대로 나넘세꿈 아이들이 잘 자랐습니다. 재잘재잘 재현이와 톡톡 인화가 그립다고 만나자 합니다. 천진난만이 대롱대롱하던 중학교 1학년에 만나서 고등학교 졸업할 때까지 5년 동안 함께 살았습니다. 시로 만든 연극, 시극을 하면서 몇 줄 안 되는 대사를 외지 못해 기가 막혔던 아이들입니다. 시의 언어가 낯선 데다가 시의 정서를 만나지 못한 까닭이라는 것은 몇 년 뒤에야 알았습니다. 몇 줄 되지 않는 대사를 까먹어 웃음바다가 된 그해 가을밤은 귀뚜라미 울음소리에 여전히 묻어 있습니다.

둘이는 그때나 지금이나 여전합니다. 즐거움과 행복이 충만해서 이야기를 나누는 내내 미소가 떠나지 않습니다. 가끔은 갑자기 터지는 웃음소리 때문에 옆자리 눈치를 봐야 할 때도 있습니다. 자신이 하는 일에 온 힘을 다 쏟는 아이들입니다. 문학의 밤, 작가와의 만남, 밤샘 독서, 문학 기행 등의 행사 준비에 둘이는 앞장을 섰습니다. 아주 신이 났습니다. 매주 토요일 나넘세꿈 독서 모임도 열심히 왔습니다. 체육대회나 학교 축제 준비로 책을 못 읽어도 왔습니다. 중학교 2학년이 되던 해에 전국독서새물결에서 개최하는 독서토론대회 단체전에 참가하자 했을 때, 맨 먼저 뛰어왔습니다. 참가한 친구들 이름의 성씨를 따서 '우박이'라 이름 짓고 우박처럼 질문을 후두둑 했습니다. 20팀이 참가해서 결승을 앞둔 4팀이 남았을 때 우박이팀도 있었습니다. 막강한 3학년 선배의 자자한 명성에도 기죽지 않았습니다. 팽팽한 긴장감을 누그러뜨리고 입론을 수정 보완할 시간을 가졌습니다. 늦은 밤까지 학교에 남은 4팀은 숙직하시는 분의 야단을 듣고서야 교실 문을 잠갔습니다. 밤 9시가 넘으면 주무실 시간인데 11시가 넘어도 주무시지 못했습니다.

"저녁 먹기 전에 제발 집에 좀 가라고 해주세요."

"요즘 애들 다 학원 다니는데 애들은 안 다닙니까?"

그러고 보니, 학원 수업을 어떻게 하고 이 야단들인지 궁금했습니다, 부모님들께서도 걱정하실 것 같았으나, 학원 수강을 하지 않거나, 한 달 미뤄두었다 합니다.

"괜찮아요, 엄마가 열심히 하라고 하셨어요."

제가 퇴근을 하려고 지문을 찍었을 때,

"출근이 처리되었습니다."

밤 12시, 자정을 넘긴 날도 있었습니다.

이러다가 성적이 안 나오면 어쩌나 하는 걱정이 들긴 했으나 전국대회가 7월이라 시험 준비 전에 마치기로 약속했습니다. '사회적 감수성을 키우는 시민 교과서[22]'를 읽고 '복지를 위한 증세가 필요하다'는 논제로 토론을 했습니다. 보편적 복지로 인한 역차별을 방지해야 한다, 증세보다는 시민의식을 길러야 한다, 선별적 복지가 위화감을 조성한다, 세금을 효율적으로 사용해야 한다, 인간답게 살기 위한 국가의 역할과 증세를 생각하느라 5월의 장미가 하얀 담장을 넘는 것도 몰랐습니다. 무상급식 문제가 화제가 되던 때였습니다. 교장선생님과 맞서는 의견으로 머쓱해지기도 했으나 질문하고 반론하기를 멈추지 않았습니다. 교장실, 교무실, 교실 가리지 않아서 학교가 시끄러웠습니다. 숙직하시는 분은 아이들의 이른 귀가를 포기하셨는지 양손에 음료수 들고 오셨습니다. 손주를 보시듯 까만 봉지에 미소까지 담아서 주고 가셨습니다.

명성이 자자한 3학년 선배의 논증과 설득력, 똘똘 뭉친 딴딴한 결

---

22) 전국사회교사모임, 사회적감수성을 키우는 시민교과서, 살림.

속과 협업의 끈을 끊어내기가 어려웠습니다. 쉬는 시간에도 선배들은 교차질의와 반론을 하느라 수업 종 울리는 소리를 못 들어 헐레벌떡 교실로 간다는 소문이 들렸습니다. 선배들은 대상 도서 외에도 다른 책들을 읽고 빈틈이 보이지 않는 논리를 세웠고 결국 성국 선배의 감성이 더해진 입론을 감당한 팀은 없었습니다.

3명이 1팀인 토론대회에 12명이 다 같이 갔습니다. 대회를 준비했던 나넘세꿈의 열정을 격려하고 우리가 알지 못하는 다른 주장과 근거를 찾으러 갔습니다. 남쪽 끝에서 북쪽 끝으로 가는 교통비만 100만원에 가까웠습니다. '잘 다녀오겠습니다'는 인사를 하러 갔는데 선생님께서 웃음 섞어 한마디 하십니다. 이것저것 챙겨주시는 선생님이십니다.

"황선생은 어째 **돈 안 되는 일**만 하노?"

돈 되는 일, 돈 안 되는 일로 구분되는 일이 있겠지만 교육은 가치를 담고 있어서 돈으로 계산해볼 생각조차 하지 않습니다. 가치는 계산하는 것이 아니라 '살아야 하는 것'으로 알고 있기 때문입니다. '돈'을 대신한 자리에 '성과물'을 놓아도 교육의 성과가 무엇이라고 '딱' 말할 수 없어서 뫼비우스의 띠 같은 질문이라고 질문 주머니 속에 넣어둡니다.

선배 3명은 예선전에서 F조 1위로 다음 날 본선에 진출했지만 그들의 평소 습관으로 어처구니없이 4강에 그치고 말았습니다. 대화를 시작하면 교차질의와 반론을 수다를 떨다시피 하는 평소 습관으로 성국이가 반대 측에서 찬성 측의 근거를 들어 반론하자 나머지 2명이

평소 습관대로 대뜸,

"그건 아니지!"

4강전을 치르고 나온 선배들의 시꺼먼 얼굴이 흰 웃옷에 대조되어 웃어야 할지 울어야 할지 당황했다고 재잘이 재현와 톡톡 인화가 그때를 떠올리고 또 깔깔 웃어댑니다. 성과물이 없어서 돈 안 되는 일입니다. 웃음을 그치고 재현이가 조심스럽게 입을 엽니다. 평소 태도가 아니라서 의아합니다.

"저, 선생님……."

뜸 들이지 말라는 재촉을 받고 나서도 한참을 머뭇거리더니 겨우 말합니다.

"저 과외해서 돈 많이 벌어요."

과외로 돈 버는 이야기를 한참 뜸 들여 말하는 이유를 물었습니다.

"선생님은 우리에게 그냥 나눠주셨잖아요."

고등학교 가서도 나넘세꿈은 토론과 다양한 활동을 멈추지 않았습니다. 국어 내신성적이 상위권이 아니었음에도 대학수학능력시험에서 1등급을 받았고 그 비법을 알려주는 고액의 과외에 줄을 선다고 합니다. 몇 년이 지나도 말씀드리지 못한 것은 받은 대로 나누지 못해 죄송한 마음이 된다고 합니다. 돈은 가치의 문제라고 외쳤던 16살의 여름 전국독서새물결토론대회의 입론을 기억하고 있습니다.

우리는 돈의 주인으로 살 수 있습니다. 돈의 주인으로 산다는 것은 돈에 휘둘리지 않고 돈으로 삶의 질을 증진할 수 있다는 것입니다. 여기서 휘둘리지 않는다는 것은 돈 자체가 삶의 목적이 되지 않는 것을 의미합니다.

돈의 문제는 가치의 문제입니다. 사람은 자신의 가치에 따라 움직입니다. 자신의 가치가 무엇인지에 따라 삶이 바뀝니다. 〈지리산 행복학교〉의 배경이 된 지리산과 섬진강 문학기행에서 버들치 시인이라 불리는 박남준 시인을 만났습니다. 박남준 시인을 포함한 지리산 행복학교의 사람들이 생각하는 가치는 '행복'이었기 때문에 도시의 크고 화려한 삶을 버리고, 지리산에서 작고 소박한 것에서 행복한 삶을 사는 것입니다. 이처럼 사람들이 삶을 증진시키는 수단을 돈의 많고 적음으로 결정하는 것이 아니라 추구하는 가치를 살아가는 삶의 태도에서 찾을 수 있습니다.

돈을 소유한 사람이 돈에 휘둘리는 노예로 살아간다면 자신의 재산을 남에게 나누어 줄 수 없을 것입니다. 그 예로, 2013년 5월 20일 을지재단 설립자 법석(凡石) 박영하 박사 유가족이 고인의 뜻을 기리고자 남긴 재산 168억 원을 학원과 병원에 기부하기로 했다고 밝혔습니다. 한 사람의 사례라고 생각할 수 있겠지만, 최근 국세청 통계자료에 따르면 현재 우리나라의 기부율은 3년 동안 2배나 올라, 선진국들처럼 기부행위가 문화로 자리잡고 있습니다. 이처럼 자신의 재산을 필요한 이들에게 나누어 주는 것은 돈의 주인으로 살아가는 모습일 것입니다.

돈이 있는 사람이 돈이 없는 사람보다 행복하게 될 가능성이 있다는 데 대부분 공감하고 돈이 개인의 행복을 결정한다고 생각하는 잘

못된 생각에 변화를 가져올 수 있는 대안적인 행동을 촉구해야 할 때입니다. 돈의 주인으로 살아갈 대안적 가치인 기부 문화와 같은 가치를 실천할 의지를 세울 때입니다. (제12회 전국독서새물결 단체전. 결승 입론서)

삶의 목적과 추구하는 가치가 돈이 아니라서 재현이의 마음이 편치 않은 것입니다. 고액을 받는 과외 수강료에 마음이 힘든 것은 추구하는 것이 돈이 아니기 때문입니다. 돈만 벌면 그만이라는 물신주의에 빠지지 않아서 다행입니다. 무엇이 의미 있는지, 어떻게 살아야 하는지 분별하면서,

"돈 벌어 '정세청세' 도서관 지어 드리겠습니다."

졸업하면서 했던 약속을 지키라고 했습니다. '정의로운 세상을 만드는 청소년, 세계와 소통하다'라는 인문 토론의 장에서 배운 가치를 실천하기 바란다고 했더니 그간에 묶였던 마음이 풀어졌다고 감사의 말을 합니다. 다시 신났습니다. 재현이가 밥값을 내겠다고 앞서는데 '참 잘 자랐구나.' 하는 마음이 듭니다. 돈 되는 일입니다.

나넘세꿈 1: 톡톡 인화 🌿

나넘세꿈 아이들이 고등학생이 된 그 이듬해 저도 진영고등학교에 발령이 났습니다. 고등학교 2학년이 되는 나넘세꿈을 다시 만났습니

다. 중학교 3년을 같이 했으니 고등학교 3학년까지 같이 가보라하셨습니다. 학생참여형 수업으로 2015교육과정에서 제시하는 배움중심 수업을 했습니다. 인문계고등학교에서 독서토론 수업을 하기가 어려웠습니다. 그러나 대학입학시험 학생부종합전형에서 독서와 토론 수업은 좋은 평가를 받을 수 있다고 설득했습니다. 고등학교 3학년 때, 화법과 작문 과목의 성격과 목적에 따라 토론 수업을 했을 때는 대학수학능력시험에 맞지 않는 수업이라는 조언을 들었습니다.

'화법과 작문'에서 추구하는 역량은 비판적·창의적 사고 역량, 자료·정보 활용 역량, 의사소통 역량, 공동체·대인 관계 역량, 문화 향유 역량, 자기 성찰·계발 역량이다. 비판적·창의적 사고 역량[23]은 다양한 상황이나 자료, 담화, 글을 주체적인 관점에서 해석하고 평가하여 새롭고 독창적인 의미를 부여하거나 만드는 능력이고, 자료·정보 활용 역량은 필요한 자료나 정보를 수집·분석·평가하고 이를 효과적으로 활용하여 의사를 결정하거나 문제를 해결하는 능력이다. 의사소통 역량은 음성 언어, 문자 언어, 기호와 매체 등을 활용하여 생각과 느낌, 경험을 표현하거나 이해하면서 의미를 구성하고 자아와 타인, 세계의 관계를 점검·조정하는 능력이며, 공동체·대인 관계 역량은 공동체의 가치와 공동체 구성원의 다양성을 존중하고 상호 협력하며 관계를 맺고 갈등을 조정하는 능력이다. 그

---

23) 2015 국어과 교육과정(제 2015-74호), p76.

리고 문화 향유 역량은 국어로 형성·계승되는 다양한 문화를 이해하고 그 아름다움과 가치를 내면화하여 수준 높은 문화를 향유·생산하는 능력이며, 자기 성찰·계발 역량은 삶의 가치와 의미를 끊임없이 반성하고 탐색하며 변화하는 사회에서 필요한 재능과 자질을 계발하고 관리하는 능력이다. 학습자는 자신의 생각이나 느낌, 경험을 **다른 사람들과 공유하는 과정을 통해** 의사소통 역량과 공동체·대인 관계 역량을 기르고, 창의적으로 의미를 구성하여 표현하고 이해하는 과정을 통해 비판적·창의적 사고 역량을 기르며, 새롭게 의미를 구성할 때 다양한 자료를 활용함으로써 자료·정보 활용 역량과 문화 향유 역량을 기른다. 또한 자신의 표현 과정과 결과를 점검하고 조정하는 과정을 통해 자기 성찰·계발 역량을 함양한다.

'화법과 작문' 수업을 할 때 공동체의 현안이나 쟁점에 대한 토론, 건의문 쓰기, 서평 쓰기 등의 활동에 참여하게 함으로써 공동체 발전에 기여할 수 있는 기회를 제공해야 합니다. 그러나 우리나라 대부분의 학교에서는 '화법과 작문' 과목을 고등학교 3학년에 편성하고 있습니다. 대학 입학 시험을 앞둔 고등학교 3학년에서 토론이나 건의문 쓰기 활동을 할 수 있을까요?

"대학수학능력시험을 앞두고 '화법과 작문' 수업을 어떻게 하나요?"

현실을 무시한 수업은 위험하고 불안합니다. 그래서 '화법과 작문' 수업시간에 EBS 수능 특강 문제집을 풀이하는 학교가 많습니다. EBS 수능 특강 문학과 비문학 문제집을 풀이합니다. 국가수준에서 운영하기를 바라는 교육과정과 학교수준에서 운영하는 교육과정이 일치하지 않습니다. **화법과 작문에서 추구하는 역량**을 기르지 못하는 현실이 있습니다. 문서에 갇힌 국가 수준 교육과정이 비판받는 것은 적용하기 어려운 현실 때문입니다. 문서와 제도 그리고 현실의 불일치로 갈등하는 학교에서도 아이들은 잘 자랐습니다. 나넘세꿈 '톡톡 인화'가 들려주는 이야기를 들어봅니다.

중학교 1학년 때부터 고등학교 3학년까지 독서토론반 친구들과 함께한 시간은 6년이었지만 선생님과 친구들, 그리고 나넘세꿈의 경험은 25살이 된 지금도 제 삶에 있습니다. 중·고등학교를 다니던 6년 동안 많은 책을 읽고 토론을 했습니다. 그 6년의 시간을 모두 담을 순 없으나 의미 있는 일을 나누려 합니다.

지금은 독서토론이라는 것이 보편화되었습니다. 하지만 11년 전에는 그렇게 가깝게 느껴지는 단어가 아니었습니다. 특히 통틀어 중학교가 3개뿐인 작은 읍 지역에서는 더욱 그랬습니다. 도시 아이들과 비교해 친구들은 더 순수하고 착했지만 공부와 교육에 있어서는 그리 열정적이지도 욕심을 부리지도 않았고, 저 역시 마찬가지였습니다. 다만 책 읽는 것을 좋아해 쉬는 시간이면 늘 손에서 책을 놓지 않았습니다. 책을 읽다 쉬는 시간이 지나도 다음 수업 준비를 해놓지 않을 만큼 독서에 관심이 있었습니다. 하지만 단순히 그게 끝이었습니다. 어른들은 책 많이 읽고, 공부 열심히 하라고만 하셨지 책을 읽고 난 후 어떻게 해야 하는지, 공부는 왜 열심히 해야 하는 것인지에 대해 말해주지 않았습니다.

교복 입은 내 모습이 어색하기만 하던 중학교 1학년, 3월의 국어 시간. 교과서의 본문을 요약하는 시간이었는데요. 빨리 끝내고 책을 읽고 있던 저에게 황정혜 선생님이 다가오셔서 정리해둔 요약본을 보시고는,

"빠른 시간 안에 요약을 참 잘했다."

라며 칭찬해주셨습니다. 사실 지금 생각해보면 그렇게 완벽한 요약도 아니었던 것 같습니다. 하지만 선생님의 관심과 칭찬 한마디는 그저 혼자서 책 읽기를 좋아하던 14살의 저에게 큰 의미로 다가왔고, 그 후 '선생님이 하시는 건 뭐든 하겠다!'는 생각으로 독서토론반에 들어갔습니다.

저의 중학교 시절은 독서토론반 활동으로 모두 설명할 수 있을 만큼 열심히 참여했습니다. 방과 후는 물론, 주말과 방학 때도 학교에 나가 책을 읽고 토론 주제를 찾아내고, 입론서를 작성했습니다. 흔히 할 수 없는 경험이었고, 또 중학생이 아니었다면 그렇게 많은 시간을 쏟기도 힘들었겠지요. 처음에는 토론이라는 것 자체가 낯설었습니다. 토론에 사용되는 용어들도, 토론 주제에 맞는 주장과 그 근거들을 찾는 일도 쉽지는 않았지만 친구들과 함께여서 재미있게 할 수 있었습니다. 하지만 때로 독서토론반을 하지 않는 다른 친구들이 방과 후나 토요일에 노는 모습을 보며 '우리만 왜 이렇게 해야 하지?'라는 불평도 했던 것 같습니다. 지금 와서 생각해보면 단순히 흘려보낼 수 있었던 시간들이 독서토론을 통해 '의미'를 가진 경험으로 남게 되어

참 감사하고 다행으로 생각합니다.

이렇게 중학교 내내 책을 읽고 주제를 찾아 토론을 했습니다. 그 덕분에 우리는 점점 성장했습니다. 상대의 주장에 논리적인 근거를 들어 반박할 수 있게 되었고, 논리적으로 말을 하고 글쓰는 실력도 향상되었습니다. 중학교 3년 동안 선생님, 그리고 친구들과 함께 노력한 결과는 고등학교에서 더 잘 보였습니다.

진영고등학교에 진학해 '나넘세꿈' 선생님과 잠시 떨어지게 되었지만, 선생님의 부탁으로 진영고등학교에 진학한 '나넘세꿈' 친구들의 토론 활동이 이어질 수 있었습니다. ○○에서 주관하는 (전국독서새물결이 아님) '전국 고교생 토론' 경남예선 대회에 중학교 때부터 함께 독서토론반 활동을 한 친구 연주와 팀을 이루어 참가했습니다. 당시 사회적 문제가 되었던 '인터넷 악성 댓글에 대한 처벌을 강화해야 한다.'가 토론 주제였습니다. 입론서를 쓰고 토론을 하는 건 3년 동안 꾸준히 해온 일이라 힘들지 않았지만 다른 학교 학생과 토론하는 건 흔치 않은 경험이라 긴장되었습니다. 특히 8강전에서 만난 팀의 논리를 반박하는 것이 어려웠지만 4강전과 결승전은 수월해 경남 예선전에서 우승을 차지하고 전국대회에 나갔습니다. 대회에서의 우승은 저희에게도 기쁨이었지만, 토론의 불모지라고 할 수 있는 진영고등학교에서는 큰 결실이었습니다. 학교 정문에 현수막을 걸어주시며 크게 축하해주셨습니다.

2014년 여름의 서울은 잊을 수 없습니다. 전국대회에 경남 대표라는 부담감이 컸습니다. 가족과 학교에서의 기대도 있었고요. 전국대회 역시 16강전부터 시작이 되었는데, 결론부터 말씀드리면 저희는 8강전에서 강원 대표로 참여한 ○○고등학교를 만나 패배했습니다. 하지만 우리의 실력이 그들보다 부족했다는 생각은 들지 않았습니다. 토론 심사위원들은 고등학생들이 하는 토론이 지루했는지, 휴대전화를 보거나 대회 리플릿을 넘기거나 하시며 토론 내용에 집중하지 않으셨습니다. 주장과 근거가 타당한지 쟁점이 무엇인지, 쟁점에서 어느 쪽이 더 논리적인지 집중해서 들어야 하는 토론 심사를 건성건성 시간을 보내고 계신다는 생각을 했습니다. '○○고등학교라는 유명세와 이미지로 승패를 결정해 놓으신 건 아닌가'하는 의구심이 들었습니다.

비록 대회에서는 8강전에 서 그쳤지만 이 대회 이후 저는 자신감을 가지게 되었습니다.

'진영읍에 있는 작은 시골 고등학교에 다녀도 토론으로 ○○고에 맞서볼 수 있구나!'

이 경험 때문일까요. 저는 진영읍에서 초·중·고등학교를 모두 다닌 것이 꽤나 자랑스러웠습니다. 이곳에서도 열심히 하면 성과를 낼 수 있다는 것을 알았고, 지역에서의 교육과 배움이 그 무엇보다도 중요하다는 것을 알았기 때문입니다. 아마 독서토론반을 하지 않았다면, 그래서 전국단위의 토론대회에 나가지 않았더라면 평생 알지 못했을 일입니다.

이런 경험을 통해 자랐기 때문에 지역에서 독서와 토론 교육이 더욱 중요하다는 생각이 들었습니다. 제가 졸업한 후에도 독서토론 활동이 제 후배들에게 이어지기를 바랐습니다. 진영중학교와 진영고등학교가 작지만 강한 학교가 되기를 원했습니다. '나넘세꿈'이 그 초석을 잘 놓았다고 생각했기 때문입니다. 하지만 선생님의 노력과 희생으로 쌓은 탑은 그 선생님과 선생님을 따르던 학생들이 떠나자 무너졌습니다.

중·고등학교 시절은 대학입학시험이라는 중요한 관문이 있기에 독서와 토론 교육이 도움이 되지 않는다고 생각할지 모릅니다. 물론 틀린 말은 아닙니다. 저도 토론반 활동에는 열심이었지만 좀처럼 수학과는 친해질 수가 없어서 일명 '수포자'가 되었고 그 영향으로 소위 말하는 '인 서울' 명문대에 진학하지 못했습니다. 중·고등학교를 대학진학을 위한 관문으로만 본다면 저는 그리 성공하지 못한 삶입니다. 지방 국립대학에서 취업과는 거리가 있는 사학을 전공했기 때문입니다. 그런데 대학을 졸업한 지금도 학벌이라는 것을 무시하고 살 수는 없지만, 그것이 절대적이라는 생각이 들지는 않습니다. '인 서울' 명문대에 진학한 친구도, 취업이 보장되는 학과에 진학한 친구도 결국 지금 저와 같은 고민을 하고 있기 때문입니다.

저는 대학을 졸업하고 얼마 전 대학원에 입학했습니다. 대학교 졸업 후 창원 KBS에서 시사프로그램 리포터 일을 했는데, 일하면서 방송에 대해 공부를 더하고 싶다는 생각이 들었습니다. 대학에서는 인문학을, 현재는 사회과학대학에서 미디어커뮤니케이션 공부를 하고 있습니다. 계속해서 공부하겠다는 마음을 먹은 것도, 글을 쓰고 생각을 전하는 방송인의 꿈을 가지고 실행에 옮긴 것도 많은 부분 독서토론활동의 영향이라고 생각합니다. 책을 읽으며 더 큰 세상과 다양한 사람이 있다는 것을 알았고, 토론을 하면서 세상을 볼 수 있었습니다. 단순히 학교에서 가르쳐 주는 것, 뉴스나 신문에서 떠드는 것을 그대로 수용하지 않고, 비판적인 사고를 가지고 판단할 수 있는 힘을 길러준 것이 바로 독서토론 경험입니다.

책을 읽고 토론하고 실천하며 살아갈 것입니다. 한 가지 분명한 건 계속해서 앞으로 나아갈 것이란 점입니다. 자신감과 용기의 원천에는 삶의 기초를 다지는 중·고등학교 시절 읽은 책들과 그것을 체화하는 토론이 있습니다. 많은 이들이 대학 졸업한 뒤의 삶을 생각하지 못합니다. 그래서 지금 청년들의 삶이 더 힘들어진 것이 아닐까 생각합니다. 학교에서는 대학만 잘 가면 다 해결된다고 했거든요. 저희의 삶은 이제부터 시작인데 말입니다. 독서토론 활동이 하늘(sky)로 불리는 명문대학으로 가는 사다리는 놓아주지 않지만, 대학 그 이후의 삶으로 가는 희망의 사다리를 놓아주는 것은 분명합니다. 우리가 조금은 더 단단하게, '내가 나로 살아가는 힘'으로 더 나은 세상을 꿈꿀 수 있게 되었으니까요.

나넘세꿈 2: 이비투스 웅근 🍃

중학교 때 처음으로 '독서토론'이라는 단어를 알게 되었습니다. 당시 시험 성적으로 줄곧 1등을 하던 저는 뭔가 다른 종류의 학문적 욕구를 갖고 있었습니다. 이런저런 동아리를 살펴보던 중에 독서토론 동아리를 발견했고, 이후 꾸준히 활동에 참여하면서 다양한 책과 토론 주제, 그리고 그러한 주제를 접할 때의 탐구 방식을 배웠습니다.

제가 전공한 사회학에서 '문화자본'이라는 유명한 이론적 개념이 있습니다. 흔히 '자본'이라는 말을 맞닥뜨리면 우리는 자동적으로 돈과 같은 경제적, 유형적 가치만을 떠올립니다. 하지만 '문화자본'의 개념은 예술을 감상할 수 있는 눈이나 태도와 같이 '문화적 능력'도 자본이 될 수 있음을 시사합니다.

예를 들어, 학교에서 어떤 아이는 부모님의 영향으로 예술 전반에 관심이 깊고, 말하는 방식도 상대적으로 더 세련될 수 있습니다. 반면, 다른 아이는 똑같이 부모님의 영향으로 예술보다는 노는 것에 더 조예(?)가 깊고, 말하는 방식도 상대적으로 더욱 거칠 수 있습니다. 대부분, 의식적이든 무의식적이든 선생님들이 전자의 학생을 더 좋아할 것이라는 데는 이견이 없습니다. 단순히 얌전한 모범생이어서가 아니라 그 학생의 태도와 취향 이른바 '문화자본'이 학교 내에서, 그리고 선생님들의 기준 내에서 '정당'하다(옳다)고 판단되기 때문입니다.

독서토론 동아리에서 저 또한, 이른바 '문화자본'을 쌓고 있었습니다. 우리가 문화자본의 기준을 인정하든 그렇지 않든 간에 우리는 무엇이 더 정당하고, 옳은지(학생들의 기준으로 말하자면 '선생님들이 더 좋아해 줄지')를 잘 알고 있었습니다. 내 친구 중에 소위 불량 학생이나 공부를 못하는 학생도 많았는데 선생님이나 학교라는 공간을 싫어하는 경우에도 자신들이 '좋은 학생'이 아니라는 사실을 정확히 이해하고 있었습니다. 그렇다고 선생님들의 관심을 얻기 위해 저처럼 독서 토론 동아리에 가입해 토론 활동을 하려 하지도 않았습니다.

안타깝게도 '문화자본'이라는 개념을 정립한 사회학자 '부르디외'에 의하면 이는 학생들 개개인이 어찌할 수 있는 문제라기보다 결정적으로 그들이 태어나고 자란 가정환경 내지 사회적 배경에 기인합니다. 물론, 사회적 배경(부모님의 소득 수준 및 문화적 욕구의 수준)과 학생의 문화자본 간에 무조건적인 일대일의 관계가 형성되는 것은 아니지만 대부분은 그렇다고 부르디외는 말합니다.

그렇다면 우리는 타고난 사회적 배경의 압력에 대부분은 무력하게 굴복할 수밖에 없는 걸까요? 일단은 '그렇다'라고 인정할 수밖에 없을 것 같습니다. 중학교 때부터 경험적으로 입증한 사실일 뿐만 아니라 통계적으로도 그렇습니다. 이를테면, 경제적 소득과 문화적 욕구가 높은 상류층 집안의 자녀들이 좋은 학교에 갈 확률이 더 높고, 선생님들의 인정을 받을 확률도 더 높습니다(이후, 사회적으로 더 인정받는 직업을 얻고, 몇억 원을 넘나드는 예술품을 향유할 확률도 더 높다).

2017년 7월 23일 한국경제연구원에서 주최한 '사회 이동성과 교육 해법' 세미나에서 2000~2015년 국제학업성취도평(PASA) 자료를 바탕으로 '가정 배경과 학력의 상관관계'에 관한 국제 비교 결과를 알려 주었습니다. 가정의 경제 사회 문화 지위지수가 학업성취도 평가 결과에 미치는 '영향력계수' 산출 결과는 2015년 한국의 수학, 과학, 읽기 3과목 평균 계수는 42.75였습니다. 이 수치는 일본(38.70), 홍콩

(13.74), 미국(25.98), 영국(34.93) 등보다 높고, OECD(경제협력개발기구 평균(29.66)보다 높습니다.[24]

이제 제 이야기로 돌아가 보겠습니다. 명문대라고 인정받는 대학교를 다니고 있고, 중학교 때부터 소위 '문화자본'이라는 것을 얻기 위해 독서토론 동아리에 참여하면서 열심히 노력했습니다. 그렇다면 우리 집안은 경제적으로 소득 수준이 높았거나 부모님이 어릴 때부터 모차르트의 음악을 감상하고, 피카소의 입체주의에 대한 감상을 이야기했을까요? '전혀 그렇지 않다'입니다. 제가 중학교를 다닐 때만 해도 경제적 형편은 나쁜 편에 속했고, 밤늦게까지 그리고 주말까지 작은 식당을 운영하시던 부모님이 책을 읽으시거나 미술관을 방문할 여유는 없었습니다. 부모님은 교육에 대한 열기가 높긴 했지만 우리나라 부모님들의 일반적 수준을 넘지는 않았습니다.

부르디외는 저와 같은 소수의 사례(사실, 부르디외 자신이 외딴 농촌 출신이었지만 그 유명한 그랑제콜 소속 고등사범학교를 나왔다)를 분석하기 위해 '사회적 궤적'이라는 개념을 덧붙입니다. 그래서 저도 중학교 때부터의 사회적 궤적을 쭉 살펴보았습니다.

가장 먼저 떠오른 것이 바로 독서토론 동아리입니다. 그곳에서 논리적 말하기와 글쓰기, 일반적인 중학교 수준보다 조금 더 높은 수준의 책들은 무엇이 있으며, 그러한 책과 주제들을 어떻게 공부할 수 있을지 등에 관한 다양한 능력들을 습득하는 경험을 했습니다. 그리

---

24) 연합뉴스(2017.8.23), 「한국, 집안 배경이 성적에 큰 영향…미·일·영보다 심해」.

고 진영이라는 작은 마을에서 벗어나 전국 토론대회 등에 참가함으로써 더 넓은 시야도 가질 수 있었습니다.

교육의 한계는 분명합니다. 이미 독서토론 동아리 시절에 수없이 토론한 주제지만 더 좋은 교육을 위해서는 경제적 불평등을 함께 시정하는 것이 필요합니다. 제가 독서토론 동아리에 참여함으로써 '문화자본'을 쌓을 수 있었듯, 소수라 하더라도 누군가에게는 이러한 교육이 질적으로 더 나은 미래 공간을 확보하는 기회가 될 수 있음을 이해하는 것이 중요합니다.

'더 나은 미래'가 비단 연봉이 높은 직업을 얻는 것을 의미하는 건 아닙니다. '문화자본'이라는 개념이 균일한 것은 아니지만 **독서토론 교육을 통해 '비판적으로 사고하는 능력'을 기를 수 있고, 자신의 사회적 환경을 돌아보고 사회를 건설적으로 비판할 수 있는 '성찰하는 시민'이 되는 데에 도움이 됩니다.** 그것은 '명문대' 입학이라는 피상의 결과 이면에 더 나은 미래를 만들 수 있는 더없이 소중한 능력을 갖게 합니다.

나넘세꿈 3: 생각하는 성국 🍃

2022년 봄. 지난했던 전염병도 어느새 절정을 지난 것 같고 중학교 2학년인 막냇동생도 드디어 등교하게 됐습니다. 그런 동생을 보며 대학 과정을 이미 다 마친 저는 10년 전, 저의 중학교 시절을 떠올리게 됩니다.

중학교 1학년의 저는 흔히 말하는 학교의 문제아였습니다. 수업에는 딴청이 일상이었고 교우관계도 딱히 원만하지 않았으며 교과 성적도 100등 대의 중하위권이었습니다. 선생님들에게도 혼나기 일쑤였지요. 어느 날은 한 선생님이 급식소에서 까불던 저를 무릎 꿇려 놓으시고 한심한 표정으로 "생각 좀 하고 살아라."고 일갈하셨던 적이 있는데 그때의 장면과 수치스러웠던 심정이 아직도 생생합니다. 인생을 어떻게 살지를 생각하는 것까지는 기대하지 못하더라도 눈앞의 일상조차 의미 있게 보내질 못했던 때였습니다.

이 녀석과는 딴판인 중학교 3학년의 한 아이가 있습니다. 이 애는 학교에서 손꼽히는 모범생입니다. 맨 앞자리에 앉아 수업에 집중하고 시험만 치면 항상 반에서 1등 아니면 2등. 각종 교내대회 수상자 명단에 이름이 있고, 이름이 없으면 심사가 잘못되었나를 의심하게 되는 아이입니다. 친구들과 사귐이 좋아 또래와 잘 어울리며 선생님들로부터 애정 어린 시선과 기대를 한 몸에 받습니다. 이 아이는 중학교 3학년의 제 모습입니다. 스스로 이렇게 얘기한 게 부끄럽지만요. 지독한 문제아였다면서 어떻게 그런 모범생이 될 수 있느냐고, 본인만의 착각 아니냐고, 그게 정말 그렇게 바뀔 수 있는 거냐고 물어보실 수 있겠지만 100% 사실이고 저 역시 놀랍습니다.

2학년이 되면서 저는 뭔가 지금과는 다르게 살고 싶고 변하고 싶다는 마음은 있었지만 어떻게 해야 할지는 몰랐습니다. 당시 또래들과 달리 종합학원에 다니지 않았던 저는 담임선생님의 추천으로 방과 후 교실인 독서토론반 수업에 참여하게 됐는데 이때부터 문제아의 일상, 그리고 제 인생은 완전히 변했습니다. 학교에 대한 생각도 바뀌었습니다. 학교는 항상 가기 싫지만 가야만 하는 곳이었는데 독서토론반 수업 이후부터 제게 **학교는 살아있는 배움이 있는 곳**이 됐습니다. 등굣길은 즐겁고 하굣길은 매번 아쉬워 친구들과 황정혜 선생님을 붙잡고 놓아드리지 않았던 그때가 다시 떠오릅니다.

살아있는 배움 얘기를 했는데요. 독서토론반 활동을 하면서 교과서의 활자들이 눈앞에서 생생하게 살아 숨 쉬는 경험을 했습니다. 지금 와서 생각하면 독서나 토론이라는 교과목이 따로 있는 게 아니기 때문에 일반적인 대한민국의 아이들과 더 넓게 보면 국민들은 이 두 가지 분야에서 할 말이 별로 없는 것 같습니다. 매년 성인 독서율이 전년보다 감소했다는 사실이 뉴스가 되고, 최근 치러진 대선 TV토론에서는 후보자들의 토론 수준을 지적하는 여론이 상당했습니다. 그 외에도 해가 갈수록 격화되는 세대별, 계층별, 성별 등의 갈등 상황은 나아질 기미가 보이지 않습니다. 시민의 힘으로 민주주의를 쟁취하고 선진국 반열에 오른 우리에게 이처럼 내부의 문제가 곪아가고 있다는 사실이 안타깝습니다. 그 뿌리는 어쩌면 이미 정해진 하나의 답 혹은 '정석'이라는 것만 쫓게 하는 기존의 주입식 교육에 있지 않을까 싶습니다. 한국 초·중·고등학생의 수학 성취도는 세계에서도 상위입니다. 좋은 일입니다. 수학은 답이 명확하니 공감이나 토론이 필요하지 않습니다. 그러나 세상은 답이 단 하나로 귀결되는 문제가 거의 없지 않습니까?. 평등과 자유가 중요한 가치로 여겨지는 오늘날의 민주사회에서는 상대방의 입장에서 상상하는 공감 능력, 사회적 토론의 장에서 바람직하고 타당한 의견을 제시하고 논박할 수 있는 비판적 능력이 민주시민으로서 중요한 자질일 것입니다. 이런 능력은 독서와 토론 교육을 통해 함양할 수 있을 테지요. 국민 독서율과 토론의 수준, 그리고 우리 사회 내부에서 곪아가는 문제는 열린 사고 및 비판적인 사고를 애써 외면하고 정해진 답만을 강요하는 주입식 교육에 그 뿌리가 있지 않을까 싶습니다.

다시 살아있는 배움 얘기로 돌아가 보겠습니다. 중학교 2학년 겨울방학이었습니다. 저를 포함한 독서토론반 학생들은 연암 박지원의 〈열하일기〉를 따라 당시의 청나라로 여행을 떠나듯 매일 아침 도서실에 모여 책을 읽었습니다. 우리는 각자 독서 노트를 준비해 하루하루 자기가 읽은 만큼을 여행일지처럼[25] 기록해 모았습니다. 중학 필독서 목록에 있기만 하고 살면서 읽을 일이 없다고 생각했던 〈열하일기〉를 끝까지 다 읽고 나서는 꽤나 뿌듯했던 기억이 있습니다. 이 활동을 통해 역사 교과서의 실학 사상에서 몇 줄 나오고 마는 박지원의 사상에 대해 보다 자세히 알 수 있었고, 국어 교과서에 일부가 수록된 〈허생전〉을 같이 읽으며 배움의 깊이를 더할 수 있었습니다. 무엇보다 풍부한 감정으로 써 내려간 박지원의 글을 읽으며 실학자로서 국가, 국민, 공동체를 생각하는 따뜻한 마음에 공명했던 경험이 가슴 깊이 남았습니다.

25) 하루 한 입 글쓰기 노트.

1월 내내 박지원의 글 길을 따라간 기행의 종착지는 독서토론 시간이었습니다. 우리는 박지원의 이용후생 사상에서 나온 "먹고 입는 것이 넉넉한 뒤라야 예절을 안다."라는 논제로 팀을 꾸려 열띤 토론을 나눴습니다. 학교 정보실, 도서실에 모여 입론을 짜고 토론 준비를 한창 했는데 자기주도학습 그 자체였습니다. 대학교에서도 그처럼 치열하게 토론 준비를 해본 적은 없고 당시의 같은 독서토론반에 있던 상대팀 만큼 위협적인 상대도 아직 만나보지 못했습니다.

이 토론 이후엔 새 학기 개강과 함께 한 학기 내내 '복지 증세' 등의 논제를 중심으로 사회 및 시사 이슈에 관한 토론을 이어나갔습니다. 일련의 활동을 마치고 나니 교과서에 나오는 역사 인물이나 신문에만 나오던 낯선 용어들이 매우 친숙하게 느껴졌습니다. 교과서에 **박제된 지식들이 원래는 이처럼 풍부하게 얘기를 나눌 수 있는 이야기거리이며 이것들을 살아있는 내 경험으로** 만들 수 있다는 걸 알게 되고 나니 그 후부터는 수업 전반에 흥미가 많이 생겼고 학업 성취도도 눈에 띄게 향상되었습니다. 그러니 제게 **독서와 토론 수업은 스스로가 주도하는 학습의 즐거움을 알려준 배움의 시간**이었습니다.

2011년 5월 봄이었습니다. 하동의 녹차 축제 소식이 가까이 들렸던 것 같습니다. 최참판댁의 공연 후 사랑방에서 녹차와 다과를 먹었던 기억이 납니다. 나눔세움 학생, 학부모, 학생들 80명이 차 2대에 나눠타고 그야말로 시골 학교 봄 소풍 가듯 길을 나섰습니다. 「지리산 행복학교」에 나오는 지리산의 문화공동체 방문과 박경리의 「토지」의 배경인 평사리와 문학관을 찾아간 여행이었습니다. 문제는 이

때만 해도 저는 뺀질대는 버릇을 못 벗어났던 때라 책을 제대로 읽지 않고 사전 조사도 건성건성 뺀질거렸습니다. 다음 해에 갔던 태백산 맥 문학 기행은 신경을 쓰긴 했지만 이때 책을 잘 읽었더라면 좋았을 텐데하는 아쉬움은 아직 남아 있습니다. 그럼에도 이때의 문학기행을 말하지 않으면 안되는 이유가 있습니다. 첫 기행이기도 했지만 기행에서 만난 '박남준' 시인과의 만남에 강렬한 인상이 남아 있기 때문입니다.

> 옷을 껴입듯 한 겹 또 한 겹
> 추위가 더할수록 얼음의 두께가 깊어지는 것은
> 버들치며 송사리 품안에 숨쉬는 것들을
> 따뜻하게 키우고 싶기 때문이다
> 철모르는 돌팔매로부터
> 겁 많은 물고기들을 두 눈 동그란 것들을
> 놀라지 않게 하려는 것이다 〈이하 생략〉.

박남준 시인의 〈따뜻한 얼음〉 이라는 시입니다. 시인이 직접 낭독해준 시입니다. 낭독 중에 들렸던 오묘한 배경음악과 제 마음을 꿰뚫는 듯한 시인의 눈빛이 뇌리에 생생합니다. 앉은 자리에서 시 낭독을 듣던 중 눈물을 왈칵 쏟고 말았습니다. 교과서의 분석 대상, 암기해야 할 것에 불과했던 **시가 제 삶으로 들어온 순간**이었습니다. 작가의 육성으로 시를 듣는 경험도 참 특별했고요. 시의 소재는 다양하지만 이처럼 따뜻한 마음이 차가운 얼음에 녹아 있는 것을 경험한 것은 신비에 가깝습니다. 저는 이날의 문학기행으로 **제 삶이 곧 문학이 될 수 있음을** 깨달았습니다. 저도 언젠가 저의 삶을 문학으로 녹여내고 싶다는 생각을 이때부터 한 것 같습니다.

2012년 7월 24일, 여름방학이었습니다. 새벽 6시인데 학교가 독서토론반 학생들과 학부모들, 선생님들로 북적북적합니다. 무슨 일일까요?

시 간	내 용	비 고
06:00 ~03:00	학교 출발~순천만 도착	버스 자료집 챙기기
09:00 ~10:00	순천만 견학	※탐방 포인트 여수 순천사건 관련지어 순천만을 역사적 관점에서 바라보자
10:30 ~12:00	『태백산맥』과 현실: 강의 듣기	이승환 과장님 (태백산맥 문학관에 열정을 부으신 분)
12:00 ~13:00	점심	향우식당(향토음식 체험)
13:00 ~15:30	현실에서 만나는 문학: 벌교지역 〈해설사 해설을 들으며 문학의 현실을 맛보다〉	※탐방 포인트 자료집 꼼꼼, 노트 꼼꼼
15:30 ~16:00	선암사로 이동	버스
16:00 ~17:00	선암사 견학	※탐방 포인트 조정래 작가의 아버지 절운스님의 사상과 만해 한용운의 사상을 생각 해보자
17:00 ~19:30	선암사 출발~학교 도착	버스

2012년 진영중학교 태백산맥 문학 기행 일정표입니다. 2011년에는 박경리의 〈토지〉를 주제 도서로 지리산 문학 기행을 떠났었는데 조정래의 〈태백산맥〉을 주제 도서로 2012년에도 이어나간 것입니다. 일정표를 보시면 짐작하시겠지만 아침부터 저녁까지 쉴 틈 없는 일정이었습니다. 그랬던 만큼 알알이 그득한 수확을 거두어 왔고요. 문학기행을 나서기 전, 독서토론반 학생들은 여러 날에 걸쳐 조정래의 〈태백산맥〉을 읽으며 작품의 배경이 되는 식민지 시기-분단 시기 우리의 현대사, 그리고 작가의 사상적 배경에 대해 철저히 공부했습니다. 작년의 문학 기행과는 다르게 이번에는 민족의 아픈 역사를 다룬 책의 내용 때문에 그런지 문학 기행을 준비하던 중의 우리는 사뭇 진지했습니다. 이 모든 과정을 기획하고 준비하던 선생님으로부터 풍겨오던 분위기도 아직 기억이 나는데 근심이 많아 보이셨습니다. 그런 선생님의 얼굴을 보며 우리는 위로가 되어드리진 못하더라도 이번 문학 기행을 열심히 준비해보자고 마음먹었던 것 같습니다. 소설의 배경을 공부하며 가장 처음 마주한 역사는 〈태백산맥 1권〉에서 다뤄지는 1948년의 여순반란사건이었습니다. 우리가 흔히 얘기하는 여수 밤바다의 낭만과는 달리, 지금으로부터 70여 년 전의 그 바다는 차라리 민중들의 울음바다 혹은 피바다라고 해야 할 정도로 잔혹한 기억을 간직하고 있었습니다. 여순사건 역시 역사 교과서엔 한 줄 언급될 뿐이지만 우리의 현대사를 기록한 교과서의 그 모든 한 줄 한 줄이 이런 처절한 생존과 비참한 죽음의 사건들을 함축하고 있다고 생각하니 가슴이 턱 막히는 것 같습니다.

이념의 총칼에 영문 모르고 죽어간 민중들과 현재 한국의 정치 지형 같은 것들이 중학교 3학년이었던 제 머릿속에서 연결되며 이때부터 오늘날 한국 사회의 근저에 있는 분단의 문제와 민족의식에 대해 진지하게 생각하게 됐습니다. 분단은 그렇다 치더라도 민족의식이라고 하면 너무 거창하게 들릴지 모르겠지만 제게 **민족의식은 이 땅에서 살다 간 어쩌면 가족, 친구, 이웃, 혹은 나 자신이었을지도 모를 사람들에게 공감하고 그들의 처지를 상상하며 연민하는 것입니다.**

다시 소설로 돌아가서, 작가의 사상적 배경을 공부하다 보니 조정래가 〈님의 침묵〉으로 유명한 한용운과 사상적 뿌리를 같이 한다는 것을 알게 되었습니다. 〈태백산맥〉에는 사답을 소작인들에게 무상으로 분배해야 한다고 주장하다가 빨갱이로 몰리는 법일 스님이라는 인물이 등장합니다. 그는 실제로 그 당시에 같은 주장을 했다가 수난을 겪었던 조징래의 아버지, 순천 선암사의 철운 스님을 모델로 한 인물입니다. 철운은 승려이자 독립운동가로 우리가 잘 알고 있는 만해 한용운의 제자였는데 그 역시도 승려이면서 동시에 시조 작가이기도 했습니다. 조정래의 말에 따르면 그의 아버지 철운은 만해와 같이 독립운동의 방편으로 문학을 한다는 의식을 가지고 있었던 것 같습니다. 일제 치하 고통 받는 민족의 독립을 위해 목숨을 걸고 글을 썼던 한용운의 사상과 분단의 상처로 피를 흘리는 현대사의 진실을 파헤치고자 온몸을 바쳐 글을 써낸 조정래의 사상이 그의 아버지를 통해 연결되는 것 같습니다.

문학기행을 가던 중 버스에서 암송했던 한용운의 시 〈알 수 없어요)의 한 구절이 생각나네요.

"타고 남은 재가 다시 기름이 됩니다."

진실로 그들의 타고 남은 열정의 재는 이 땅의 또 다른 청춘에게 기름이 되어 줄 것입니다. 태백산맥 문학관을 찾아 작품과 작가에 대해 보다 자세히 알게 되니 당시엔 형언할 수 없었던 무언가가 가슴 한 켠에 차올랐습니다. 한국문학사에서 말 그대로 산맥 같은 이 작품을 마주하며 이를 써내기 위해 역사의 현장을 치열하게 탐사하면서도 세밀한 이야기의 구조와 우리말의 아름다움을 살려 작품을 완성한 조정래의 작가 정신에 전율을 느꼈습니다. 태백산맥 문학관을 나와서 보면 문학관 외벽에 조정래 작가의 글귀가 한 구절 붙어있습니다.

"문학은 인간의 인간다운 삶을 위하여 인간에게 기여해야 한다."

지금 와서 보니 10년 전의 제 마음 안에서 차올랐던 그것은 꿈이었습니다. 인간을 위한 문학을 나도 해내고 싶다는 꿈. 이때부터 저의 국어국문학과 진학은 결정되어 있었던 걸지도 모릅니다. 전공을 살려 취직할 마음도 없고 친구들에겐 '굶는 학과' 아니냐고 놀림 받지만 산맥까진 못 되더라도 높은 산 한 봉우리는 언젠가 쌓아 올리고 싶은 꿈이 아직도 있습니다. 이런 마음이면 그래도 누군가 쉬다 갈 수 있는 언덕 하나 정도는 만들 수 있지 않을까요. 민족까지 생각하지 못해도 이웃을 위해 할 수 있는 것이라 해도 10년 전의 제 꿈을 이루는 것이 될 테지요. **독서토론반 수업은 이처럼 제 삶의 방향을 세우고 꿈을 갖게 한 시간이었습니다.**

앞서 막냇동생이 있다고 말했는데요. 지금 중2인 이 녀석과 같이 저도 중2일 때 독서토론반 수업을 만났습니다. 놀러 다니기에 정신이 팔렸던 대학생 때보다 오히려 독서토론반 활동을 했던 사춘기 중학생 때가 제 인생에 가장 지적으로 충만하며 일상에 치열했던 시기처럼 느껴지기도 합니다. 어느 때보다도 많은 책을 깊이 있게 읽었습니다. 또한 사회 이슈에 관심을 기울이며 어떤 입장이 가장 정의로운지, 각 입장에 반박할 측면들이 어떤 게 있는지, 상반되는 입장 사이에서 절충안은 무엇일지 고민했었습니다. 독서토론반 활동을 통해 독서로는 삶으로 문학을 살아내려는 마음, 토론으로는 현상 이면의 본질을 바라보려는 시각이 이때부터 형성되었습니다.

아직도 이 모든 것들을 잘 해내진 못하지만 이 때의 배움이 없었다면 지금의 제가 어떤 모습일지 상상하기 어렵습니다. 서울에서 대학 생활을 하다 집에 내려와서 막냇동생을 보니 제가 독서토론빈 활동을 하던 때 아장아장 걷던 아기가 이제 사춘기 중학생이 되어 컴퓨터 게임과 스마트폰에 빠져 있는 걸 보게 됐습니다. 부모님은 맞벌이에 막내를 신경 쓰기엔 지치셨고 학교는 방역 조치로 등교가 제한된 상황에서 1차적인 자극에만 몸을 맡긴 동생을 보니 가슴이 아팠습니다. 정도의 차이는 있을지라도 이런 처지가 비단 제 막냇동생에게만 해당하는 이야기는 아닐 거라는 생각이 들었습니다. 공교육이 모든 걸 감당하는 건 불가능하다고 하더라도 미래를 이끌어갈 아이들이 스스로 안타까운 줄도 모르는 상황에 있는 것은 분명 국가적인 문제라고 생각합니다.

막냇동생에게도 제가 기회를 가졌던 것처럼 학교에 독서토론반 수업이 있으면 좋지 않을까 하는 마음이 강하게 듭니다. 막내도 제가 졸업한 중학교를 다니고 있습니다. 그러나 저와 같은 수업을 받지 못한 것은 2010년대의 황정혜 선생님이 학교에 없기 때문입니다. 양질의 공교육을 선생님 개인에게 맡길 수만은 없습니다. 결국 시스템의 문제입니다. 독서토론반 수업만이 정답은 아니겠지요. 그러나 이름이 뭐가 됐든 **학생 개인의 비판적 사고와 인문학적 소양을 길러주는 교육은 중요합니다.** 그것이 우리 사회의 건전한 발전에 밑거름이되어 줄 것이기 때문입니다. 이것은 또한 **아이들이 민주시민으로서의 자질을 함양할 수 있게끔 공교육이 감당해야 할 역할**일 것입니다.

　저는 이제 공교육의 영향에 있는 사람은 아닙니다. 그러나 저의 막냇동생, 그리고 이 땅의 수많은 동생들인 미래 세대를 응원하는 청년 세대로서 우리의 문화에 선한 영향을 미칠 수 있는 방법을 고민해 보겠습니다. 그것이 작고 여렸던 제가 따뜻한 얼음에게서 받은 사랑과 가르침을 세상에 갚는 법일 테지요.

말이 삶 🍃

　〈책 읽기의 달인, 호모부커스 2.0〉의 저자 이권우 작가를 초청한 적이 있습니다. 그때 성국이는 중학교 2학년이었습니다. 성국이의 질문을 들은 작가의 말이 생생합니다.

　"몇 학년이니?"

　"2학년입니다."

"생각이 깊구나, 대단한 질문인데?"

중학교 1학년 때 어느 선생님으로부터 "생각 좀 하고 살아라."라고 야단을 들었던 성국이는 책 읽기의 달인으로부터 생각이 깊은 아이라는 칭찬을 들었습니다. 작가를 초청해서 어떤 질문을 해야 할지를 몰라서 걱정이 많았던 우리였습니다. 문자를 읽는 것조차도 버거웠던 때 작가에게 질문을 한다는 것은 엄청난 경험이었습니다.

생각이 쌓여서 두꺼워지던 중학교 3학년 때 성국이는 학교 울타리 넘어 전국의 학생들에게 관심을 가졌습니다. 전국독서토론대회에서 성국이는 국어 교과서에 실린 시를 인용하여 약자를 돕는 사랑의 실천을 개인적 차원이 아니라 사회 전체가 생각해야 한다는 주장을 펼쳤습니다. 지도 교사 대기실까지 들렸던 심사위원의 대화는 이랬습니다.

"○○선생님, 아까 그 흰색 상의를 맞춰 입고 왔던 그 남학생들이 어느 학교였던가요?"

"왜요?"

"입론서가 너무 따뜻하지 않던가요?"

"그랬죠, '처음 안 일'이라는 시 전문을 듣는데 소름이 돋던데요."

"동전 하나 놓아 줄까 말까, 길바닥에 엎드린 채 살아가는 사람들을 어떻게 생각해야 하는가? 우리의 눈은 높아서 너무 낮은 것이 안 보이는 것인지, 못 본 체 하는 것인지⋯⋯."

"안 보고 못 본 것이 중요한 게 아니라 차가운 빗방울에 눈물을 감추며 사는 사람이 있다는 것이 중요하고, 그곳을 바라보는 시선이 더 차가운 복지 문제를 해결하고 책임 있는 시민이 되어야 한다는 말이 가슴을 울렸어요."

시를 낭독하는 성국이의 진한 목소리가 들리는 듯합니다. 토론을 준비한 성국이의 노트를 잠깐 열어봅니다.

지하철 보도 계단 맨바닥에
손 내밀고 엎드린
거지 아저씨 손이 텅 비어 있었다.
비 오는 날에도
빗방울 하나 움켜쥐지 못한
나뭇잎들의 손처럼.

동전 하나 놓아 줄까
망설이다 망설이다 그냥 지나치고
내내 무얼 잊어버린 듯……

집에 와서야
가슴이 비어 있음을 알았다.
거지 아저씨의 손처럼.
마음 한 귀퉁이 잘라 주기가 어려운 걸
처음 알았다. 〈박두순, 처음 안 일, 전문〉

이 시는 박두순의 「처음 안 일」이라는 시입니다. 이 시를 통해서 우리는 개인이 양심적인 차원에서 사회적 약자를 도와주는 것이 어렵기 때문에 약자를 돕기 위해서 국가적 차원에서 문제를 해결해야 할 필요가 있음을 알 수 있습니다. 이것이 바로 복지가 필요하고 그것을 논해야 하는 이유입니다. 복지란 인간다운 삶을 위한 수단입니다. '인간다운 삶'이란 인간이 의식주에 불편함을 느끼지 않고 자유롭게 생각할 수 있는 삶입니다. 따라서 복지 정책은 자유로운 삶을 보장하기 위한 수단으로 가장 따뜻한 정책입니다.

(증세하기 전에 조세 지출구조를 개선하고 구체적인 재원 마련 방안 명시하기)

저희가 증세를 주장하는 첫 번째 근거는 지금 한국의 복지는 인간다운 삶의 유지에 있어서 많이 부족해 그것을 채우기 위함입니다. 「사회적 감수성을 키우는 시민 교과서」의 147쪽에 나오는 기초생활 수급 대상자인 병주네 가족의 사례를 보면 지금의 복지체계로 지원을 받아도 경제적으로 버거운 생활과 문화생활을 하지 못하는 삶을 삽니다. (문화바우처제도가 있음에도 불구하고 부모님께서 일하느라 시간이 없는 상황) 지금의 복지체계를 인간다운 삶의 복지체계로 만들기 위해서는, 즉 문화생활까지 가능한 복지체계로 만들려면 돈이 더 필요한데, 이 돈을 증세로 마련해야 한다고 생각합니다.(반박-증세 말고도 인간다운 복지를 실행할 수 있지 않을까요? 재반박-'연대를 통한 국가가 마련하는 복지는 삶의 질을 향상시킬 수 있는 기반이 된다.'라고 사회적 감수성을 키우는 시민 교과서 145쪽에서 말하고 있습니다. 여기서 연대를

다음 해 2013년 전국독서새물결 제12회 대회에는 여학생 3명이 흰
색 상의를 맞춰 입고 '우리는 돈의 주인으로 살아갈 수 있다.' 논제로
토론을 했습니다. 중학교 1학년 때 다녀온 문학기행 경험이 첫 번째
주장의 근거가 되었습니다. '의미 경험'을 말하는 목소리가 또렷, 또
렷 들렸습니다.

전국독서새물결모임 누리집 제12회 독서대회 단체전 결승 동영상
자료실에는 꽃 같은 아이들의 모습이 있습니다. 결승 진출까지 생각
지 못하고 토론 입론서를 잃어버려 숙명여자대학교 입구까지 냅다
달리던 그때를 잊지 못합니다. 결승전 찬성측에 앉은 1번 토론자 예
성이는 부채질을 멈추지 못했습니다. '헉헉' 거리는 숨소리가 지금도
들립니다.

중등부 토론을 마치고 고등부 토론을 보면서 우리는 부끄러웠고
당황했습니다. 고등학교 2학년 여학생, 그 센 논리에 상대편 오빠들
보다 더 기가 죽은 건 우리였습니다. 서울 예일여자고등학교 팀 이름
은 니체의 〈짜라투스트라는 이렇게 말했다〉에서 데려온 '위버맨시'였
습니다. 외부적 구속에 얽매이지 않고 나만의 주체적인 삶을 살아가
는 초인으로서의 삶을 살고 싶어서 정한 팀이름을 소개했습니다. 반
대편은 경상도 사투리 툭툭 던지며 웃음을 유발한 김천고등학교 '송
설브라더스'팀이었습니다. '인간은 돈으로부터 자유로워질 수 있다.'

는 논제에 센 언니들이 준비한 입론은 반박하기가 쉽지 않았습니다. 기가 막히다가 나넘세꿈 아이들이 기가 죽었습니다. 기가 죽은 만큼 배웠습니다. 센 언니들의 입론은 이랬습니다.

"자유란 외부적 구속이나 무엇에 얽매이지 않고 자신의 뜻대로 선택하는 상태이다. 자유를 선택 개념으로 보았을 때 돈을 수단으로써 목적으로써 어떻게 운용할 것인가를 선택하는 주체는 인간이기에 우리는 돈으로부터 자유로울 수 있다. 하이데거의 '존재와 시간'에서 제시한 기초적 존재론을 인용하면서 세계는 객관적일지라도 개인의 존재 의미를 형성하는 것은 개인의 작은 세계 구축에 따른 것, 우리가 자본주의 사회 안에 있더라도 개인이 수단 또는 목적으로 선택할 수 있다는 것이다. 수단으로써 돈을 선택하는 것이 본래의 기능으로 소비생활을 위한 물물교환의 수단으로 마트에서의 물건 구입을 예로 들 수 있다. 반면 목적으로 선택한 경우 돈을 관념적 쾌락의 대상으로 돈 자체를 추구하는 것으로 노동을 기반으로 하지 않은 것, 돈 자체를 부풀리는 것을 유일한 목적으로 하는 것으로 이는 인간의 가치관념에 의해 선택할 수 있기때문에 선택의 가능성을 전제로 인간은 돈으로부터 자유로워질 수 있다고 주장한다. 자본주의가 돈 자체를 목적으로 삼는 물신주의로 빠지는 문제점이 있다. 제2입론에서 돈으로부터 자유로워질 수 있는 구체적 방안을 제시하겠다."

라는 말로 제1입론을 마쳤습니다. 언어의 무게감이 장 내를 짓눌렀습니다. 장 내는 '꿀꺽' 침 삼키는 소리만 들렸습니다.

"니체와 하이데거?"

그랬습니다. 이름을 자주 들어서 익숙하지만 그들의 생각을 읽고도 이해하기 어려워 낯선 이름입니다. 돈의 가치를 다루는 같은 주제에 우리는 철학, 인간의 본성에 대한 본질적인 문제를 다루지 못했습니다.

"세상에!"

"우리보다 2살 많을 뿐인데?"

저렇게 토론을 하려면 우리는 무엇을 더 해야 할까를 생각하며 귀향하는 기차를 탔습니다. **토론은 삶의 문제에 깊이 고민한 인문학의 구덩이를 파는 것**이라며 서로의 얼굴을 바라보며 어리둥절했습니다.

"철학보다 더 중요한 것을 다뤘잖아, 아무도 할 수 없는 너희들만의 경험은 하이데거나 니체나 저 센 언니들은 해보지 못한 거란다."

경험이 독서보다 힘이 더 센 거라고, 삶으로 살아낸 경험이 철학자들의 말보다 더 위대하고 더 강력한 힘을 가지는 것이라고 위로했습니다. 아니 진땀을 흘리면서 달랬습니다. 느린 무궁화호 기차를 타고 5시간을 가면서 입론서 수정하느라 지칠 줄 모르더니 KTX를 타고 진영까지 내려오는 내내 아이들은 코를 골았습니다. 올라갈 때는 보지 못한 꽃, 내려올 때 보았다는 어느 시인의 '꽃' 시가 떠올랐습니다. 인문학은 말의 깊이가 아니라 삶의 깊이라고 황급히 어색한 자리를 피했으나 **'말이 곧 삶'이라는 토론의 정신**을 배반한 꼴이 되었습니다. 짙어 오는 차창 밖 어둠의 두께만큼 말문이 점점 막혔습니다.

나넘세꿈, 3년의 끝에 선 엄마 🌿

딸의 중학교 입학과 함께 '나넘세꿈' 학부모 토론반을 시작한 것이 벌써 오늘에 이르렀습니다. 4살 막둥이가 잠들고 나면 쏟아지는 잠을 참으며 책을 읽었습니다. 그때 읽은 첫 책이 〈기적의 입버릇〉이었고, 책을 다 읽지 못하고 모임에 참여하는 일이 일어날까 봐 시작을 망설였는데 책을 덮음과 동시에 용기가 솟았습니다.

'내가 한다, 난 할 수 있다!'

그때부터 지금까지 오게 되었습니다. 첫 모임을 가진 그날, 가슴 벅찬 감동으로 행복했습니다. 마치 춤이라도 추듯 집으로 향하는 발걸음이 가벼웠고, 못 이겨내는 잠까지 뒤로하고 기쁨을 만끽하느라 잠들지 않기를 바랐습니다. 그날의 일은 앞으로도 아주아주 행복한 날로 기억될 것입니다. 시간이 없어 밤늦게 책을 펼쳐놓고 때로는 읽다가 잠든 날도 많았습니다. 그런 모습을 본 딸이 어느 날인가 물었습니다.

"엄마는 토론반이 재밌어?"

"응, 정말 재밌고, 혹 네가 그만두는 일이 있더라도 엄마는 계속할 거야."

그때나 지금이나 한결같은 마음입니다. 딸과 함께 독서토론반에서 같은 책을 읽고 서로 얘기를 나누었습니다. 청소년에 관한 책을 읽은 후 토론하고, 학교 안에서 일어나는 일들을 선생님께 자세히 들었습니다. 아이에 대한 이해의 폭이 넓어져 사춘기 때 하는 행동이 내 아이에게만 일어나는 특별한 일이 아니란 걸 알게 되었습니다. 성적 올리는 데에 아이보다 더 신경을 곤두세웠던 엄마였으나, 학교에서나 집에서나 공부를 붙들고 있는 아이들이 힘들겠다는 생각을 하게 되었습니다. 가장 가까이 있는 내 아이를 이제서야 이해하는 마음이 생겼습니다. 특히 매일 매일 '어떤 일로 또 실망을 시킬까?' 하고 한심스럽게만 느껴지던 큰아들에 대한 이해가 넓어지며 '왜 저럴까?'에서 '믿어보며 격려해주자.'로 바뀌어 더 이상 갈등하지 않는 엄마가 되었습니다.

독서토론반 '나넘세꿈'을 하면서 문학의 밤 행사에 참여해 엄마들의 서툰 솜씨로 무대 주인공이 되어 보기도 했습니다. 작가를 초청한 자리에서 독후감을 발표했습니다.

'누군가 물 한잔만 가져다주었으면······.'

하는 목타는 순간도 경험했습니다. 독후감 내용을 듣고 사람들이 어떻게 생각할까보다 더 컸던 긴장의 순간을 보냈습니다. 작가 초청 강연을 통해 어떤 생각으로 책을 썼는지를 들으며 작가 못지않게 그 책의 소중함을 알게 되었습니다. 문학의 밤에 참여했던 모든 사람들의 열정이 뜨겁게 하나가 되어 감동으로 밀려왔습니다.

해마다 책을 읽고 책 속의 인물을 만나러 떠나는 문학 기행은 사전 답사와 풍부한 자료들로 오며 가며 버스 안에서 듣는 이야기들만으로도 지식이 쌓이는 값진 시간이었습니다. 도착한 기행지에서 책 속 인물과 사건들을 더 자세히 이해할 수 있었습니다. 미처 몰랐던 '좋은 삶'을 그 땅에서 들을 수 있어 보람된 하루를 선물로 받았습니다.

엄마들은 매달 한 번의 모임을 가졌지만 독서토론반 아이들은 특별한 일이 없는 한 매주 토요일에 학교에 나가 선생님의 지도를 받고 3년을 보내면서 키만큼 생각들도 엄청 자랐습니다. 이제는 공부에 매달리는 아이보다는 자신의 마음을 키울 수 있는 아이, 그리고 혼자가 아닌 다 같이 어려움을 이겨내어 좀 더 바른 사회가 되도록 노력하는 아이로 성장하기를 바라는 엄마가 되었습니다. 아픔도 기쁨도 남과 더불어 할 수 있는 사람으로 성장하길 바라고 저 또한 그렇게 살아갈 수 있게 되었습니다.

선생님을 처음 뵈었을 때부터 지금까지 항상 왜 저리도 힘없이 걸으시나, 웃는 얼굴에서도 힘이 다 빠져나간 모습이라 참 안타까운 마음이었습니다. 겉모습엔 힘이 없어보여도 열심히 노력하는 저희들과 학생들이 큰 힘이 될 것이라 감히 생각합니다. 그리고 선생님의 열정적인 모습을 뵈면서 저도 누군가에게 도움이 되는 사람이 되어야겠다는 생각이 자랐습니다. 저도 새로운 것에 도전하고 싶다는 의욕이 생깁니다.

항상 감사하고 있습니다. 계속 그 열정으로 많은 사람들을 일깨워 주시고 사랑을 베풀어 주세요. 선생님께서 멈추지 않는 한 저 역시도 멈추지 않겠습니다.

나넘세꿈, 3년의 끝에 선 아이 🍃

중학교 1학년, 친구 따라 독서토론반에 들어가게 되었다. 처음에는 '이곳이 뭐하는 곳일까?', '나에게는 너무 버거운 과제를 주는 것이 아닐까?' 하고 지레 겁먹고 있었다. 하지만 매주 토요일 학교에 나와서 다른 반 친구들과 함께 수업하며 문학을 배우니 나에게는 정말 색다른 경험이자 기회였다. 솔직히 평소 책에는 관심이 없던 터라 국어점수도 잘 나오지 않았는데 독서토론반을 하며 확실히 생각, 지식의 폭이 넓어진 것이 분명하다. 이제는 '이러한 소설'을 보면 연관 지어 비슷한 '그런 소설'도 있었지 하며 다양한 소설을 접하게 되었다.

2학년 때에는 처음으로 토론이라는 것을 해보게 되었다. 토론을 함께 준비하던 친구도 처음이라 어렵고 힘들었지만, 결과가 좋게 되어서 '나도 할 수 있구나'라는 자신감을 가졌다. 반별 토론을 할 때에도 내가 나서서 참여하자고 제안했다. 독서토론반 활동 중 '문학 기행'과 '독서 캠프'가 가장 기억에 남는다. 조정래 작가님의 '태백산맥'을 읽고 배경이 되는 순천만을 직접 가고, 소설 속 인물과 함께 있다는 느낌을 받아 새롭고 신기했다. 두 번째로 간 강진은 '정약용과 그의 형제들'을 읽고 갔는데 험한 길을 따라 다산 정약용 선생님의 발자취를 걷는 것이 신비스럽게 느껴질 정도였다. 책을 읽고 그곳의 배경이 되는 곳에 직접 가본다는 것은 자랑할 만한 좋은 기억, 추억이 되는 것 같다. 그리고 3학년 말에 했던 '인문학 독서 캠프'는 3학년을 마무리할 수 있었던 활동이었다. 3학년은 물론 1, 2학년 후배까지도 함께 했다. 처음 만나 대본을 짜서 연극도 하고, 저녁을 먹으며 늦게까지 책 이야기로 설렌 기억이 아직 남아 있다. 또한, 이 캠프에는 문학 평론가 김문주 선생님을 초청하여 강연을 들었던 것도 참 좋았다. 시인이 바로 내 눈앞에 있고 그 시인의 '시'를 읊으면서 느낌, 감상을 공유했다. 웃으며 배우고 그야말로 일석이조의 시간이었다.

'나넘세꿈' 독서토론반 활동을 해오며 가장 큰 장점은 학부모님들과 함께 하는 것이 아닐까 싶다. 청소년기인 우리와 소통의 장이 되기도 하고, 학생들이 배우는 것을 부모님들이 배우며 같은 추억을 쌓았던 활동들이 뜻깊었다. 비록 독서토론반을 하면서 힘들다고 투정을 부리기도 했지만 중학교 3년을 보내며 알차고 뜻깊게 보낸 것 같아 후회하지는 않는다. 나 자신이 자랑스럽기도하다. 한편으로는 끝을 낸다는 것에 아쉬움이 남아 있다. 나에게는 모든 것이 새롭고 신기했던 '나넘세꿈' 독서토론반도 작별 인사를 해야 할 것 같다. 끝으로 이러한 활동들을 할 수 있도록 항상 도움을 주신 학부모님들, 선생님께 진심으로 감사하다는 말씀을 드리고 싶다.

질문 꽃 만발하여서 🍃

책을 읽고 대화하는 독서토론의 과정에서 '나넘세꿈' 아이들은 삶의 이유를 발견하였습니다. 살아야 할 이유와 목적을 향해 자기 목소리로 세상에 말할 수 있는 사람이 되었습니다. 책 읽기가 겸손한 자들이 해야할 마땅한 일로 알았고, 낮고, 작고, 낯선 것들에 대한 섬김과 배려 그리고 모든 삶을 기쁘게 안아줄 품을 가졌습니다. 문제를 발견하는 주체, 발견한 문제를 해결하는 주체로 삶의 벽을 넘는 담쟁이가 되었습니다.

나넘세꿈은 '책 읽기'가 타자와의 대화이고 의미 있는 삶을 살아가는 '의미 경험'의 과정임을 배워 변화의 주체가 되었습니다. 더 큰 세상과 오늘보다 나은 삶, 살고 싶은 마음이 가득한 '좋은 삶'을 위해 들려주는 나넘세꿈의 마지막 주장을 듣겠습니다.

〈문제발견 : 잃어버린 공동체 감각〉

인간이 사회를 이루어 살게 된 이유에 관해서는 여러 학설이 있습니다. 17세기 영국의 철학자 홉스는 각 개인이 자신의 이익만을 좇는 야만적인 자연 상태를 극복하기 위해 사회를 구성한다고 말합니다. 우리는 개인들의 이해관계를 조정하기 위해 사회가 필요하다고 보는 견해—각자가 절대적으로 자신을 양도함으로써 모든 사람들이 동일한 조건을 가진다—에 동의합니다. 사회가 성립되기 전에 존재하는 소규모의 자치적 집단을 '공동체'라고 하는데 공동체의 구성원은 사회 구성원과 달리 공동생활을 영위하며 공동의 운명을 받아들입니다. 그리고 개인마다 다른 이해관계의 차이를 조정하는 지배자가 없는 것이 공동체의 특징기도 합니다. 그렇다면 공동체의 문제가 개인의 이익, 욕구의 충족 상태인 행복과 양립할 수 없을 때는 어떻게 해결할까? 하는 의문이 듭니다. 행복을 추구할 권리가 개인에게 보장된 것이지만 공동체의 가치와 양립할 수 없는 경우에는 어떻게 해야 할까요?

삶의 목표를 '진실한 행복'을 누리는 데 있다고 주장하는 사람들이 있습니다. 진실한 행복은 또 무엇일까요? 이에 대한 답을 얻기 위해서는 삶의 목적이 무엇인지를 먼저 고민해야 할 것 같습니다. 삶의 목적이 사람마다 다르다는 데 문제가 있습니다. 인생의 목적이 신의 은총에 있다고 규정하면 사람의 행복은 신의 계율을 따르는 데 있을 것이고, 영원한 진리의 획득에 있다고 하면 사람의 행복은 끝없는 사색과 진리 탐구에 있게 됩니다. 사람마다 다른 목적으로 살기 때문에 결국 삶의 방식도 다양하게 나타납니다. 그렇다면 우리가 함께 말할 수 있는 보편적인 행복이나 개인이 행복을 추구할 권리를 주장하려면 결국 동시대를 사는 사람들의 공감과 합의에 의해 결정해야 하는 것은 아닐까요?

그런데 우리나라 청소년의 공동체 감각이 세계 최하위권이라는 문제가 제시되고 있습니다. 개인의 욕구와 감정의 충족상태인 행복이 공동체의 가치와 충돌하지 않을 때 의미가 있는 것이라고 전제하면 우리나라 청소년의 공동체 감각, 인간관계 형성 능력에 문제가 있다는 현실은 해결해야 할 과제입니다. 공공의 이익을 도모하는 관계지향성과 사회적 협업 능력이 중요한 이유는 사회의 변화에 대처해야 하기 때문입니다.

우리 사회는 다문화 사회로 나아가고, 함께 해결할 과제가 더 많아졌습니다. 〈힘들 땐 그냥 울어〉의 작가 스즈키 히데코는

"자신의 행복에만 매달리는 사람은 마치 연못에 고인 물처럼 언젠가는 썩게 마련이고 물이 흘러 다른 곳을 적셔야 그 연못에 맑은 물이 샘솟는다. 주변을 돌아보고 다른 이에게 도움을 줄 때 비로소 충만한 기쁨을 누릴 수 있다."

라고 합니다. 개인의 행복은 '타자와의 관계'에서 완성된다는 의미입니다.

문제 해결 방법 〈변화의 주체로 서기 위한 우리의 노력〉

개인의 행복을 보장하면서 공동체의 가치를 살리기 위해서는 우선 지나친 경쟁위주의 입시교육에 대한 반성이 있어야 합니다. 친구들 사이에서 시기와 불신이 생기는 이유는 성적 위주로 평가하는 교육에 있다고 봅니다. 상대적인 평가방식은 친구를 배려하고 협업하는 과정을 배제합니다. 너보다 내가 더 나아야만 좋은 학교에 진학할 수 있기 때문에 학급의 친구를 경쟁의 대상으로 의식하게 되는 것입니다. 성적에 의해 서열화되는 과정에서 공동의 운명에 대한 관심보다는 개인의 욕망이 더 크게 자리하고 사람을 평가하는 기준 또한 수치화되어 인간성을 상실하는 문제가 발생합니다.

학교 교육의 방향이 성적 향상이라는 대주제에서 벗어날 수 없는 실정이라면 청소년인 우리가 주체가 되어 긍정적인 방향을 모색해야 합니다. 만약, 학업 능력 향상이 목표가 되어야 한다면 그 목표를 공동의 목표로 정하고 협력을 통해 이루어가는 방안을 모색할 수 있습니다. 친구들끼리 멘토와 멘티가 되어 협력적으로 공부한 우리 반 학생들의 성적이 향상되었습니다. 반 전체가 함께 스터디 그룹을 만들어 공부하고, 특정 교과에 뛰어난 학생을 중심으로 무더기무더기 모여 공부한 결과 성적이 향상되었습니다. 상호협력의 결과가 서로에게 좋은 결과를 가져온 예처럼 **우리의 자발적인 참여와 실천이 공동체의 가치를 살려내는 대안**이 될 수 있습니다. 변화를 이끌어가는 주체는 문제를 안고 있는 청소년인 우리가 되어야 할 것입니다.

　또한, 타인의 행복에 대한 존중이 공동체의 가치를 살리는 길임을 인식하고 인권을 존중하는 기본적인 태도를 가져야 합니다. 인권을 존중해야 한다는 목소리를 높일 수밖에 없는 것은 인권이 존중되지 못하는 현실이 우리 교실 속에 있기 때문입니다. 덩치가 조금 더 큰 친구가 작은 친구를 괴롭히고 엄격하게 지도하시는 선생님께 반항하거나 버릇없이 대하는 것은 어느 특정한 학교의 문제만은 아닙니다. 자기의 생일을 축하한다는 명목으로 축하금을 강요한 사례도 있고, 자기 마음에 들지 않으면 대놓고 욕설을 하거나 무안을 주기도 합니다. 개인의 욕구가 높아져 타인이 행복할 권리를 침해해서는 안 됩니다. 학생들 간은 물론 선생님께도 인권을 존중하는 기본적인 태도를 가져야 합니다.

공동체 감각이 상실되는 것은 상상력이 부족한 탓도 있습니다. 타인의 고통을 이해하고 공감하는 능력이 없다면 상호존중의 미덕은 찾기 어렵습니다. 타인의 아픔을 함께 느낄 수 있는 공동체의 가치를 찾기 위해서는 '책 읽기 교육'이 필요합니다. 사회적 약자나 소수자들이 겪는 고통에 공감하고 눈물을 흘릴 수 있는 상상력은 책 읽기를 통해 가능합니다. 고통을 공감하는 상상력은 상대방의 처지를 이해하는 것으로 삶을 위해 필요한 능력입니다. 우리 문화가 자아의 문화이고 나르시시즘의 문화로 이해관계가 통하지 않으면 접촉하지 않는 폐쇄적 문화라는 비판을 받고 있습니다. 이러한 비판을 책 읽기를 통해 극복 가능합니다. 모든 책이 가난하고, 소외되는 사람들을 옹호하지 않지만 한 시대를 대표하는 책들은 대체로 소수자나 약자의 삶을 드러내고 관심을 촉구합니다.

70년대~80년대 우리 사회를 이끈 시대정신은 고통을 당하는 타자에 대한 상상력이었습니다. 조영래의 〈전태일 평전〉과 조세희의 〈난장이가 쏘아 올린 작은 공〉이 대표적인 작품입니다. 겪어보지 않고 고통을 짐작할 수 있는 능력은 '우리'와 다른 것은 구별하고 차별하는 신자유주의를 벗어날 수 있게 하는 대안입니다. 타인의 아픔을 공감하는 상상력이 세상을 바꾼다는 문장을 새겨들어야 할 것입니다. 그래서 학교 교육으로 긍정적 변화를 만들기 위해 책 읽기를 제도화하는 것이 필요하다고 주장합니다.

책 읽기에서 나아가 토론하는 활동이 필요합니다. 지난 9월, 전광용의 〈꺼삐딴 리〉를 읽고 토론한 적이 있습니다. 주인공 이인국 박사의 행동을 톺아보면서 '개인의 행복을 위해 시대의 문제를 외면해도 되는 것인가?'를 고민합니다. 개인의 행복을 추구할 권리는 있지만, 지식인의 사회적 책무를 외면한 이인국 박사의 행동은 '도덕적으로 바람직한가?'라는 주제로 토론을 하면서 공동체의 가치가 개인의 가치에 우선한다는 의견이 타당하다는 결론을 내렸습니다. 소설 〈명혜〉를 읽으며 집안을 일으키는 것이 중요하다는 아버지 송참판과 '나라가 있고서야 집안이 있는 것'이라고 강하게 맞선 딸 명혜의 주장에서 대의를 위해 소의를 희생하는 것의 가치를 발견했습니다. 전체의 행복을 위하는 것이 '의미 있는 삶'이라는 결론을 얻었습니다. 토론을 통해 공감대를 형성하고 보편적인 가치를 우리가 함께 만들어 갈 수 있어야 하겠습니다.

힐러리는 자서전 〈살아있는 역사〉에서 자신의 청소년 시절을 되돌아보며 다원주의와 상호존중, 상호이해를 익히게 된 계기가 토론회 경험이었다고 말합니다. 공화당 지지자였던 힐러리가 현재 민주당에 당적을 두게 된 계기가 바로 토론 경험이었던 것을 강조하고 싶습니다. 학교 제도를 통해 익혀온 지식, 토론을 생략한 국가 수준에서 정한 지식의 이해와 암기는 비판받는 시대가 되어야 합니다. 변화의 시대에 필요한 토론을 통해 가치의 다원화로 인한 혼란을 넘어 사회 구성원 간의 합의에 의한 실천을 도출하고, **공동의 가치를 찾아 실천하는 삶을 살아가는 실천력을 길러야** 합니다. 진실은 절차에 참여하는 주체들이 만드는 것으로 대화와 토론이라는 절차를 우리 시대는 걸어야 합니다.

그리고 공동체 감각을 살릴 수 있는 경험의 장을 열어야 합니다. 공지영의 〈지리산 행복학교〉에 소개된 섬진강 사람들을 만나고 온 섬진강 문학 기행에서 행복에 대한 의미 경험을 했습니다. 버들치 시인인 박남준 시인과의 만남에서 타인을 배려하는 작은 것에서 행복을 느낄 수 있었습니다. 첫 만남에서 시인은 손을 마주 잡고 공손히 인사하는 것이 특이했는데 "최선을 다해 섬기겠습니다."라는 의미를 담은 마음의 표현이라 했습니다. 그의 지인들도 경쟁사회에서 벗어나 무소유 사회에서 행복해 보였습니다. 그분들을 통해 우리 사회의 희망을 느꼈습니다. '눈 맑고 작은 것을 지켜주기 위해 얼음은 더욱 깊어지는 것'이라는 시구를 통해 진한 감동을 받았습니다. 자신이 그렇게 깊어지는 얼음이고자 하는 겸손함에서 행복이 어디에서 오는 것인지 알게 되었습니다. 행복은 낮고 작은 자의 겸손에 있습니다. **공동체의 행복은 낮고 작은 자를 돌보는 배려와 실천에 있습니다.**

좋은 삶·4

최고의 질문을 살리라

:

북퍼실리테이션

북퍼실리테이션 🍃

퍼실리테이션은 참여자들이 효과적인 기법과 절차에 따라 적극적으로 참여하고 상호 작용을 촉진하여 목적을 달성하도록 돕는 활동입니다.[26] 퍼실리테이션을 진행하는 쿠퍼실리테이션그룹(KOOFA)의 구기욱은 "서로 다른 생각을 가진 사람들이 마음 편하게 의견을 표현하도록 하고, 그 내용을 서로 쉽게 이해하고 깊이 있게 다룰 수 있도록 지원하며, 창의적인 결과물을 만들어 내거나 현명한 결론에 도달하도록 돕는 일체의 방법"이라고 소개합니다.

북퍼실리테이션은 독서의 목적, 독서의 가치를 퍼실리테이션으로 구현하는 활동입니다. 저자와 독자, 독자와 독자의 상호작용으로 의미를 발견할 수 있도록 대화를 진행하고 대화의 과정에서 도출한 실천 과제나 의미를 실천할 수 있도록 도와줍니다. 개인이 발견한 의미를 재구성하여 변화를 위한 새로운 결과물을 만듭니다.

새롭게 발견한 의미나 실천 과제를 찾아가는 북퍼실리테이션 과정은 읽은 책을 다시 펼치게 합니다. 좋은 단어와 문장, 글을 쓴 의도와 관점, 글에 대한 공감과 비판적 수용, 삶에 적용할 것 등을 생각하고 다시 질문합니다. 대화를 나누는 과정에서도 읽은 책을 다시 펼치게 됩니다. 내가 발견한 좋은 단어와 문장을 소개하고, 다른 독자가 발견한 단어와 문장을 들으면서 다시 책을 읽습니다. 의미가 만나는 대

---

26) 퍼실리테이션이란, 그룹의 참여자들이 효과적인 기법과 절차에 따라 적극적으로 참여하고 상호작용을 촉진하여 목적을 달성하도록 돕는 활동이다. 〈출처: 한국퍼실리테이터 협회〉

화의 과정에서 '다시' 읽고 '함께' 읽습니다. 의미를 삶에 적용하는 실천 과정에서는 더 자주 책장을 넘기면서 '다시' 읽고 '함께' 읽습니다. '함께' 읽으면서 새로운 의미와 대안을 쉽게 찾습니다. 그래서 북퍼실리테이션은 글쓴이와의 대화, 다른 독자와의 대화, 세상과의 대화로 삶의 의미를 발견하는 읽기, 다른 독자와의 대화로 변화를 가져오는 '다시 읽는 책', '함께 읽는 책', '의미를 발견하는 책', '좋은 삶을 만드는 책' 읽기입니다.

북퍼실리테이션의 과정은 의미의 문을 여는 **'질문의 과정'**, 질문을 나누면서 의미를 찾는 **'대화의 과정'**, 대화의 과정에서 찾고 발견한 의미를 실천하는 **'실천의 과정'**으로 진행합니다. 책에서 찾은 질문을 대화의 자리에 가져와 새로운 질문과 의미를 발견하고, 대화의 과정에서 발견한 의미를 실천하는 일련의 활동은 삶의 이유와 목적을 찾는 '의미 경험'의 과정입니다.

북퍼실리테이션의 비전은 책을 읽고 의미를 발견하여 '좋은 삶'을 만드는 것입니다. 의미 경험의 과정을 돕는 '북퍼실'[27]은 독서 대화에 참여한 사람들의 대화를 잘 듣고 의미를 발견할 수 있도록 질문과 경청, 관찰, 기록 등으로 대화의 과정을 진행합니다. 대화를 진행하는 기법과 절차를 설계하고 진행하여 먼 곳에서 찾아온 벗 만나듯 '의미

---

[27] 퍼실리테이터(facilitator): 촉진자, 돕는 사람, 활성화하는 사람.
북퍼실리테이터(Book-facilitator): 읽은 책의 의미를 발견하고 실천하도록 돕는 사람.
북퍼실: 읽은 책에서 퍼 올린 의미를 실천하도록 돕는 사람 또는 독서의 가치를 실천하는 사람

경험'을 만듭니다.

> 독서는 만남입니다. 성문 바깥의 만남입니다. 자신의 문을 열고 바깥으로 나서는 자신의 확장이면서 동시에 세계의 확장입니다. 그리고 그것이 만남인 한 반드시 수 많은 사람들의 확장으로 이어지기 마련입니다. 마치 바다를 향하여 달리는 잠들지 않는 시내와 같습니다. 한 사람 한 사람의 각성이 모이고 모여 어느덧 사회적 각성으로 비약하기도 할 것입니다. 우리와 우리 시대가 갇혀 있는 문맥을 깨트리고, 우리를 뒤덮고 있는 욕망의 거품을 걷어내고 드넓은 세계로 향하는 길섶에 한 송이 꽃으로 피어날 것입니다.[28]

북퍼실리테이션의 자리에는 책 읽기를 즐겨 하지 않는 사람이 앉아도 좋습니다. 책 읽기를 즐거워하지 않는 사람일수록 더 반갑습니다. 앎의 자리에서 실천의 자리로 나와준 그 사람이 반갑습니다. 앎과 삶의 일치를 위해 책임을 다하는 사람임이 분명합니다. 책 읽기의 가치를 먼발치에서 바라만 보고 살았던 그 사람이 책 맛을 알게 되는 자리입니다. 제대로 맛본 적 없는 의미의 맛을 보게 됩니다. 책 읽기가 어려운 사람도 괜찮습니다. 책을 읽고 싶어도 시간이 모자랄 지경으로 살거나 마음에 무거운 짐을 지고 있을 테니까요. 시간을 어렵게 마련한 사람, 무거운 짐 진 사람이 책의 위로를 듣는 따뜻한 자리입

---

28) 책은 먼 곳에서 찾아오는 벗입니다. 신영복, 중앙일보 특별기고 2011.1.1.

니다.

책을 다 읽지 않은 사람도 괜찮습니다. 단 한 번이라도 책을 제대로 읽고 싶은 마음은 누구나 있습니다. 책을 끝까지 읽었다 해서 다 읽은 것이 아닙니다. 책에서 발견한 의미를 알고 더 깊이 알고, 찾고 다시 찾아가면 '책을 다 읽은 사람이 이 세상에 한 사람도 없겠구나.' 하는 마음이 절로 듭니다. 어제 읽은 책을 다시 읽으면 어제는 미처 보지 못한 구절이 한두 군데가 아닙니다. '내가 이 책을 제대로 읽은 거 맞아?' 하는 의심의 눈길을 피할 수 없습니다. 눈길 닿자마자 휙 지나가 버려서 서운했을 문장이 달려옵니다. 들꽃 같은 문장에게 키 작은 인사를 하고 싶을 때가 많습니다. 책의 의미를 찾기는 했으나 의미를 따라 살기 힘든 사람도 괜찮습니다. 우리는 모두 흔들리면서 피는 꽃이니까요. 책의 '의미'를 알았던 윈스턴 처칠이 우리를 응원합니다.

"책과 친구가 되지 못하더라도, 서로 알고 지내는 것이 좋습니다. 책이 당신의 삶의 내부에 침투해 들어오지 못하더라도, 서로 알고 지내는 표시인 눈인사마저 거부하며 살지 마십시오."

전쟁의 극심한 공포에서 사람들을 지켰던 윈스턴 처칠만큼은 아니겠지만 책에서 발견한 '의미'를 품고 살아가면 좋은 삶이 곳곳에 꽃처럼 피어납니다. 드러난 실천만이 아니라 품게된 의미도 좋은 삶을 만드는 실천이 됩니다. 씨앗이 열매를 품고 있듯이.

북퍼실 🍃

　북퍼실리테이션을 설계하고 진행하는 '북퍼실'은 조지아 오키프의 그림, '달을 향한 사다리'처럼 더 높은 단계, '좋은 삶'으로 가는 사다리를 놓습니다. 사다리는 자기완성이나 깨달음을 얻는 '의미 경험'으로 가는 다리입니다. 의미의 사다리를 놓는 북퍼실은 독서 목적에 맞는 환경 조성과 관계 형성으로 긍정적이고 허용적 분위기를 만듭니다(환경 조성), 참여자의 이야기를 적극적으로 듣는 '경청'과 언어적, 반언어적, 비언어적 요소를 '관찰'하고 질문을 합니다(효과적 의사소통). 다양한 질문 도구와 진행 절차를 알고 상황에 맞게 변형하고 응용합니다(전문적 퍼실리테이션). 계획된 시간 내에 목표를 달성할 수 있도록 전체 흐름을 관리하며 상황에 맞게 대응합니다(상황 관리). 질문 과정, 대화 과정, 실천 과정에서 발생하는 다양한 형태의 어려움을 조절하여(갈등 관리) 참여자들이 발견한 의미를 정리 또는 재구성하고 실천할 수 있도록 돕습니다(결과 도출). 무엇보다 중요한 것은 '의미 경험'을 가치 있게 여기고 스스로 책을 읽고 발견한 의미를 실천하는 사람입니다(실천).

　사다리를 놓는 다양한 방법과 절차를 알고 있지만 능숙하게 다루지 못해도 괜찮습니다. 사다리에 올라가 본 사람은 한 번씩 떨어지기도 한다는 것을 알고 있습니다. 다른 삶에 말 걸어주는 따뜻한 마음이 있으면 됩니다. 당신에게 관심을 가진 사람만이 당신에게 질문을 한답니다. 당신의 말에 관심을 가지고 질문하는 그 사람 북퍼실은,

'관심'의 다른 표현이 '사랑'이라는 것을 알고 있습니다. 질문이 꽃 피는 대화의 자리에서 좋은 삶을 만드는 북퍼실은 좋은 철학을 가지고, 발견한 의미를 살아가는 좋은 사람입니다.

〈북퍼실의 철학〉

- 혼자 읽기보다 함께 읽을 때 더 잘 읽을 수 있다.
- 사람은 책 읽기를 통해 올바른 일을 할 수 있고 또 그렇게 하고 싶어 한다.
- 독서 대화의 과정에서 발견한 의미를 오래 기억할 뿐만 아니라 삶에서 실천한다.
- 책에서 찾은 의미를 소중하게 생각하고 의미를 실천하기 위해 책임감 있게 행동한다.
- 책을 읽고 깨달은 의미와 생각은 깊이, 높이, 넓이, 길이와 관계없이 똑같이 중요하다.
- 독서 대화로 책에서 사회문제를 발견하고, 해결 과제를 찾아 실천함으로써 좋은 삶을 만들 수 있다.
- 적절한 도구와 방법을 알면 사실적 이해, 추론적 이해, 비판적 이해, 창의적 이해를 할 수 있다.
- '의미 경험'으로 의사소통 능력, 협업 능력, 비판적 사고, 창의적 사고를 길러 좋은 삶을 만들 수 있다.

공부머리 독서법, 북퍼실리테이션 🍃

학교에서는 교사의 전문성을 높이는 다양한 전문적학습공동체를 운영합니다. 타인의 지식을 인정하고 존중하면서 지성과 집단 전문성을 높입니다. 전문적학습공동체는 교육과정, 수업, 독서 교육, AI 교육 등 다양합니다. 학교에서 선호하는 영역은 '독서'입니다. ○중학교 교사 독서 교육 전문적학습공동체에서 진행한 최승필의 '공부머리 독서법', 북퍼실리테이션 과정은 다음과 같습니다.

- 목적: 배움이 느린 아이들의 배움과 성을 위한 독서교육 전문적 학습공동체 운영 방안
- 결과물: 배움이 느린 아이들의 독서를 위한 실천 과제 마련
- 과정

과정	단계	세부내용	시간
질문	책문열기	• 책을 읽으면서 만든 질문 내용 확인 및 공유 −배움이 느린 아이를 위한 독서 교육은 어떻게 할까? (주제 확인)	15:00~15:10
대화	마음열기	• 공부머리 독서법을 읽고 난 후 내 생각, 느낌 −이미지 카드(독후 생각과 느낌을 카드 활용해서 말하기) • 오늘의 목적과 결과물 확인, 우리의 약속 (그라운드 룰 정하기)	15:10~15:20 (10*)
	생각열기	• 교사 독서동아리 / 교사 독서교육 전문적 학습공동체 차이점 분석 −T차트	15:20~15:30 (10*)

과정	단계	세부내용	시간
대화	생각확장	〈주제: 배움이 느린 아이들을 위한 독서교육〉 • 교사 독서 교육 전문적학습공동체 운영 아이디어 생성(브레인라이팅) • 교사 독서교육 전문적학습공동체 실천 과제 생성 〈공부머리 독서법을 활용한 아이디어 생성- ERRC〉 -(제거) 없앴으면 하는 것 -(감소) 줄였으면 하는 것 -(증가) 늘려야 하는 것, 더해야 하는 것 -(창조) 새롭게 해 볼 것	15:30~16:00 (30*)
	의사결정	• 제거, 감소, 증가, 창조 중-모둠별 1개 선정 (멀티 보팅) -기준: 실현 가능성, 효과, 공감도, 수용 정도 　　　변화 가능성 등	
	생각공유	• 월드 카페 후 우선 순위 정하고 공유하기	
실천	실행계획	• 선정한 실천 과제 1개의 실행 방안, 실행 계획, 실행 과제 등 -3가지 우선 순위 정하기 (멀티 보팅)	16:00~16:15 (15*)
	성찰	• 오늘의 활동에서 1. 자신감 (confident) 2. 기대되는 변화(change) 3. 한 줄의 정의(comment)	16:15-16:25 (10*)

'질문 과정'에서 발견한 의미는 '배움이 느린 아이들을 위한 독서 교육 방법'입니다. 참가자는 대부분 국어, 수학, 영어, 과학 교과 부장 교사로 학력 격차 해소를 위한 '기초 학력 향상'에 관심이 많습니다. 교사 독서 교육전문적학습공동체에서 〈공부머리 독서법〉을 같이 읽고 독서 교육으로 학력을 향상할 수 있는 방법을 찾다가 정한 주제입니다. 혼자 읽으며 가진 질문이 공유의 자리에서 다른 질문과 만나서 발전한 주제입니다.

'**대화의 과정**' 첫 단계 '마음 열기'에서 책을 읽은 느낌이나 생각을 그림 카드를 골라서 말했습니다. 노을 진 해변에 자전거를 세워두고 쉬는 그림, 장애물을 넘어 뛰어가는 그림, 분수에서 솟아오르는 물을 맞으며 신나게 물장난하는 그림, 반듯한 작은 칸에 책이 칸칸이 놓인 그림, 건강한 남자가 바위 사이를 날다시피 뛰는 그림 등을 골랐습니다. "배움이 느린 아이를 위해 할 수 있는 일을 발견해서 쉼을 얻었다, 장애를 넘듯 수학 독서를 수업 시간에 해 보고 싶다, 물놀이하듯, 힘차게 뛰듯이 신나는 독서 교육을 하고 싶다." 등으로 말합니다. 오늘의 대화를 위해 우리가 지켜야할 '우리의 약속'(그라운드 룰)을 읽고 다음 단계를 진행합니다. '우리의 약속'은 참가자들이 직접 만들 수 있습니다. 회의 진행 규칙을 정할 때도 사용합니다.

- 모든 사람은 지혜를 가지고 있다.
- 모두가 다른 사람의 말을 경청한다.
- 가장 현명한 결정을 내리기 위해서는 모든 사람들의 지혜가 필요하다.
- 사람은 모두 현명하고 올바른 일을 할 수 있고 또 그렇게 하고 싶어 한다.
- 모든 의견은 동등하게 소중하다.

'**대화의 과정**' 두 번째 단계 '**생각 열기**'에서는 독서동아리와 독서 교육 전문적학습공동체의 차이점을 'T차트'로 분석했습니다. 떠오르는 아이디어를 포스터 잇에 기록해서 적어 붙입니다. '독서동아리' 칸에는 취미, 자발적, 친목 도모, 즐거움, 교사 자신의 힐링, 교사의 독서 능력, 다양한 분야 책 읽기, 개인적 만족이 적혔습니다. '독서 교육 전문적학습공동체' 칸에는 학생의 독서 능력, 학생의 수업에 도움, 공부와 학습에 도움, 수학 교과에서 어떻게?, 교사의 전문성, 전문성 관련, 강제(?)라는 단어가 붙었습니다. 독서동아리와 전문적학습공동체의 차이가 확연합니다.

교사 독서동아리	교사 독서 교육 전문적학습공동체
취미, 자발적, 친목 도모, 즐거움, 교사 자신의 힐링, 교사의 독서 능력, 다양한 분야 책 읽기, 개인적 만족	학생의 독서 능력, 학생의 수업에 도움, 공부와 학습에 도움, 수학 교과에서 어떻게?, 교사의 전문성, 전문성 관련, 강제(?)
교사 중심, 개인적 만족, 자발성	학생 중심, 전문성, 강제성

교사 중심과 학생 중심, 개인적 만족(즐거움)과 전문성, 자발성과 강제성 등으로 '교사 독서 교육 전문적학습공동체'의 가치와 문제점이 한눈에 보입니다. 독서동아리는 교사 '개인의 즐거움'을 위한 것, 전문적학습공동체는 '학생의 배움'을 위한 것으로 차이가 뚜렷합니다. 전문적학습공동체는 교사의 전문성 신장으로 학생의 배움에 기여한다는 가치를 발견했습니다. 교사 독서 전문적학습공동체에서 무엇을 할 것인지 교사는 스스로 생각할 수 있게 되었습니다.

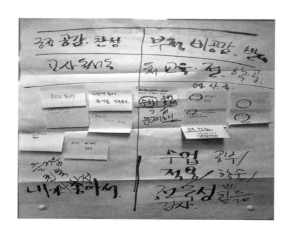

"나의 결정으로 시작된 성취가 온전한 나의 것이다."

자기가 결정해서 하는 일은 내 것이지만 시켜서 하는 일은 내 것이 아니라서 하기가 싫습니다. 자기 결정으로 시작하지 않은 일의 성취는 나의 것이 아니고 결정을 요구한 사람의 것입니다. '멍석 펴 놓으면 안 한다.'는 속담이 있습니다. 잘하던 일도 더욱 잘하라고 떠받들어 주면 안 한다는 말인데, 안 한다고 핀잔을 줄 것이 아니라 멍석을 깔지 말아야 합니다. 나의 결정으로 시작되지 않으면 의미 없는 일이 되어 안하게 되는 것입니다.

"엄마가 공부하라고 하면 더 안 하고 싶다, 안 할래 안 해!"

연필을 내동댕이치는 막내를 보면 자기 결정권의 중요성을 알 수 있습니다.

〈자기결정성 이론의 기반[29]〉

자기결정성 이론은 인간 행동의 통제 원천이 어디 있는가를 기반으로 하며 이 원천은 그 시작이 내면인가, 아니면 외부인가로 나뉜다. 인간의 동기가 개인 스스로 완전히 내적 통제 (흥미, 호기심)에서 가장 높으며, 내적인 이유가 없이 순전히 외적인 통제(강제, 강요)에 의해서 행동하게 되었을 때 제일 낮다는 명제를 기반으로 한다.

'친목 도모'와 '전문성 신장' 중에서 하나를 선택할 수 있는 자유가 교사에게 있습니다. 북퍼실은 **객관적 입장에서 중립을 유지해야** 합니다. 성급하게 자기 결정권을 낚아채면 안됩니다. 객관적 입장에서 **모든 사람의 의견을 동등하게 소중히 여기는 태도**를 가져야 합니다. 그래서 말하는 시간도 한 사람이 독점하지 않도록 조절하고 중립적 입장에서 대화를 진행합니다.

'개인의 취미'와 '전문성', '교사 중심'과 '학생 중심', '친목 도모'와 '학생의 배움' 중에서 교사가 선택해야 할 것이 기다리고 있습니다. 갑자기 조용합니다. 인간은 이기적이라서 '이익'이 되는 것을 선택한다고 들었습니다. 잠시 침묵 상태가 되어서 제가 물었습니다. '강제(?)'가 적힌 포스터 잇을 가리키며

"이 단어가 어떤 의미인가요?"

---

29) 위키백과 참고.

'강제(?)'를 적은 단어 주인이 말합니다.

"교사 독서 동아리만 하고 싶었는데, 업무 담당자가 고생한다 싶어 강제(억지)로 했어요."

이 말을 들은 독서 교육 전문적학습공동체 업무 담당자가 말합니다.

"그래서 여러분께 너무 감사해요."

강제로, 억지로라도 함께 해준 동료에게 감사의 말을 하면서 마음을 글썽거리는데,

"어차피 하기로 한 거 열심히 해 봅시다."

누군가의 말에 서로 힘내자고 등을 두드려 줍니다. 분위기가 다시 밝아졌습니다. 강제(?)가 자발적인 것으로 되었습니다.

강제(?) 스티커를 떼내고 **자발**을 붙이며 마주 보고 웃습니다. 북퍼실은 **활기찬 분위기를 유지할 수 있도록 상황, 갈등을 관리해야 합니다.**

'대화의 과정' 세 번째 단계 '생각의 확장'에서는 주제에 관해 4가지 관점, 제거(Eliminate)-감소(Reduce)-증가(Raise)-창조(Create)에서 아이디어를 도출할 수 있는 'ERRC' 질문 도구를 적용했습니다. 퍼실리테이션에서 '도구'는 '질문'으로 대신할 수 있는 단어입니다.

- 제거: ○○을 위해 제거할 것은 무엇입니까?, 제거해야 도움이 되는 것은 무엇입니까?
- 감소: ○○을 위해 줄였으면 하는 것은 무엇입니까?
- 증가: 늘려야 도움이 되는 것은 무엇입니까?
- 창조: 새롭게 해 볼 것은 무엇이 있을까요?

북퍼실리테이션은 읽은 책으로 진행하기 때문에 각 단계를 진행하는 시간이 단축됩니다. 관계 형성과 분위기 조성을 위한 '마음 열기'에서는 같은 책을 읽었다는 공감대가 이미 있습니다. 읽은 책에서 아이디어를 찾을 수 있고, 의사를 결정할 때도 글의 내용이 다른 곳으로 흐르지 않도록 의미의 강물을 지켜주기 때문에 순조롭습니다. 바람직하고 합리적인 대안을 결정하는 과정이 오래 걸리지 않는 장점 외에도 결정된 대안의 실행방법을 책에서 찾을 수 있어 바람직한 결론에 쉽게 도달할 수 있습니다. '공부머리 독서법' 책 내용을 근거로 배움이 느린 아이들을 위한 독서 교육 방법이 제시되었습니다.

제거할 것(E): 학습 만화, 속독, 언어 능력을 벗어난 지적 독서	증가할 것(R): 머리말 읽기, 정독, 청소년 소설 읽기, 소리 내어 읽는 속도로 읽기가 증가
감소할 것(R): 선행(선행학습)	창조할 것: 수학 소설 수업 시간에 읽기, 반복 독서, 자발적 독서

각각의 내용에 대한 설명을 들으면서 선생님들은 실행 방법을 결정하고 있었습니다. 실천 과제 도출이 어렵지 않았습니다. '감소(Reduce)'에 붙은 '선행'의 의미를 확인했습니다. 선행 학습은 생각할 기회와 시간을 빼앗기 때문에 선행한 아이의 90%가 무너진다는 책 내용을 읽고 '감소해야 할 것'이라고 했습니다. 의미를 명료화하는 보

충 질문 더 할 수 있습니다.

"감소보다는 제거할 것이 아닐까요?"

"학습 전에 잠깐 준비하는 예습은 효과가 있을 것 같아서요."

"아, 그렇네."

모두가 공감의 말을 합니다. 적힌 단어의 의미를 이해하고 공감한 뒤 우선 순위를 정합니다. 우선 순위를 정하는 '의사 결정'에서는 스티커가 가장 많이 붙은 아이디어를 1순위로 해서 순차적으로 정합니다. '효과', '실현 가능성', '공감' 등을 기준으로 각각의 의견에 대한 점수를 합해 정하는 '의사결정법(디시즌그리드)'을 쓰기도 합니다.

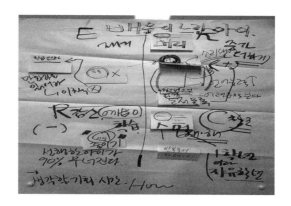

'대화의 과정' 마지막 단계인 '생각의 공유'를 진행하는 방법으로 '월드 카페'를 생각했습니다. 각 모둠에서 선정한 아이디어를 확인하기 위해 다른 모둠으로 가서 설명을 듣고 가장 좋은 아이디어에 스티커를 붙이는 방법입니다. 참가예정자가 총 9명이어서 3명씩 3모둠으로 진행하기로 했으나 방과 후 수업으로 참석하지 못한 선생님들이 있어 하나의 모둠으로 운영했습니다. 공유의 과정을 진행하지 않아도 되었습니다.

북퍼실은 다양한 관점과 예측하지 못하는 상황에 개방적이고 유연하게 대응해야 할 때가 있습니다. 이외에도 참여자와 교감하기, 기록하고 시각화하기, 기운을 높이고 활력을 유지하기, 목적을 향하도록 안내하기, 신뢰를 바탕으로 잠재력을 끌어내기, 갈등을 조절하고 협력하기, 시간 관리 하기, 특이한 행동과 말을 다루기 등을 합니다.

'**실천의 과정**'인 '**실행 계획**'에서는 의사결정표의 점수에서 가장 높은 점수를 받은 아이디어에 대한 의견을 듣고 우선 순위를 정했습니다. 수준별 도서 목록을 주고 모둠별로 도서 고르기, 2주에 한 권 청소년 소설 읽기, 소리 내어 읽는 속도로 정독하기가 차례 차례 실천 과제가 되었습니다.

〈배움이 느린 아이를 위한 독서 교육 실천 과제〉
TOP 1. 수준별 도서 목록을 주고 모둠별로 도서 고르기
TOP 2. 2주에 한 권 청소년 소설 읽기
TOP 3. 소리 내어 읽는 속도의 정독하기

이제 북퍼실리테이션의 마지막 단계인 **'성찰'의 시간**이 되었습니다. 오늘의 '성찰 도구(성찰 질문)'는 '3C (자신감 (confident), 기대되는 변화 (change), 한 줄의 정의(comment))'입니다. 3가지를 다 말할 시간이 부족하여 기대되는 변화(change)를 택했습니다.

"어떤 변화를 기대하십니까?"

변화에 대한 기대감을 적습니다. 수업의 변화, 아이들의 흥미, 토론 수업 당당히, 독서 수업의 변화, 수학 교과에서 교육 시도하기 등이 칠판에 붙었습니다. 수학 교과에서 독서 교육이 어렵다시던 선생님께서 말씀하십니다.

"자유학년제 수학 수업 시간에 아이들과 독서를 하면 수학에 흥미를 갖게 될 것 같아요."

"그럼, 전문적학습공동체 시간에 수업 디자인 같이 해서 '수업 나눔' 할까요?"

모든 분들이 거들겠다고 목소리를 높입니다. 수업 나눔을 한다는 것은 동료 선생님들께 내 수업을 열고 내 교실에 초청하는 것으로, 부담이 되어 피하고 싶은 '학교의 코끼리' 같은 것입니다. 얼떨결에 수업 나눔을 하게 된 수학 선생님께서 '내가 왜 이 말을 했지?'라며 자신을 황급히 돌아봅니다. 말이 삶과 연결되려면 용기가 필요합니다. 가끔씩 회복 탄력성이 엉뚱한 곳으로 향할 때가 있습니다. 나(벽)를 넘어가야 변화를 만날 수 있을 것입니다.

"같이 수업 디자인하고, 수업에서 학생들이 어떻게 배우는지 관찰해 주시겠어요?"

"그런데요, '공부머리 독서법'에는 책 읽고 '대화하기'가 있던데 어떻게 대화를 하죠?"

"수학 독서를 하고 난 후, 어떻게 독서 대화를 하죠?"

갑자기 질문이 쏟아졌습니다. 함께 책을 읽고 의미(문제)를 발견하는 '**질문의 과정**', 질문에서 발견한 의미를 재구성하는 '**대화의 과정**', 대화의 과정에서 발견한 의미(아이디어)를 합의를 통해 실천 과제를 정하는 '**실천의 과정**'으로 독서 수업을 설계할 수 있습니다. 모두 박수를 하며 신이 난 얼굴로 퇴근 준비를 하십니다. 수학 독서로 수학 수업이 재미있는 학교를 그려보게 되었습니다. 〈공부머리 독서법, 북퍼실리테이션〉에서 수학 독서 수업을 하실 북퍼실을 만났습니다.

질문 도구: 번개와 회전 목마 🍃

의미를 발견하고 실천하는 삶을 만드는 북퍼실리테이션에서는 전문적 기법과 절차를 강조하지 않습니다. 읽은 책으로 대화하는 자리에 앉는 것만으로도 의미가 있습니다. 읽은 책을 덮지 않고 다른 독자를 만나는 자리에서 새로운 의미를 만들 수 있기 때문입니다.

S중학교에서 2학년과 3학년 남녀 700 여명의 학생 중 단 18명의 학생과 북퍼실리테이션 자리에 앉았습니다. 더 많은 학생들이 질문의 자리에 있기를 바라지만, '책' 글자만 봐도 돌아갈 때를 생각하면 18명도 반갑습니다. 학문에 뜻을 품는 지학(志學)의 15세는 요즘 다른

뜻을 품느라 바쁩니다. 어쩌다 '또우랑' 선생님께 붙잡힌 18명의 아이들과 질문의 자리에서 사용한 도구 몇 가지를 소개합니다.

시를 읽고 간단한 단어로 입문을 여는 '번개 토론'을 합니다. 자신이 생각하는 핵심 시어를 번개처럼 빠르고 강하게 말합니다. 같은 시어가 들리기도 하고 간혹 다른 시어가 들립니다. 핵심 시어를 다 듣고 이유를 묻습니다. 같은 시어를 말했으나 이유가 각기 다릅니다. 또는 자신이 좋아하는 시인의 이름을 물어봅니다. 수업 시간에 들어본 시인의 이름들을 말합니다. 다 듣고 난 후 그 시인이 떠오른 이유를 물어봅니다. 번개 토론은 짧고 간단하게 말하는 것으로 주제에 대한 참여자의 다양한 관심을 알 수 있습니다.

두 개의 원을 만들어서 바깥 원에 선 아이들이 한 칸씩 돌면서 이유를 듣고 질문하는 '회전 목마 토론'으로 대화를 이어갑니다. 질문과 답을 반복하는 과정에서 마음이 열립니다. 닫힌 문이 열리고 타자를 환대하는 마음이 됩니다.

"좋아하는 시인이 없어요."

"좋아하는 시인이 없으면 떠오르는 시인 아무 이름이라도 좋아요."

유연하게 대응해야 합니다. 북퍼실은 대화를 돕는 사람이라는 것을 잊지 말아야 합니다.

정호승의 시 '봄 길'을 읽으면서 '사람'이라는 시어에 자신의 이름을 넣습니다. 부끄러워하면서도 좋아합니다. 길이 끝나는 곳에서도 길이 되는 '예원'이가 있다로 읽으면 예원이는 봄 길이 된 듯 봄꽃처럼 환해집니다. 스승의 날에 즈음하여 '봄 길'을 읽을 때는 '사람' 대신 생각나는 '선생님 이름'을 넣어 읽었더니, 지은이가 말합니다.

"학습하는 시가 아니라 삶으로 읽는 시네요."

의도한 대로 걷는 길이 아닌 다른 길을 걸어도 됩니다. 위험을 감수하겠다는 용기와 어떤 말에도 너를 존중하고 신뢰하는 믿음이 있으면 의도하지 않은 의미와 연결되는 행운을 만납니다. 질문하는 사람은 정해진 길을 걷겠다는 고집을 유연하게 다룰 수 있어야 합니다. 삶의 의미는 반듯한 길에서만 발견할 수 있는 것이 아닙니다. 다른 길에 들어서서 상상 밖의 의미를 만나겠다는 기대와 호기심으로 멀리 가도 좋습니다. 멀리 돌아가고 싶지 않은 사람들을 위해 '질문의 기술'을 익힐 수 있는 책은 매우 많습니다. 그러나 대화의 도구와 기법, 절차를 책에서 소개한 대로 하면 낭패를 볼 수 있습니다. 기법과 기술보다는 좋은 삶에 대한 의지와 의미 경험의 가치를 붙들고 최고의 질문을 만나러 가는 열정과 관심이 있어야 합니다.

질문 도구: 신호등 🍃

빨강, 노랑, 초록 카드를 활용해 색깔로 생각을 표현하는 도구입니다. 대화 주제에 대해 빨강은 반대, 노랑은 중립, 초록은 찬성입니다. 신호등 카드는 자신의 주장과 다른 친구들의 생각을 색으로 쉽고 빠르게 확인하는 도구입니다. 신호등 카드로 오늘의 기분을 확인할 수도 있습니다.

초록: 기분이 매우 좋아요

빨강: 기분이 매우 나빠요

노랑: 견딜만해요

대화를 시작하기 전에 참여자의 상태나 분위기를 확인합니다. 빨강이 많은 날에는 힘이 빠집니다. 빨강인 이유를 들어보면 이해가 되어 다시 초록이 됩니다. 빨강 때문에 시간의 다림질로 진땀이 나지만 초록을 만나면 좋아집니다. 초록은 가시 돋힌 '딴지'를 품습니다. 공감을 잘해주는 초록은 빨강을 다독다독 품습니다. 빨강 옆에 초록을 앉게하면 그날의 공간이 나아집니다. 신호등 대화는 분위기와 환경을 진단하고 대안을 찾아 대화를 진행할 때 도움이 됩니다.

해결 방법을 빠르게 정할 때도 필요합니다. 대안으로 제시된 여러 가지 안에서 초록의 수가 많은 대안을 순차적으로 선택합니다. 소설의 갈등을 이해할 때도 사용합니다. 긍정적 인물과 부정적 인물, 주동 인물과 반동 인물, 중심인물과 주변 인물을 찾고, 초록은 긍정, 빨강은 부정, 노랑은 두 인물의 말을 들어주는 중립 인물로 설정해서 대화를 하면 갈등 상황을 쉽게 이해할 수 있습니다.

김유정의 동백꽃을 읽으면서 신호등 카드를 들고 인물의 역할을 해보았습니다.

빨강: 점순이

초록: 마름의 아들인 '나'

노랑: 둘 사이에서 이야기를 들어주는 이

점순이와 마름인 '나' 사이의 갈등을 부른 먹거리 '감자'를 대신한 지우개를 들고,

빨강: '너그 집에 이거 없지.'

노랑을 보며 빨강이 천연덕스럽게 말합니다. 노랑이 초록을 봅니다.

초록: 얼굴이 불그락 푸르락 하면서 노랑에게 "너나 먹어라."

빨강: 씩씩거리는 숨소리를 내며 노랑에게 "뭐라고?"

감자 사건에서 닭싸움 사건까지 중간 역할을 하는 노랑이 빨강과 초록 사이에서 진땀을 뺍니다. 참다 못한 노랑이 버럭 소리칩니다.

노랑: 초록(마름의 아들 '나')을 보며 "야 이 초록아, 빨강이 널 좋아하는 거잖아, 그것도 몰라."

노랑: 다시 빨강을 보며 "점순이 너 빨강, 좋으면 좋다고 말할 것이지 치사하게 닭싸움이나 시키고."

싸움을 진정시키는 방법이 있습니다. 들고 있는 카드의 색깔을 바꿔서 말하면 됩니다. 점순이 역할을 하던 빨강이가 마름의 아들인 초록이가 되어서 무척 당황스러워합니다. 지금까지 공격하던 인물을 옹호해야 합니다. 다시 책을 펼치고 지금까지 공격하던 그 사람의 말과 행동을 자세히 읽어야 합니다. 나와 다른 행동과 생각을 이해하는 경험으로 다른 색깔에 대한 반감이 줄어듭니다. 나와 다른 색을 가진 사람을 이해하기 위해 생각의 색깔을 바꾸지 않으면 대화를 할 수 없습니다. 색깔로 표현하는 신호등 카드는 민주시민으로서의 자질을 길러 좋은 삶을 만들 수 있습니다.

질문 도구: 포토스탠딩(photo standing)과 단어강제연결법 🌿

　포토스탠딩은 사진, 그림, 광고지, 단어 카드를 활용해서 생각이나 느낌을 말하는 도구입니다. 자신이 선택한 사진이나 그림, 또는 단어를 주제와 연결하여 표현함으로써 창의적인 생각을 끄집어낼 수 있습니다. 문학 작품을 읽고 다양한 감상을 공유할 때도 사용합니다.

　"읽은 장면과 가장 유사한 그림이 무엇인가요?"

　"읽고 난 느낌과 연결할 수 있는 그림은 무엇인가요?"

　"오늘의 활동에서 느낀 점, 배운 점, 궁금한 점을 그림을 골라서 말해볼까요?"

　그림을 활용해서 읽은 글의 주제나 생각, 의견을 말합니다. 이 도구는 질문에 대한 답을 은유로 하는 도구입니다. 자신의 생각을 빗대어 표현할 수 있어서 말문을 쉽게 열 수 있습니다. 내 생각이 답이라서 안심이 되는 도구로 주로 '마음 열기' 단계에서 활용하고 때로 활동 정리 단계에서 사용합니다.

　시 '봄 길'을 읽고 그림 카드를 활용해서 말하기를 했을 때, 대부분의 아이들이 가로수가 있는 길 끝에 한 남자가 걸어가는 그림을 고릅니다. 그림을 고른 이유는 '길이 끝나는 곳에서도 길이 있다'는 시구가 인상에 남았기 때문입니다. 길이 끝나는 그곳에 무엇이 있는지 궁금해합니다. 가로수가 끝난 그곳에 가면 다른 길이 나타날 것 같습니다. 멀리서 보면 안보이지만 가까이에서 보면 새로운 길을 볼 수 있을 것입니다. 멀찍이서 보면 끝난 것 같지만 그 남자는 다른 길을 보고 있다는 상상의 말들을 합니다.

그 그림 카드 뒷면에 단어가 있습니다. '호기심'이라는 단어입니다. 그림을 고른 주인에게 그 단어와 연결해서 칭찬의 말을 하자고 제안합니다. 단어를 강제로 연결하면 창의성이 생깁니다. 하나의 아이디어로 다른 뜻을 나타내는 데 사용하는 '은유적 사고'는 창의적인 사람의 특징입니다. 그림과 연결된 단어에서 공통점을 찾아 칭찬의 말을 하는 사람과 듣는 사람들은 춤추게 됩니다. 마주한 사람과 단어의 공통점을 찾아서 칭찬의 끈으로 연결합니다.

"미선이는 '호기심'을 가지고 길이 끝난 곳에 걸어가는 그 사람을 만나러 가는 사람이야."

"너 지난번에 휴지 줍는 할아버지께 종이 상자 모아서 갖다 드렸잖아."

지은이는 원이에게

"새로운 일을 두려워하지 않고 잘하는 '호기심' 많은 예비 선생님이야."

"내가?"

"응, 너 이번에 교사 되고 싶은 학생들 모아서 동아리 새로 만들었잖아."

"응"

"원래 있던 동아리도 좋지만 네가 만든 동아리 이름이 재미있더라."

"예선전?"

"응, '예비 선생님은 전데용'이라 쓴 포스터 보고 알았지, 잘 만들었던데."

수찬이는 꽃이 가득한 사진을 골랐습니다. '하늘과 땅 사이 모든 꽃잎은 떨어져도'라는 시구에 마음이 끌렸습니다. '그냥 봄'이라서 꽃다발 가득한 그림을 고른 인이도 있습니다. 그냥 봄 옆에 혜원이는 연꽃 한 송이 그려진 그림을 골랐습니다. 가느다란 연꽃 한 송이 그려진 카드 뒷면에 '유연함'이라는 단어를 보고 명희가 말합니다.

"진흙 속에서도 피는 예쁜 꽃처럼, 너는 힘든 상황에도 '유연하게' 이겨 낼 거야."

노란색 바탕에 검정 선으로 스위치가 그려진 카드를 고른 샛별이는 혁규에게서 칭찬을 듣습니다.

"새로운 아이디어를 내는 친구를 '신뢰'하며 따라가 주는 샛별이야."

모두 칭찬의 말을 하고 듣습니다. 어두운 밤바다를 비추는 등대 그림을 고른 명희는 당황합니다. 뒷면의 글자가 '걱정'입니다. 부정의 감정이 불쑥 나타나 당황합니다. 그러나 영이가 담담하게 말합니다.

"길이 끝났다고 '걱정'하는 사람들에게 빛을 비추는 등대 같은 명희야."

걱정이 사라진 명희가 밤바다를 비추는 등대의 불빛보다 더 밝게 웃습니다.

질문 도구: 가치수직선 🌿

자신이 생각하는 가치 정도를 수직선 숫자 위에 표시하고 이유를 말하는 도구입니다.

"이 주제에 대한 견해를 숫자로 말해주시겠어요?"

라는 질문을 가지고 있습니다. 수직선 위의 숫자 0을 기준으로 강한 찬성(+5)과 강한 반대(−5)가 대화하고, 찬성(+3)과 반대(−3)가 대화할 수 있습니다. +5와 −5가 만나면 목소리가 매우 크고 강합니다. +1과 −1이 만나면 금방 끝납니다. +2와 +3, −2와 −3도 마찬가지입니다. 대화가 금방 끝나서 멀뚱멀뚱 +4와 −4, +5와 −5를 구경합니다. '+4와 +5', '−4와 −5'이 둘은 물러설 기색이 전혀 보이지 않습니다. 나머지 숫자들이 뒤돌아서서 팔을 휘휘 저어가며 말리듯 판결을 해줘야 끝이 납니다.

"자, 자, 이제 그만 하자."

최재천 분이 쓴 〈여성의 시대에는 남자도 화장을 한다〉는 책을 읽고 공감과 비공감 T자를 그렸습니다. T의 선을 기준으로 공감/비공감으로 구분해서 자유롭게 적었습니다. '평등한 사회로 가려면 할당제와 같은 강제적 정책이 필요하다.'를 '가치수직선' 위에 놓았습니다. 정은이와 태환이는 '매우 그렇다'와 '결코 매우 그렇지 않다'고 둘이 +5와 −5에서 마주 섭니다. '강제 할당제'가 역차별을 일으킨다는 것이 태환이의 주장이고 지금의 성불평등 문제를 해결하기 위해서는 강제적 정책이 필요하다면서 국회의원이나 고위 공직자의 여성할당제를 시행해야 한다고 정은이가 맞섭니다. 태환이는 '시간이 지나면 여성의 지위가 향상된다.'는 책 내용을 인용하면서 강제적 정책이 반감을 갖게 만든다고 하는데 정은이는 그 말에 대해서는 비공감이라고 또 맞섭니다. 책 내용이 상호 모순이라고 비판합니다. 여성의 지위가 향상되기 위해 시간만 기다리는 것이 아니라 투쟁과 희생이 있어야 한다는 주장의 근거로 지난 시간에 같이 읽은 〈왕가리 마타이〉 이야기를 합니다. 2와 3의 숫자들이 팔을 휘저어 말려도 멈춰지지 않습니다. 우리는 멈추게 할 수가 없었습니다. 답을 못 찾은 이 주제는 지금도 '숙제'입니다.

'수컷이란 짧고 굵게 살다 가게끔 진화한 동물이다.'
라는 주제의 가치수직선에서 −5에 서 있는 철환이는 오래 살겠다는 의지가 강했습니다. 가늘고 길게 살겠다고 버티고 있습니다. 여학생들은 수컷에 대해 알 길이 없고, 알고 싶지도 않다고 숫자 0에 서 있고, 다른 남학생들은 오래 살거나 말거나 별 관심이 없답니다. 오래 사는 것보다 어떻게 사느냐가 더 중요한 것이라며 숫자 0에 '우루루' 서 있습니다. 숫자 0이 −5, 철환이에게 말합니다.

"네가 밤 늦은 시간에 그렇게 많이 먹어서는 오래 못 산다."

당당하게 서 있던 −5가 0으로 와서 다 함께 0이 됩니다. 가치수직선을 접었습니다. 하나가 되었습니다. 가치가 충돌하지 않는 세상은 '0'입니다. 이 세상에는 없습니다.

질문 도구: DVDM 🌿

　DVDM은 Definition(정의), Value(가치), Difficulty(어려움), Mathod(해결책)의 첫 글자를 모아서 만든 용어로 특정 단어의 의미와 가치, 어려움과 해결책을 찾는 분석적 질문기법 중 하나입니다. 인간, 사회, 환경에 대한 통합적 관점의 이해를 바탕으로 질문하고 대화하기, 소통, 조직 활성화, 조직 문화, 리더십, 화합, 상생, 신뢰, 결속, 소속감 등의 주제로 대화할 때 유용한 질문기법으로 논쟁하는 대화, 토론하는 말하기의 개요서 작성에 적용할 수 있습니다.

　〈원자력 논쟁〉[30]을 읽고 원자력의 가치와 필요성, 문제점과 해결 방법 등을 분석하고 논리적으로 대화할 수 있도록 구조화된 'DVDM'을 활용했습니다. 원자력 에너지는 '인간의 삶을 이롭게 한다.'와 '해롭게 한다.'는 가치(Value)가 맞섰습니다. '인간의 삶을 이롭게 한다.'는 주장의 이유로 지속 가능한 에너지, 지구 온난화를 막는 친환경적 에너지원, 자급자족으로 획득할 수 있는 에너지라는 이유를 제시합니다. '인간의 삶을 해롭게 한다.'에서는 안전성 확보 문제, 민주적 절차성을 지니지 못한다는 점, 에너지의 실질적인 비용을 고려해볼 때 경제적이지 못한 점을 내세웁니다.

　문제점(Difficulty) 3가지를 찾아 '인간의 삶을 해롭게 한다.'는 주장의 근거를 제시합니다. 첫째, 안전성 문제입니다. 원자력 논쟁 126쪽

---

30) 양재영 외, "원자력 논쟁", 한울아카데미, 2020.

에 따르면, 원자력계의 주장보다 15배 정도 높은 수준으로 원자력 사고가 해마다 발생하고 특히 한국의 경우, 원전 밀집도가 세계에서 가장 높기 때문에 천문학적인 규모의 피해를 초래할 가능성이 높습니다. 에너지 위기 어떻게 해결할까? 150쪽에서 2011년 일본 후쿠시마 원자력 발전소의 사고 사례가 극심한 환경과 인명 피해를 초래했다고 하듯, 실제로 일본 부흥청에 따르면 후쿠시마 원전 관련 사고로 사망한 사람은 789명에 달하고 발전소 2km 근방에서는 4~7uSv/h의 상당한 방사능이 측정된다고 합니다.

둘째, 민주적 절차의 문제입니다. 원자력 논쟁 45쪽에 따르면 선행 주기에 있어 원자력안전위원회는 위원장을 포함한 총 위원 9명 가운데 야당의 임명을 받아 원전에 비판적인 2인을 제외하고는 정부의 뜻에 맞는 7인으로 구성되어 있다고 합니다. 실제로 고리 1호기 사례는 7:2의 결과로, 다수결 의사결정에서 비판적인 의견은 전혀 반영될 수 없는 구조의 모순을 보여줍니다. 그리고, 원자력 논쟁 59쪽에 따르면 실제로 2012년, 전문가들이 그들끼리 은폐하려다 우연히 밝혀진 고리 1호기 정전사고는 전문가의 바람직하지 못한 정보 공개의 범위를 보여주며 시민적 전문성은 무시되고 있는 상황입니다.

셋째, 경제성의 문제입니다. 원자력 논쟁 147쪽에 따르면, 원자력의 발전원가에는 갈등 외부 비용, 국민들의 심적 피해 등의 외부 비용 등이 포함되지 않고 있는데, 한국 환경 정책 평가 연구원에 의하면, 원자력 발전에 소요되는 직접 비용은 정부 보조금 2.4원, 위험 회피비용 3.0~203.1원 등의 사회적 비용을 합해 발전 단가가 최대

254.3원에 이릅니다.

　해결 방법(Mathod)에 대한 아이디어를 3가지 찾고 '인간의 삶을 이롭게 한다'는 주장의 근거로 제시합니다. 첫째, 원자력 에너지의 긍정적 효과입니다. 원자력 논쟁 177쪽에 따르면, 원자력이 과거 우리 경제 성장의 고도성장에 기여한 것을 부인하기 어렵고, 전력의 안전 공급에 있어 일정 수준의 원전 활용은 불가피합니다. 원자력에너지를 이용해 신재생 에너지의 활성화를 돕는다면 미래를 위한 지속 가능한 에너지의 징검다리 에너지로서 긍정적인 역할을 할 수 있습니다.

　둘째, 원자력 에너지는 친환경 에너지입니다. 에너지 위기 어떻게 해결할까? 150쪽에 따르면, 원자력 발전은 연료를 직접 태우지 않아 이산화탄소를 비롯한 온실가스를 대기 중으로 거의 배출하지 않습니다. '한국수력원자력'의 2019년 5월 자료에 따르면, 석탄 화력은 18.4g/MWh, 초미세먼지는 16.0/MWh를 배출하는 반면, 원자력 에너지는 미세먼지, 초미세먼지와 이들의 원인이 되는 질소 산화물을 전혀 배출하지 않는다고 합니다. 대표적인 환경 단체인 그린피스를 창시한 패트릭 무어는 "원자력발전소는 친환경적인 에너지이며, 지구의 미래를 위해 중요한 열쇠인 원자력 에너지를 이용하지 않으면 화석 연료 사용에 따른 환경 재앙으로 인류는 고통을 받게 될 것이다."라고 지속 가능한 에너지인 원자력의 필요성을 역설하였습니다.

　셋째, 원자력 에너지의 효율성입니다. 에너지 위기 어떻게 해결할까? 149-150쪽에 따르면, 우라늄 1킬로그램이 모두 핵분열을 일으킨다고 가정했을 때, 그 열량은 석탄 3000톤을 태우는 열량과 동일

합니다. 적은 연료로 큰 에너지를 생산하는 원전은 효율적이며, 국가의 에너지 부족 문제의 해결에 기여합니다. 국가 에너지 기본계획의 대한민국 에너지 소비 의존도에 따르면, 2007년 원자력의 의존도가 14.9인 반면 2030년에는 27.8으로 증가할 것이라 예측했듯이, 원자력이 차지하고 있는 에너지 의존도는 막대합니다.

DVDM과 같이 구조화된 질문을 따라 대화를 나누다 보면 우리 삶의 곳곳에서 문제를 발견하게 됩니다. 좋은 삶을 위해 해결할 문제를 넘어 실천의 과정으로 가는 출발선 앞에 서게 됩니다. 하나를 선택하면 다른 가치를 주장한 사람들의 삶이 힘들어지는 삶의 문제를 알게 됩니다. 선택한 가치에 의해 삶의 모습이 달라진 사례나 경험으로 쉽게 선택하거나 결정할 수 없습니다. 바람직한 선택을 위해 다양한 자료를 읽고 옳고 그름을 분별할 수 있는 대화의 자리가 필요하다는 것을 체득합니다. 원자력 에너지 사용이 인간의 삶에 미치는 영향에 대한 대화의 자리에서 인간답게 살아가는 삶의 모습을 상상하는 토론을 해 보았습니다. 질문의 자리에서 대화의 자리로 다시 질문의 자리를 오가며 생각의 힘을 길렀습니다.

〈원자력 논쟁〉을 읽고 참가한 2019년 전국단위 독서토론대회에서 최우수상을 받았습니다. 인문학의 구덩이를 파내던 몇 해 전의 토론 경험을 공유하고 공감을 얻었습니다. 삶의 문제를 이야기하는 토론의 첫 번째 주장은 객관적 사실을 다루는 통계 자료가 아니라 인문학적 관점으로 접근하자고 제안했습니다. 토론을 하는 근본적인 이유는 삶의 문제를 인식하고 바람직한 해결책을 실천함으로써 좋은 삶을 만드는 데 있습니다. 인간의 사상과 문화를 탐구하는 인문학에 뿌리를 내리고 변화를 만들어 가치의 열매를 먹는 것입니다.

'원자력 에너지는 인간의 삶을 이롭게 하는가?'라는 논제에 '원자력 에너지란 무엇인가?'를 묻고 답(Define)했습니다. '원자력 에너지는 인간의 욕구다.', '원자력 에너지는 인간의 욕망이다.'로 정의하고 입론의 첫 주장을 펼쳤습니다. '북퍼실'들은 찬성 입론의 첫 번째 근거를 매슬로우의 욕구 단계 이론을 적용하고, 반대 입론에서는 인간의 욕망에 대한 비판으로 시작했습니다.

> 원자력 에너지는 인간의 욕구를 실현하는 에너지입니다. 매슬로의 욕구 단계 이론에 따르면, 인간은 생리, 안전 등의 기본 욕구를 차례로 만족해 최종적인 목표인 자아실현을 이룰 수 있습니다. 그러나 매슬로는 죽기 전에 이 5단계 욕구 단계의 한계를 지적하며 그 피라미드가 뒤집어져야 옳았다고 말합니다. 고도의 기술이 발달하고 경제가 풍족해지는 현 세상에서는 자아실현 욕구가 인간의 가장 원초적인 욕구라는 것입니다. 인간의 자아실현에 관여하는 교육, 의료, 여가 등의 요소는 모두 에너지를 수단으로 성취하고, 여기서 막대한 에너지를 발생시키는 원자력은 자아실현의 디딤돌이 됩니다.
>
> (이하 생략) 〈전국독서새물결 제16회 독서토론대회 단체전 중학생 부분 입론, 2019.6.15.서울대학교,11:00〉

원자력 에너지의 안전성과 환경에 미치는 영향, 인간의 자아실현이 입론의 쟁점이 되었습니다. 원자력 에너지가 인간의 자아실현을 위한 욕구를 지원할 수 있을까요?, 자아실현을 위해 치러야 할 대가를 생각하는 상대편 아이들의 모습이 그려졌습니다.

투오미넨의 삼각형 🍃

우리의 교육으로 만나고 싶은 사람이 있습니다. '바른 인성을 가지고 인문학적 상상력과 과학 기술 창조력으로 새로운 지식을 창조하고 다양한 지식을 융합하여 새로운 가치를 창조하는 '창의 융합형 인재'입니다. 기초 능력의 바탕 위에 다양한 발상과 도전으로 새로운 것을 창출하는 창의적인 사람입니다. 다양한 영역에 대한 폭넓은 기초 지식과 자신의 전문 영역에 대한 깊이 있는 지식을 바탕으로, 논리적이면서도 새로운 통찰력, 융통성 있는 발상의 전환, 새로운 일에 대한 개방적인 태도 등을 통해서 새롭고 독창적인 아이디어를 산출해 내는 사람입니다.

창의적인 사람을 기르기 위해 학교에서는 먼저 창의성의 바탕이 되는 폭넓은 기초 지식과 전문적인 지식을 가르칠 필요가 있습니다. 이를 바탕으로 학교에서는 학생들이 확산적 사고 능력, 논리적이며 비판적인 능력 등을 갖추도록 합니다. 학생들이 새로운 상황을 두려워하지 않고 열린 마음으로 민감하게 대처하며, 도전 정신을 가지고 새로운 것을 창출할 수 있도록 도와 줍니다. 특히 오늘날처럼 영역 간의 경계가 허물어지고 문제해결을 위한 융합적 사고가 필요한 상황에서는, 융통성 있는 발상의 전환과 다양한 분야의 지식과 기술, 경험을 융합적으로 활용할 수 있도록 해야 합니다.[31]

"좋은 삶을 만드는 역량은 어떻게 기를 수 있을까요?"

'한국의 교육 제도가 산업화 시대에 맞는 인력 양성에 있었다.'는 앨빈 토플러의 말로 미루어 볼 때 교육에 관한 대화 주제는 먼 미래 역량보다 현재의 상황과 필요에 힘이 더 실려 있습니다. 시대에 필요한 인력을 양성하는 교육에서는 학생을 가르치지 않고 배울 수 있는 환경을 제공하는 교육, 학습 경험의 설계로 창의성을 기르는 교육은 화려한 미사여구일 뿐입니다. '미래 사회를 이끌 인재를 양성한다.'는 비전은 미래와 현재에서 드러날 수 없습니다. 오래전부터 들어온 '미래의 변화에 대응한 교육 혁신'과 '학생의 삶과 연계한 맞춤형 교육', '새로운 환경 변화에 따른 역량 함양 교육'이 새로 만들어질 교육과정에서도 강조됩니다. 그러나 2022 새로운 교육과정에 대한 기대보다는 걱정이 앞섭니다.

찬란하게 빛나는 비전과 포용성을 갖춘 창의적인 사람은 구름 아래 현실에서 대학 입시 경쟁에 내몰려 있습니다. 미래 사회를 살기 위한 자기관리 역량, 지식정보처리 역량, 창의적 사고 역량, 심미적 감성 역량, 의사소통 역량, 공동체 역량은 현재에도 중요합니다. 국

---

31) 2015교육과정 총론

민과 함께 미래형 교육과정을 준비하는 2022 개정 교육과정으로 '포용성과 창의성을 갖춘 주도적인 사람'을 만나기 위해 내일이 아니라 오늘의 교육에서 준비해야 합니다. 빛바랜 종이 같은 오늘의 교육에서 빛나는 비전을 어떻게 준비해야 할까요? 내일은 찬란하게 빛을 발할 수 있는 걸까요?

전 세계의 교육 혁신 100가지를 찾는 프로젝트를 진행하고 있는 핀란드의 투오미넨은 "인공지능보다 인간이 우위에 있는 것은 복잡한 의사소통이 가능한 것, 넓은 틀 안에서의 패턴을 인지하는 능력 그리고 창의성"이라고 합니다. 그는 생각하고 행동하기를 소홀히 다루고 일반 지식에 지나칠 정도로 치중하는 핀란드 교육 문제를 해결하기 위해 창의성 교육을 대안으로 제시합니다. 창의성 교육의 부족을 걱정하는 것은 창의성 교육이 좋은 삶을 만드는 미래 역량이 되기 때문일 것입니다. 투오미넨이 창의성 교육을 위해 제시한 '균형 잡힌 삼각형'의 세 꼭짓점에 놓인 것은 일반적 지식, 생각하는 능력, 실천하는 능력입니다.

투오미넨은 지식 중심의 교육을 개선하려는 의지를 가지고 '창의성 교육'을 위해 다양한 실패에도 열려있는 교육을 해야한다고 강조합니다. 생각하고 행동하기를 반복 순환하는 과정에서 실패하는 경험을 허용하고 더 잘 할 수 있는 기회를 주는 교육을 상상합니다. 배우는 내용에 질문을 제기는 '생각하는 꼭짓점', 생각에서 행동으로 옮겨갈 수 있는 '실천의 꼭짓점'이 균형이 잡혀야 한다고 말합니다. '생각과 실천'을 강조하는 우리나라 교육과 비슷한 상황입니다. 실천이 부족한 것은 실패에 대한 두려움 때문일까요? 1995년 마흔 살에 「포브스」가 선정한 세계 억만장자 1위에 올랐던 빌게이츠[32]는,

"성공을 축하하는 것도 좋지만 더 중요한 것은 실패의 교훈에 주의를 기울이는 것이다"

(It is fine to celebreate success but it is more important to heed the lessons of failure.)

그의 말은 실패의 두려움을 이기고 도전할 용기를 줍니다. 실패의 늪에 빠질까 두려워 시작조차 못 하는 사람에게 힘을 줍니다. 생각에 머무르지 않고 실천할 용기를 갖게 하고, 성공뿐만 아니라, 실패에서도 배움이 가능한 유연한 교육을 생각하게 합니다.

지식에 치우친 교육은 어떤 모양일까요? 균형을 강조하는 것은 '생각하는 능력'과 '실천하는 능력'의 각의 크기가 매우 작기 때문입니다. 우리의 교육은 어떤 모양의 삼각형을 그리고 있을까요? 정삼각형은 아니더라도 60도보다 약간 큰 둔각 삼각형은 그려지시나요? 지식의 각이 180도에 가까워서 직선인지 삼각형인지 구분이 안 되는 모양은 아니겠지요? 지식의 꼭짓점이 꾹꾹 다지고 누른 직선은 분명 아니겠지요? '인간이 할 수 있는 방법은 책을 읽고, 깊이 생각하고, 논의하고, 참석하고, 입을 열어야 한다.'는 투오미넨의 말은 창의성을 기르

---

32) 백과사전, 세계 슈퍼 리치, 위키백과, 빌 게이츠.

는 독서의 가치를 역설합니다. 책을 읽고 **질문하기, 대화하기, 실천하기** 과정인 북퍼실리테이션으로 투오미넨의 균형 잡힌 삼각형33)을 그려볼 수 있습니다.

질문의 키질 🌿

"질문이 정답보다 중요하다. 곧 죽을 상황에 처했고, 목숨을 구할 방법을 단 한 시간 안에 찾아야만 한다면, 한 시간 중 55분은 '올바른 질문'을 찾는 데 사용하겠다. '올바른 질문'을 찾고 나면, 정답을 찾는 데는 5분도 걸리지 않을 것이다." 〈아인슈타인〉

10년 전 ○○여자중학교에서 만난 '또우랑' 선생님은 책 읽기와 책 대화에서 의미를 발견하는 토론 수업에 열정을 갖고 있습니다. '또우랑' 선생님과 저는 '책 읽기' 말만 들어도 가슴이 뛰는 북퍼실입니다. 책 읽는 아이들을 상상하는 것만으로도 웃습니다. 왜 웃음이 나는지 정확하게 알 수 없지만 책 읽는 아이들을 생각하면 마냥 신이 납니다. 인문학적 소양 및 통합적 읽기 능력 함양을 위해 책 읽기를 강조한 2015 교육과정이 나왔을 때 무척 반가워했습니다.34)

교과와 연계한 책 읽기 수업을 할 수 있게 되었습니다. 책 읽기 활

33) 알레스 비어드, "앞서가는 아이들은 어떻게 배우는가", 아날로그(글담), 2019.
34) 2015 재정 교육과정 총론 해설, p135.

동을 하는데 눈치를 보지 않아도 된 것입니다. 책 읽기 수업은 수업이 아니라고 여기는 선입견이 있었습니다. 책 읽기 수업을 하는 교실은 너무 조용하거나 너무 시끄럽거나 둘 중 하나였습니다. 혼자 조용히 책을 읽고 수업을 마치는 교실은 너무 조용하고 반면에 책을 읽고 생각을 나누는 교실은 아이들 소리로 시끄러워 옆 교실 수업에 방해되지 않을까 눈치를 봐야 했습니다. 그래서 도서실로 갔습니다. 도서실 가서도 편치가 않았습니다. 수업을 소홀히 한다거나 수업을 하지 않는다는 비난을 각오해야 했습니다.

책 읽기를 강조한 2015교육과정이 시행된 지도 몇 해가 지났으나 여전히 어렵습니다. 학교 도서관에서도 책 읽는 사람 만나기가 쉽지 않습니다. ○○중학교 인문 독서 동아리 담당 교사였던 또우랑 선생님과 저는 아이들과 책으로 '의미 경험'의 과정인 북퍼실리테이션을 했습니다. 2학년 11명, 3학년 7명, 총 18명을 만났습니다. 750명의 아이들이 재학하고 있는 학교였으나 18명의 아이들이 책을 읽었습니다. 또우랑 선생님이 아이들에게 찾아가 의미의 거울을 비추지 않았더라면 오지 않았을 아이도 있습니다. 18명의 아이들과 북퍼실리테이션 과정을 설계하고 질문의 과정, 대화의 과정, 실천의 과정으로 진행했습니다.

'**질문의 과정**'에서는 혼자 책을 읽으면서 질문을 만듭니다. 독서가 단순히 글자를 읽는 것이 아니라 의미를 찾는 '다시 읽기'라고 할 때, 글쓴이의 생각에 자신의 생각을 덧대어 읽으면서 내용 이해, 추론, 비판, 적용, 은유 질문 만들기로 의미를 찾을 수 있게 합니다. 책 앞에 오래 머무르면서 세상과 글쓴이, 자기 자신에게 말을 걸어 봅니다. 글쓴이의 대답을 찾으러 다시 책 문을 열었다 닫는 질문의 키질을 합니다. 질문의 키질로 검불이나 티끌이 날아가고 의미의 덩이가 남게 됩니다.

처음에는 질문지를 주고 칸을 채워나갑니다. 질문을 경험한 적 없는 사람에게 질문을 열어서 의미를 찾으라고 하면 길을 못 찾습니다. '의미 경험'으로 '좋은 삶'을 만드는 목적지까지 갈 수 있도록 지도와 같은 질문지를 주어야 합니다. 의미를 찾아가는 '지도'는 숨겨진 보물을 찾으러 가는 길 안내서와 같습니다. 처음 가는 산을 혼자 올라가 본 적 있으신가요? 길 모르는 산을 혼자 오른다면 얼마나 불안하고 두려울까요? 멧돼지가 파헤친 흙더미를 보기라도 하면 겁이 덜컥 나지 않을까요? 멀리 산봉우리를 뒤로하고 오던 길로 다시 내려가고 싶지 않을까요?

글을 읽고 '하루 한쪽' 질문을 만드는 '하루 한입' 질문지는 '의미를 찾아가는 지도'입니다. 다른 의미를 만나기 전, 혼자 헤매거나 두려워하지 않도록 도와줍니다. 하루 한쪽 읽고 묻고 물어 가다 보면 금쪽같은 의미를 만나게 됩니다. 지도가 있어도 두려움이 완전히 사라지는 건 아니지만요. 한 발짝 떼볼 수 있는 용기를 갖게 합니다. 이강백의 희곡 '파수꾼'을 읽고 의미를 찾아간 지도, 질문을 키질한 예를 보겠습니다.

질문 4단계	내가 만든 질문	답하기
[1단계: 사실적 질문] 책 안에서 바로 찾을 수 있는 질문	촌장은 이리떼가 흰구름이라는 것이 밝혀지지 못하도록 파수꾼 '다'를 어떻게 설득했나요?	책에서 찾아서 말하기
[2단계: 추리, 상상 질문] 생각하고 탐색하는 질문	촌장이 말한 '이만한 나이때 누구나 한 번씩 앓는 병'은 무엇을 비유한 것일까?	책 내용을 근거로 생각을 덧대어 말하기
[3단계: 비판 질문] 책 내용, 의도, 신념 등을 비판 질문	진실을 은폐해도 되는가?	주장과 근거를 들어 논리적으로 말하기
[4단계: 적용 질문] 삶의 문제를 찾고 논제를 생성하거나 나의 삶에 적용하는 질문	논제:마을의 질서 유지를 위해 진실을 밝혀야 한다. • 내가 한 거짓말은?	토론하기 성찰하는 말하기

키질한 질문의 예 🌱

1단계 〈사실 질문〉

- 주인공의 꿈은 무엇인가
- 이 글의 핵심어는 무엇인가
- 낱말과 구의 의미를 묻는 질문
- 이 사건이 일어나 때와 장소는?

- 사람, 장소, 대상, 사건에 대한 설명과 관련된 사실적 내용을 확인하는 질문
- 글 내용에 대한 사실적 이해 질문
- 촌장이 이리떼가 있다고 거짓말한 이유는?
- 마을 사람들 역할은 누가 했고, 그 이유는 무엇인가?

2단계 〈추론 질문〉

- 글 내용을 요약하면?
- 주장에 대한 근거/ 이유는 무엇인가?
- 이 글은 무엇에 대해 설명하고 있는가?
- 설명을 위해 어떤 근거를 /예시를 제시하고 있나?
- 저자의 주장은 무엇인가?
- 촌장은 자신도 이리떼가 없다는 것을 알고 있다고 왜 '다'에게 말했을까?
- 소설을 통해 알 수 있는 파수꾼 '다'의 성격은?
- 작품을 통해 창작 시기의 모습을 유추해 본다면?
- 1970년대 시대적 배경을 고려할 때 글쓴이의 의도는 무엇인가?

3단계 〈비판 질문〉

- 근거의 타당성과 신뢰성
- 더 나은 대안, 근거를 제시해본다면?
- 저자가 이 문제에 관심을 가진 이유는?

- 이 작품에서 저자가 이렇게 결론을 지은 의도는?
- 근거와 주장의 타당성(이 근거로부터 그런 주장이 나올 수 있나?)
- 이 글의 주인공은 어떤 사람인가? 등장 인물 분석 (성격, 가치관 등)
- 그림/ 사진/ 그래프를 통해 무엇을 말하고자 하였나?
- 마을 사람들처럼 확실히 알지 못하는 것을 두려워하며 평생을 살아가는 것이 옳은 일인가?
- 질서 유지를 위해 거짓말하는 촌장을 지도자로 존중할 수 있는가?
- 마지막 장면에서 다시 망루로 돌아가 양철북을 치는 파수꾼 '다'의 모습을 통해 작가가 비판하고자 하는 바는 무엇일까?

4단계 〈적용 질문〉

- 왜 −한 것이 문제가 될까?
- 한 문제에 대한 나의 생각/ 의견은?
- 나와 −한 문제/ 상황은 어떤 관계가 있을까?
- 한 문제에 대한 나의 대안, 해결책은?
- 만약 내가 이 글의 −어떤 인물처럼 −한 상황에 놓이면 나는 어떻게 행동할까?
- 사회 질서를 유지하기 위해 거짓말을 허용할 수 있는가?
- 파수꾼 '다'처럼 두려움으로 감추고 있는 것은 없을까?
- 목적을 이루기 위한 수단은 정의로워야 한다.
- 국가 또는 사회의 안녕과 발전을 위해 개인의 자유와 권리를 통제하는 것은 용인할 수 있는가?

- 내가 파수꾼 '다'와 같은 상황에 놓인다면 어떻게 할 것인가?
- 집단의 비밀을 구성원 전체에게 공개해야 할까?
- 공동체를 건강하고 안전하게 지키기 위해 거짓을 말해도 되는가?
- 공동체의 질서를 유지하는 바람직한 방법은 무엇인가?
- 질서 유지를 위한 거짓말은 정당하다.

은유가 된 질문 🍃

책을 읽고 의미를 찾는 북퍼실리테이션은 질문이 삶이 되는 과정입니다. 질문은 '모르거나 의심나는 점을 물어 대답을 구함'입니다. 답을 구하는 것이 질문입니다. '책문을 여는 질문'은 책의 의미를 물어 대답을 구하는 물음이 됩니다. 책의 의미를 찾는 질문에 좋은 답을 하게 하는 질문이 '좋은 질문'입니다. 좋은 질문에 답을 하는 삶은 좋은 삶이 됩니다.

'좋은 질문'에 대한 답은 매우 다양합니다. '질문이 살아 있는 교실'을 쓴 유동걸 선생님은 "질문은 사랑이다.", "질문은 치유다.", "질문은 자유다.", "질문은 합리적 의심이다." 등으로 질문의 의미를 은유로 말합니다.[35] 어머니의 사랑을 알게 한 질문, 말더듬이 왕자를 치

---

35) 유동걸, "질문이 있는 교실", 한결하늘, 2015.

유해서 연설을 할 수 있게 한 질문, 드라마로 방영되어 잘 알려진 만화 '미생'과 수능 기출 문제에 나온 신채호의 '아(我)와 비아(非我)의 투쟁'을 논하면서 삶의 주체로 살리는 질문, 미국의 배심원 제도를 다룬 법정 영화 〈12인의 성난 사람들(12Angry Men)〉에서 합리적 의심으로 변화를 만든 질문 등이 '좋은 질문'이 될 것입니다. 좋은 질문이 살려낸 삶의 모습이 살고 싶은 마음이 가득해진 '좋은 삶'이기 때문입니다. 그의 책 표지에서 '질문이 인문학의 꽃'으로 비유된 것을 보면 질문이 우리 삶을 꽃처럼 피게 할 것이라는 기대를 갖게 합니다.

아이작 유는 그의 책 〈질문 지능〉에서 생각을 자극하고 혁신을 유도하는 질문의 효과를 알려줍니다. 제임스 파일(JMES O. PYLE), 메리앤 커린치(MARYANN KARINCH)가 짓고 권오열이 옮긴 책, 〈질문의 힘〉에서는 '원하는 것을 이끌어 내는 탁월한 한마디'가 질문이라고 합니다. 이 책은 좋은 질문과 나쁜 질문, 다양한 질문법 등을 소개합니다. 그래서 "질문은 삶이다."라고 말할 수 있습니다. 좋은 질문은 좋은 삶으로 연결됩니다. 질문이 우리 삶을 꽃피게 할 것입니다.

질문이 대화의 과정에서 살아날 수 있게 이끌어주는 것이 있습니다. '질문을 살리는 힘'으로 소개된 '경청, 칭찬, 공감하고 격려하기, 비언어적 대화 등을 그 예로 제시합니다.[36] 질문을 잘 하기 위해 해야 할 것들입니다. '비언어적 대화'는 반언어적 요소인 어조와 성량, 말하는 속도와 크기, 물리적 거리인 공간 언어, 침묵과 같은 시간 언

---

36) 김현섭, "질문이 살아 있는 수업", 수업디자인 연구소, 2015, p226.

어, 색깔과 온도, 시설, 기자재를 포함한 환경 언어 등을 말합니다.

질문을 살리기 위해 '관찰'을 넣어줍니다. '비언어적 대화'를 잘하기 위해서는 주의 깊은 '관찰'이 있어야 합니다. 대화 주체의 행동과 참여 수준, 활력의 수준을 세심하고 주의 깊게 살펴서 대화의 과정을 이어 가야 합니다. '관찰'이라는 단어에서 사람이 사물화된 대상으로 여겨질 수 있습니다. '관찰'이라는 단어에 거부감을 가지는 분들께는 '관찰'을 '적극적 관심', '사랑'으로 대신할 수 있다고 말씀드립니다. '관찰' 곧 적극적 관심과 사랑은 삶을 살리는 힘을 가지고 있습니다.

〈사랑의 은유〉

사랑은 무엇입니까
사랑은 적극적 관심입니다
관심은 관찰입니다.

관찰은 무엇입니까
관찰은 자세히 들여다보는 것입니다.
자세히 들여다보는 것은 오래 보는 것입니다.

오래 보는 것은 무엇입니까
오래 보는 것은 꽃입니다.
꽃피는 것을 보는 것입니다.

사랑은 꽃피는 것을 보는 것입니다.

당신은 어떤 꽃이 피기를 기다리나요?

당신은 어떤 꽃을 피우고 있나요?

질문이 살아 있는 수업을 하고 싶은 분들은 김현섭의 '질문이 살아 있는 수업'으로 키질을 하면 도움이 됩니다. 교육학자 블룸(Bloom)의 교육 목표 분류 체계인 지식, 이해, 적용, 분석, 종합, 비판에 따라 질문의 수준을 소개한 것 외에 핵심 질문, 출발 질문에서 도착 질문까지 모두 해볼 수 있도록 안내합니다. 질문이 궁금한 사람들을 위한 책이 많고, 좋은 질문을 소개해 놓은 책이 많습니다. 그러나 가장 중요한 것은 사랑과 관심을 가지고 질문을 하는 것입니다.

'대화의 과정'은 서로 영향을 주고받으며 소통하고 사회적 상호 작용이 일어나는 과정입니다. 개인의 질문이 상호 작용의 과정에서 다른 질문과 만나 공유의 질문이 됩니다. 공유된 질문 중에는 공통의 관심사가 되는 '관심 질문', 중요하게 생각되는 '주요 질문', 우선 해결해야 할 '현안 질문', 다른 사람이 생각하지 못한 '창의적 질문', 시간을 가지고 깊이 연구할 '탐구 질문'이 한가득 자리를 차지합니다. '북 퍼실'은 질문과 질문이 만나서 의미의 덩어리를 만들 수 있도록 상호 작용을 촉진합니다. 대화를 촉진하는 가장 핵심적인 기술도 '질문'입니다. 파편화된 의미의 조각을 엮는 구조화된 질문으로 핵심 과제를 찾아냅니다. 핵심 과제를 공유하는 과정에서 공통의 관심사를 알 수 있습니다. 개인 질문을 나누는 상호작용의 과정으로 핵심 주제나 논제를 만나게 되는 것입니다.

'북퍼실'은 대화의 과정을 잘 진행하기 위해 기법과 절차를 알고 있습니다. 다양한 기법을 익히고 능숙하게 도구를 사용해야만 하는 것은 아닙니다. 책으로 대화의 자리에 앉는 사람 누구나 '북퍼실'이 됩니다. 독서 대화의 자리에 오래 머물고 싶은 사람, 그 사람과 함께 책 이야기를 나누고 싶은 사람이면 됩니다. 더 오래 그리고 좀 더 의미 있는 대화를 만들고 싶은 마음을 가진 그 사람이면 충분합니다. 좋은 질문으로 대화를 오래 하고 싶은 사람이 알아두면 좋은 질문 도구 몇 개를 알고 적용하면 됩니다. 'DVDM외에도 ERRC, ORID, GROW' 같은 구조화된 질문이 많습니다.

하브루타 공부법을 소개한 전승수·고현승의 책, 〈질문이 있는 교실〉에는 학습을 전제한 '좋은 질문'에 대해 몇 가지 소개합니다. **첫째, 생각을 촉진하고 사고를 정리해주는 질문입니다.** 영감을 주고 좋은 아이디어가 생각나게 하는 질문입니다. **둘째, 무엇을 묻는지 분명해야 합니다.** 짧고 간결하여 이해가 잘 되는 질문입니다. **셋째, 상대방 입장을 생각하고 건네는 질문입니다.** 곤란하게 하거나 망신을 주지 않아야 합니다. 존중하고 배려하는 질문입니다. **넷째, 상대방이 질문을 하도록 돕는 질문입니다.** 질문을 독점하지 않고, 상대방의 호기심을 자극하고 내적 동기를 갖게 해서 질문의 주체로 세워주는 질문입니다. 아이들이 생각한 좋은 질문은 생각을 깊이 하고 정답이 없는 질문(답이 있으면 계속 생각할 수 없어서), 예, 아니오로 답할 수 없는 질문,

자신의 생각을 자유롭게 펼칠 수 있는 질문(자유로운 생각을 펼치게 되면 좋은 아이디어가 나와서)입니다.[37] 상대방이 질문을 하도록 돕는 질문이 제일 좋습니다. 그가 가진 관심사나 가치관, 동기, 문제를 알 수 있게 되니까요. 나의 질문이 아니라 너의 질문에서 대화 주제를 찾고 함께 나누는 것을 중요하게 생각합니다.

'**실천의 과정**'은 의미를 소통하는 행위인 읽기의 과정, 북퍼실리테이션 과정에서 찾은 그 의미를 실천하는 과정입니다. 질문과 대화에서 찾은 것들, 알게 된 것, 느낀 것, 배운 것, 개선할 것 등을 정리해서 자기 삶에 품는 것입니다. 의미를 엮어서 찾은 실천 과제를 '자신의 과제'로 인식합니다. 의미를 품고 실천 과제를 생각하며 살아가는 것입니다. 책에서 발견한 의미를 되새기는 것만으로도 삶에 변화가 있습니다. 질문의 흔적을 따라 걸어와서 다시 뒤돌아보면 시작점보다 더 좋은 삶을 만든 자신과 세상을 보게 됩니다. 갈등하는 사람의 심리를 세밀하게 묘사하여 심리 소설을 개척하고, 1947년에 노벨 문학상을 받은 프랑스 소설가 '앙드레 지드'가 말합니다.

"나는 한 권의 책을 책꽂이에서 뽑아 읽었다. 그리고 그 책을 꽂아 놓았다. 나는 이미 조금 전의 내가 아니다."

---

37) 앞의 책, p245.

지식의 전이 🌿

교육학 용어에 '학습의 전이'[38]가 있습니다. 교육을 받고, 학습 내용을 유지하고, 현업으로 돌아가서 학습한 내용을 실행에 옮기는 일련의 과정을 의미합니다. 하나의 맥락(context)에서 이루어진 학습이 그 후 다른 맥락에서의 학습 효과에 영향을 미치는 것으로 앞에 실시했던 학습이 뒤에 실시할 학습에 영향을 주는 것을 의미합니다.

단편적인 지식을 외우는 것으로 지식의 전이가 일어나기는 어렵습니다. 개념과 개념 간의 관련성을 이해하고 여러 상황에 통합하여 사고하고, 학습한 지식이 삶으로 전이 되도록 해야 합니다. 현실로 전이되지 않는 지식 교육이 삶과 유리된 '창백한 지식인'을 기른다는 비판의 대안으로 역량을 강조합니다. '역량'이란 '단순히 지식을 소유하고 있는 상태가 아니라 과제수행을 위해 자신이 가진 지식이나 기술, 전략 등을 재조정하고 능동적으로 운용할 수 있는 능력'[39]으로 아는 것을 실생활에 활용할 수 있는 절차적 지식과 관련이 깊습니다. 대화의 과정을 거쳐 실천의 과정까지 진행하는 북퍼실리테이션은 지식의 전이가 일어나는 과정, 지식을 운용할 수 있는 역량을 기르는 과정이라 할 수 있습니다.

학습이라는 용어를 대신하여 배움을 강조하는 '배움의 공동체' 사

---

38) 한국기업교육학회, 《HRD용어사전》, 중앙경제, 2010.

39) 박민정(2009), 「역량기반 교육과정의 특징과 비판적 쟁점 분석」, 「교육과정 연구」, 27(4). p182.

토 마나부(2003)는 배움으로의 전환을 촉구하면서 공부와 배움의 차이는 만남과 대화의 유무에 있다고 말합니다.

'공부'가 무엇과도 만나지 않고 아무런 대화도 없이 수행되는 것에 비해, '배움'은 사물이나 사람이나 사항과 만나고 대화하는 행위이며, 타자의 사고나 감정과 만나고 대화하는 행위이고, 자기자신과 만나고 대화하는 행위라고 생각한다.(사토 마나부, 2003:65)

배움의 세계는 대상이나 타자, 그리고 자기와 끊임없이 대화하는 세계이다. 자기를 내면에서 허물어뜨려 세계와 확실한 끈을 엮어가는 세계이다. 또는 보이지 않는 땅으로 자신을 도약시켜 거기에서 일어난 일을 자신의 것으로 연결하는 세계이다. 그리고 자신의 행복을 위해서뿐만 아니라 행복으로 이어지는 많은 타자와 함께 행복을 탐구해가는 세계이다. 앞으로 아이들과 더불어 아이들과 함께 배워가는 것, 그 실천 이외에는 방법이 없다.[40]

만남과 대화를 특징으로 하는 '배움'은 삶과 연결되는 지식의 전이를 통해 가능해질 것입니다. 북퍼실리테이션은 책에서 알게 된 지식이 삶으로 전이될 수 있도록 대화의 과정에서 실천의 과정까지 이어갑니다. 실천적 지식을 만드는 북퍼실은 읽기 자료를 매개로 독자와 텍스트, 독자와 독자가 더 깊이 만날 수 있도록 대화를 촉진하는 역

---

[40] 서경혜, "교사학습공동체", 학지사, p223.

할을 합니다. 북퍼실은 지식의 전이와 역량을 기르는 시간의 다림질을 합니다. 다림질하는 데 걸리는 시간과 도구는 옷감의 상태와 모양에 따라 달라집니다. 주름이 적은 옷은 약하고 낮은 온도에서 쓱싹쓱싹 가볍게 잘 펴집니다. 분무기로 물을 뿌려서 간단히 펼 수 있습니다. 주름이 많은 옷은 강하고 높은 온도에서 꼼꼼히 눌러가며 시간을 들여야 합니다. 분무기로는 어림도 없습니다. 원하는 주름을 잡고 싶은 만큼 정성을 들여야 할 때도 있습니다. 개개의 삶에 잡힌 주름을 잘 살펴서 적절한 도구와 온도를 조절하며 책 읽기의 다림질, 북퍼실리테이션을 해야 합니다.

　미래 핵심 역량인 창의성을 기른 북퍼실리테이션의 자리를 소개합니다. 창의적 인성 요인의 점수가 높아지고 특히 호기심 요인이 성장한 S중학교 북퍼실리테이션의 과정을 따라가 보겠습니다. S중학교 아이들 18명과 함께 읽은 첫 책은 〈천년만년 살 것 같지?〉입니다.

의미 경험 1: 「천년만년 살 것 같지?」 🍃

〈목적〉

미래 핵심 역량인 의사 소통 역량, 창의적 역량을 기른다.

〈결과물〉

• 질문과 질문이 만나는 대화의 과정에서 의미를 재구성하는 경

험을 공유한다.

- 대화의 과정에서 발견한 의미를 공유하고 실천 과제를 도출한다.
- 버츄 카드를 활용하여 '환경'을 주제로 글쓰기를 한다.

사회적 상호작용 과정으로서의 '읽기'의 본질을 질문-대화-실천의 과정인 북퍼실리이션으로 구현해 봅니다. '혼자 읽기'의 조용한 자리에서 일어나 대화의 자리에서 다른 의미를 만납니다. 책을 읽고 난 후 독자마다 인상적인 장면이 다른 것은 경험의 다양성에서 비롯되는데 다양한 경험을 만나는 '대화의 과정'에서 더 큰 의미가 만들어집니다. 직접 경험이나 간접 경험이 학습 수준과 질을 결정하게 되는데 북퍼실리테이션의 '대화의 과정'은 의미 경험의 수준과 질을 결정하는 데 영향을 줍니다.

나넘세꿈 2기를 자칭한 18명의 아이들이 변화를 위한 질문의 자리에 앉았습니다. S중 아이들도 세상의 변화를 기대하며 자신의 한계를 극복하는 '나넘세꿈'의 가치와 '북퍼실의 철학'에 공감하였습니다. 북퍼실리테이션의 자리에서는 자유롭고 안전함을 느낄 수 있도록 해야 합니다. 어떤 말을 해도 존중되고 보호받을 수 있는 허용적 분위기는 생각을 만드는 옥토와 같습니다. 안전한 공간을 만드는 '그라운드 룰'을 만들었습니다. 어떤 의견, 어떤 생각, 어떤 느낌도 소중하게 여기고 존중하며 경청하겠다는 약속의 새끼손가락을 꼭꼭 걸었습니다.

〈천년만년 살 것 같지?〉를 읽고 여럿이 함께 대화하는 방법으로 '번개'를 가져온 것은 첫 만남의 어색함을 극복하고 한정된 시간에 모든 이의 생각을 쉽고 빠르게 공유하는 데 효과가 있기 때문입니다. 모두가 동등한 입장에서 간단한 단어로 다른 사람의 생각을 듣고 자신의 생각을 정리할 수 있는 기회를 제공합니다. 책 읽기에 익숙하지 않고 책 대화에 낯설어하는 아이들이 부담감을 갖지 않고 말해볼 수 있습니다. 책의 소제목 중에서 가장 관심 있는 단어 말하기를 주제로 한마디씩 합니다. 꿀벌, 저어새, 삵, 주목, 수달, 귀신고래, 산천어, 연어, 남생이 등의 소제목을 한마디씩 뽑습니다. 삵, 귀신고래는 이름이 특이해서, 크리스마스 트리로 사용되는 나무가 우리나라 구상나무라는 사실을 새롭게 알게 되어서, 산천어 축제에 다녀온 경험이 있어서 등, 단어를 말한 이유를 듣는 재미가 솔솔 합니다.

말문이 열리자 봇물이 터진 듯, 말 주머니를 만들어야 할 상황이 됩니다. 단어를 연결한 문장을 칠판에 적어서 쏟아지는 말들을 담아야 했습니다. 참가자의 말들을 기록으로 남겨서 다시 보면 의미를 재구성하는데 도움이 됩니다. 그래서 북퍼실리테이션의 역량 가운데 '기록 관리'가 있습니다. 형식과 절차가 엄격한 디베이트까지 가 볼 힘이 생겼습니다. S중학교 아이들의 3월은 번개처럼 빠르게 지나갔습니다.

〈천년만년 살 것 같지?〉를 읽고 진행한 대화의 과정에서 환경 문제의 심각성과 환경 보호의 중요성을 알게 되었습니다. '4단계 질문지'를 들고 계단을 오르듯 한 단계 한 단계 오르면서 의미를 찾아갔습니다. 사실 질문, 상상 질문을 넘어서 비판과 적용 질문을 만들었습니다.

서로의 생각을 확인하는 '번개 토론'을 시작으로 '그림 카드'를 활용한 '단어강제연결법', 환경과 관련하여 자신의 생각을 정리하고 실천 과제를 찾았습니다. 대화 과정에서 환경을 지키는 실천이 있어야 한 다는 자성의 목소리가 나왔습니다. 대화의 과정에서 찾은 환경 실천 과제는 '양산타워 조사하기'였습니다. 학교를 오고 가며 늘 보았고, 멀리서도 볼 수 있는 양산타워는 그냥 지나치는 건물이었으나 북퍼 실리테이션 '대화의 과정'에서 굴뚝에서 나오는 연기가 어떤 성분인 지 궁금해졌다고 합니다. 지역난방공사의 소각장 굴뚝을 타워로 만 든 것이라는데 소각하는 내용물에서 나오는 연기가 해롭지 않은지, 연기의 성분을 누가 검사하는지를 궁금해했습니다. 나넘세꿈 2기는 양산자원회수시설 오염물질 농도 현황을 조사했고, 일산화탄소, 질 소산화물, 황산화물, 염화수소, 먼지 농도가 TMS 법적 기준치보다 낮다는 사실을 알고 안심했습니다. 국내 최초의 열분해 용용방식을 도입해서 생활 쓰레기를 고온의 열로 녹여 유해가스 배출 농도를 낮 출 수 있었다고 조사한 내용을 자세히 소개했습니다. 소각장 견학 방 법도 친절히 안내해주었습니다. 전시실, 북카페도 있다고 좋아했습 니다. 근심의 구름이 사라진 얼굴이 해처럼 맑아졌습니다. 환경이 삶 의 질을 결정한다고 누군가 힘주어 말했습니다.

북퍼실리테이션 과정으로 생각에 머무르지 않게 되었습니다. 현실 문제에 대한 인식과 대안을 찾고 실천하는 '의미 경험'으로 변화를 생 각할 수 있게 되었습니다. 무심코 지나쳤던 양산타워는 북퍼실리테 이션 이후 지역의 환경과 삶을 생각하는 당산나무 같은 것이 되었습 니다. 양산의 파란 하늘을 지키는 높고 든든한 탑처럼 든든한 미래를 상상하게 되었습니다. 환경을 지키는 실천을 강요하지 않아도 되었습니다. 문제를 인식하고 다양한 해결 과제를 찾아가는 북퍼실리테이션으로 자발적 참여와 변화를 위해 실천하는 사람이 되었기 때문입니다.

〈실천할 과제 목록〉
- 강원도 테마파크 '레고 랜드' 건설과 관련한 변화 조사하기
- 환경보호를 위한 다양한 활동 사례 조사해서 나눔 하기
- 나의 생활 습관 중 지구 환경 변화에 영향을 줄 수 있는 것들 찾아 실천하기
- 미세먼지 발생 원인과 실태 조사, 그리고 중국의 태도 등 신문 자료 조사 발표하기
- 지구 환경 보존을 위한 나의 생활 규칙 10(우리의 약속 10) 정해서 실천하기
- 우리나라 유네스코 세계자연유산 소개하기
- 갯벌을 지속 가능하게 이용하는 방안 제시하기
- 에너지 절약 방법을 그림으로 표현해보기
- 우리 지역의 자연환경 조사(프로젝트 활동으로 결과물 전시), 보전 활동하기
- 환경친화적 대체에너지 개발 사례 조사해서 공유하기
- 백두산과 비무장지대(DMZ)가 갖는 지리적 의미와 특성 조사 발표하기

- 근대화, 산업화의 장점과 단점 분석하기
- 평창올림픽 개최의 영향에 대해 조사하기

〈토론 논제〉
- 산업혁명은 인간의 행복을 증진시켰다.
- 겨울에 열리는 동계올림픽 개최해야 한다.
- 일회용 사용을 규제하는 법률을 강화해야 한다.
- 국가 경쟁력을 높이기 위해 친환경제품을 개발해야 한다.

버츄 카드에서 선정한 미덕 하나를 뽑아 읽고 그 단어를 활용한 글쓰기로 실천의 과정을 마쳤습니다. Y가 뽑은 미덕은 '배려'였습니다. '배려'의 사전적 의미는 '여러 가지로 마음을 써서 보살피고 도와주다.'입니다. 버츄 카드에서의 '배려'는 '주위 사람이나 사물에 관심과 애정을 기울이는 것'입니다. 매사에 주의를 기울이고 사물을 조심스럽게 다루는 '배려'는 세상을 좀 더 안전한 곳으로 만들어 주는 미덕으로 소개됩니다. '배려'의 카드를 뽑은 Y는 다음과 같이 의미를 품었습니다.

집에서 학교 가는 길옆 공원에는 노란 민들레가 피어 운동 나온 어른들의 눈인사를 받는다. 오늘도 나는 평상시와 똑같이 늦게 깨워 준 엄마에게 짜증을 내고 바쁘게 학교로 왔다. 지각하는 시각이 가까워 뛰다 서다를 하면서 겨우 지각을 하지 않았다. 〈천년만년 살 것 같지?〉를 읽고 친구들과 이야기하면서 노란 민들레가 생각났다. 책에 나오는 나무, 물고기, 식물은 조금만 관심을 가지고 보면 알 수 있는 것들이었다. 내가 다니는 학교 길에 핀 민들레가 흔한 꽃이라 관심을 주지 않았는데 '사물을 조심스럽게 다루고 지구에 관심과 애정을 가져주세요.'가 적힌 '배려' 카드를 보면서 민들레의 눈을 보고 작은 꽃이 하는 말에 귀를 기울여야겠다는 생각을 했다. 작고 흔하다고 소중하게 다루지 않았던 것 같다. 3학년이 된 새봄에는 학교지각하지 말라는 잔소리를 듣지 않겠다고 다짐했지만, 작년 봄과 달라진 게 없었다. 내일 아침에는 일찍 일어나 학교 오는 길에 민들레의 이야기를 듣고 와야겠다.

〈북퍼실리테이션 과정〉

단계	개요	활동 내용	비고
1 [질문]	책문 열기	**[개인적 의미]** • 사실 확인 질문, 내용 상상 질문, 비판 및 삶에 적용하는 질문 만들기	4단계 질문지
2 [대화]	• 인상 깊은 내용 소개하기 • 자신의 느낌과 관련 있는 이미지 설명 • 주사위놀이판을 활용하여 사실적 이해 확인 • 상호질문과 답으로 내용 이해	**[의미 재구성]** • **마음 열기**: 인상 깊은 소제목 말하기 • **생각 열기**: 프리즘 카드 (그림 카드) 카드를 고른 이유를 듣고 비슷한 내용을 말한 사람끼리 모여 대화하기 • **생각 확장**: 36가지 단어(책에서 찾은)가 제시된 주사위 판을 만들고 주사위를 던져 나온 칸의 단어 설명 (사실적 이해) −선정된 단어 설명으로 정독의 필요성 인식 　• **생각 공유**: 4단계 질문지를 가지고 회전목마처럼 돌면서 다른 독자를 만나 대화 하기 　• **의사결정**: 대화 과정에서 관심 있는 주제 선정	번개토론 포토스탠딩&단어강제연결법 주사위 놀이판 (책에서 찾은) 36개의 단어 회전목마 브레인라이팅 멀티 보팅
5 [실천]	버츄카드를 활용한 글쓰기와 실천 과제 도출	**[의미 품기, 실천 과제 찾기]** • 우리 마을 조사하여 발표 • 실천 과제 도출 • 버츄 카드에서 단어 선정하여 글쓰기	브레인라이팅 단어강제 연결법

의미 경험 2: 시를 읽는 다섯 개의 꽃잎과 5Why 🌿

〈목적〉
미래핵심 역량인 심미적 감수성, 창의적 사고 역량을 기른다.

〈결과물〉
- 시를 감상하는 다섯 개의 꽃잎 질문지로 시를 감상하고 자신의 경험과 성찰을 담아 정서를 표현하는 글을 쓴다.
- 심미적 체험을 소통하기 위한 글쓰기 후 의미를 공유한다.

우리가 살아가는 시대는 과거와는 다른 능력이 필요합니다. 지식이 확장되던 시대에는 지식을 소유하는 것만으로도 우위를 차지할 수 있었습니다. 그러나 지금은 소유의 차원이 아니라 지식을 재구성하는 창조적 능력이 필요한 때입니다. 그래서 미래 역량에서 창의성을 가장 우선으로 제시하고 있을 테지요. 의사소통 능력, 비판적 사고, 협업 능력과 함께 창의성이 강조되는 것입니다. 창의성과 인성이 중요한 교육과제로 제시되면서 학교 교육과정은 창의적 인재가 가져야 할 '심미적 감성 역량'도 제시합니다.

2015교육과정 총론에서 제시한 '심미적 감성 역량'은 인간에 대한 공감적 이해와 문화적 감수성을 바탕으로 **삶의 의미와 가치를 발견**하고 향유하는 역량입니다. 예술의 본질, 원리, 형식 등 미를 식별하고 가늠하는 심미안을 가지고 어떤 일을 경험하거나 생각할 때 일어나는 여러 가지 감정 또는 감정을 유발하는 주위의 분위기나 기분에 호응할 수 있는 능력입니다. **삶의 의미와 가치를 발견하고 실천하는** 북퍼실리테이션의 자리에서 시를 읽는 것은 심미성이 창의성과 연관되기 때문입니다.

심미적 감성 역량은 문화 향유 역량과 같은 자리에서 길러질 수 있습니다. 우리의 문화는 시를 읽고 대화를 나누는 자리를 어색해 합니다. 좋아하는 시를 들려주려고 당겨 앉으면 뒤로 물러앉으며 대화의 찻상에 마주 앉기를 부끄러워합니다. 시를 읽고 대화를 나누는 자리를 애써 마련해야 수줍은 얼굴로 시를 꺼내 놓습니다. 귀뚜라미 울어대는 가을밤에라야 겨우 시를 읊어볼 수 있습니다. 선비나 학자들이 시를 짓고 읊조리던 문학의 맛과 멋이 사라졌습니다. 선비나 학자가 사라진 풍류의 정자를 대신한 것은 무엇일까요?

자연 상태의 사물에 인간의 작용을 가하여 만든 문화는 생활 양식의 전부를 일컫습니다. 생활 양식이 변하기 때문에 문화도 변합니다. 식자층이 누렸던 풍류의 정자를 대신하여 우리 삶에 지은 것이 무엇일까를 생각하면 걱정되는 것이 있습니다. 스마트폰·인터넷의 사용으로 인한 정보화 역기능에 대한 객관적인 현황을 파악하기 위해 과학기술정보통신부와 한국지능정보사회진흥원에서 조사한 '2021년 스마트폰 과의존 실태 조사'에서 스마트폰 과의존 고위험군이 해마다 상승했고, 특히 청소년이 전년 대비 1.2%p 증가한 37%로 가장 높았습니다. 과의존위험군 비율은 학생 33.1%, 무직 27.9%, 전문/관리직 23.3%, 사무직 23.1% 순으로 학생층에서 높게 나타났습니다. 스마트폰 이용 시간을 조절하는 것에 실패한 경험, 스마트폰이 옆에 있으면 다른 일에 집중하기 어렵다는 응답자가 청소년층에서 가장 많았습니다. 2014년 미래창조과학부의 보도자료에 의하면 우리나라 국민 중 약 72%가 스마트폰을 사용 중이고 중독 위험성이 증가 추세에 있는 것으로 조사되어 범정부 차원에서 중독예방과 해소를 위한 대응방안을 마련하였다고 합니다. 지금까지도 인터넷 및 스마트폰 과다 사용 개선을 위한 정부의 노력이 효과를 거두지 못한 결과를 보고 있습니다.

청소년층의 90% 이상이 게임 경험이 있고 70% 이상이 하루에 평균적으로 1시간 이상씩 게임을 한다는 조사를 미루어 게임이 청소년의 대중적인 여가 생활이 되었음을 짐작할 수 있습니다.[41] 게임에 몰입하는 우리 청소년의 문화는 괜찮을까요? 로마가 지중해의 패자가 된 데에는 그리스 문명에 대한 동경과 높은 교양을 가진 사람에 대한 존중으로 자신의 문화를 고양하는 데 있었다고 역사가들은 말합니다.(시오노 나나미, 〈로마인 이야기〉, 「로마는 하루아침에 이루어지지 않았다」 서문에서) 시를 읽고 시가 전하는 향기와 모양, 시의 색깔로 채우는 시간이 많아졌으면 합니다. 문학의 맛과 멋이 있는 풍류의 정자에서 시의 잔을 시냇물에 띄우는 것이 게임을 하는 것과 같이 평범한 일상이 되었으면 합니다. 스마트폰에서 시를 열고 친구와 시로 대화하는 맛과 멋을 알게 되기를 바랍니다.

---

41) 한국콘텐츠진흥원 누리집. 교사, 학부모에게 들려주는 청소년 게임문화 이야기. 2019.5.2. 등록.

하루에 2시간 이상 게임에 몰두하는 날이 일주일에 4일 이상인 학생들의 뇌파가 지적 기능을 담당하는 전두엽이 활성화되지 않는 '치매 상태의 뇌파'와 같아진다는 모리 아키오 니혼대학교 교수의 저서 '게임뇌의 공포'의 공포스러운 소식에 귀를 닫지 말아야 합니다.

유진 피터슨은 그의 책 '거룩한 그루터기'에서 '시를 감상하는 것은 꽃 앞에 앉아 꽃의 모양, 색깔, 향기를 느끼는 것과 같다'고 했습니다. 그러나 시 한 구절을 붙들고 깊은 맛을 느끼기 어려운 현실입니다. 시 수업에 대한 기억을 더듬어보면 시에 사용된 표현법을 외고, 시의 화자와 정서에 공감하기보다는 시의 소재와 주제를 까먹을세라 전전긍긍 외우던 장면이 눈앞을 가립니다. 칠판에 가득 적힌 시인 소개와 주제, 배경, 표현법을 외느라 시의 정서는 까마득하였습니다.

문학 작품을 통해 즐거움과 깨달음을 얻고 타자와 소통하는 문학의 본질을 북퍼실리테이션으로 구현해 보았습니다. '왜'를 묻는 다섯 번의 질문으로 작품을 수용하고 삶과 관련지어 성찰하는 '5why'와 버츄 카드에서 단어를 골라 의미를 풀어내는 심미적 체험을 했습니다. 자신의 질문을 적어 다음 사람에게 주고 다음 사람은 질문에 답을 하고, 다음 사람이 다시 질문하고 답하는 반복의 과정 5why를 거쳐 최종 결론에 도착합니다. 질문과 답의 반복 과정에서 앞에서 했던 질문으로 돌아가는 순환논리에 빠지지 않도록 주의해야 합니다. 생각의 연결고리로 뜻밖의 결론에 도달하는 질문인데 다섯 번이 힘들면 세 번을 해도 됩니다. 색깔 펜을 정해 질문의 주인이 누구인지 쉽게 찾아갈 수 있게 합니다. 정호승의 시 '봄 길'로 5번의 '왜'를 걸어가겠습니다.

1WHY. 첫 번째 학생이 질문합니다. 봄 길을 걸어가는 사람은 길이 끝났는데 '왜' 걸어가는가?

2HWY. 두 번째 학생이 답합니다. 힘든 상황에서도 포기하지 않고 살기 위해서, 그리고 이어서 질문합니다. 힘든 상황이 '왜' 생겼을까?

3WHY. 세 번째 학생이 답합니다. "강물이 멈췄고, 꽃이 떨어지고, 새는 안 오니까 내적 문제가 아니라 외적인 문제다." 그리고 질문합니다. 외적으로 힘든 상황이 생긴 이유가 무엇일까?

4WHY. 네 번째 학생이 답합니다. "외적인 문제로 인식하는 그 사람의 내적 문제일 수 있다. 같은 상황에서 어떤 사람에게는 문제이고 어떤 사람에게는 문제가 안 되는데 문제 상황이라고 말하는 것은 그 상황을 개인적인 문제로 받아들였기 때문이다. 그렇다면 '왜' 이 사람은 꽃잎이 떨어지는 외적인 상황을 자신의 문제로 받아들였을까?"

5.WHY. "자신의 문제로 받아들인 사람은 목표가 있는 사람이기 때문이다. 목표가 없는 사람은 세상이 어떻게 돼도 신경도 안 쓴다. 사람은 '왜' 목표를 가져야 하는가?"

결론. "인간은 환경의 지배를 받는 수동적 인간이 아니라 극복하는 능동적인 존재로 자신의 삶을 만드는 주체이기 때문에 목표를 가져야 한다."

시 대화 첫 번째 질문과 결론을 연결하면, '길이 끝났는데도 길을 걷는 것은 환경의 지배를 받는 수동적 인간이 아니라 극복하는 능동적 존재로 자신의 삶을 만드는 주체이기 때문'이라는 문장을 만나게 됩니다.

한 사람이 질문과 답을 할 때 어려움이 있으면 같이 해도 됩니다. 5why가 끝나고 최종 결론을 만들기까지 대화의 과정을 가집니다. 결론의 내용으로 다시 대화의 과정을 더 진행한 후 발견한 의미와 연관되는 단어를 버츄 카드에서 뽑아 글쓰기를 할 수 있습니다.

5가지 질문을 만드는 과정에서 화자의 소리에 귀를 기울이고 화자의 말에 답하며 즐거워했습니다. 시를 시답게 배우고 가르치지 못한 이전 수업을 반성하게 되었습니다. 시 속에서 말하는 이, 시 밖에서 말하는 이를 깊이 응시할 수 있는 다섯 개의 질문 끈으로 성찰의 매듭을 지었습니다.

시 대화를 나눈 후 버츄 카드의 미덕과 연결하여 의미를 품는 글을 잘 쓸 수 있습니다. 시를 읽고 감상문을 쓸 때의 막막함이 줄어들고 감상적인 한 줄 문장에 힘이 실립니다. 풍성한 대화에서 가져온 의미의 덩어리가 커졌기 때문입니다. 그리고 미덕의 단어는 주제의 일관성을 유지할 수 있는 안내자 역할도 해줍니다. 그 단어와 의미를 연결해서 쓰기 때문에 방향을 잃지 않습니다. 시와 삶을 연결하는 글쓰기, 의미를 품는 글쓰기로 실천의 과정을 마무리했습니다. 버츄 카드에서 '끈기'를 선택한 E의 글에는 5WHY의 대화가 녹아 있었습니다. 중학생 시기에 의미를 발견하는 활동과 의미를 추구하는 경험으로 행복한 사람이 될 수 있을 것입니다.

    힘든 상황에서도 포기하지 않고 살아가는 봄길의 사람과 내가 뽑은 미덕 '끈기'가 닮았다. 끝없이 걸어가는 사람은 끈기를 가지고 자신이 해야 할 일을 개척하는 사람이다. '끈기'의 미덕을 살펴보면 '무엇에 헌신할 것인지 그 대상을 현명하게 선택하라'라는 말이 있다. 봄길을 걷는 사람은 무엇에 헌신하고 싶었을까? 이 시에서 헌신의 대상은 '목표를 잃고 살아가는 사람'이라고 생각한다. 목표를 잃고 힘들게 살아가는 사람을 위로하는 마음이 느껴진다. 끝없이 걸어가는 사람처럼 '끈기'를 가지고 살아가자'라고 위로하는 듯하다. 우리는 수동적 존재인가? 능동적 존재인가? 수동적인 존재라고 말하는 사람은 끈기를 갖지 못해 물살에 떠밀려가는 사람일 것이다. 우리는 능동적 존재이다. 끈기를 가지고 물살을 거슬러 오르기도 하고, 물가에 닿기도 하면서 목표를 향해 살아야 한다.

〈북퍼실리테이션 과정〉

단계	개요	활동 내용	비고
1 [질문]	책문 열기	**[개인 의미]** • '다섯 개의 꽃잎'으로 시 '봄 길' 읽기	다섯 개의 꽃잎 질문지
2 [대화]	시를 읽고 다섯 질문과 답으로 대화하기	**[의미 구성]** • 마음 열기: 주제: 시의 내용과 닮은 사람은? • 생각확장 —시 읽고 질문하고 답한 후 질문지 전하기 —다음 사람은 앞사람의 질문과 답을 읽고 질문하고 답하기 (반복: 참가자 수만큼) • 의사 결정 —모둠원 모두 최종 결론 쓰고 대화하기 • 의사 공유: 모둠 내 대화 내용 정리후 공유	번개 5why
3 [실천]	버츄 카드 활용한 글쓰기	**[의미 품기, 실천 과제]** • 버츄 카드 또는 프리즘 카드 • 카드에서 뽑은 단어로 글쓰기	단어강제 연결법

시를 감상하는 '다섯 개의 꽃잎'

다섯 개의 꽃잎은 시의 의미를 찾아가는 지도입니다. 꽃이
파리에는 시의 내용을 이해하고 감상하는 다섯 개의 질문이
있습니다. 의미의 향기를 품고 있는 꽃이파리와 말해 봅니다.

꽃잎 하나. 시의 화가가 처한 상황이나 시 속 이야기는?

꽃잎 둘. 시를 읽고 그려지는 그림, 이미지는?

꽃잎 셋. 곱고 순수한 시의 마음을 담고 있는 시어, 핵심시어는?

꽃잎 넷. 시의 마음을 드러내 주는 표현법은?

꽃잎 다섯. 이 시를 읽으면 어떤 노래가 생각나?

잎사귀 두 개에는 이 시를 읽고 떠오른 질문을 적어봅니다. 나의 물음을 새긴 잎사귀를 떼서 시의 찻상에 마주한 사람에게 줄 다과 같은 질문입니다. 이산화탄소와 물, 빛이 만든 양분이 뿌리로 열매로 가듯이 질문이파리는 의미의 열매를 맺을 수 있도록 합니다.

의미 경험 3: '왕가리 마타이' 🌿

〈목적〉

미래 역량인 의사 소통 역량, 공동체 역량, 창의적 사고 역량을 기른다.

〈결과물〉

- 인물이 겪은 비슷한 상황을 떠올려 보고 현실 문제를 해결할 방안을 찾는다.
- 글에서 자신의 진로나 관심사와 관련된 내용을 찾아 실천 과제를 도출한다.

글을 읽으면서 글에 나타난 정보나 배경지식과 관련지어 문제를 해결하는 능력을 기를 수 있습니다. 독자는 글을 읽고 의미를 구성하는 과정에서 여러 가지 문제에 직면하게 됩니다. 모르는 단어가 나오기도 하고 의미가 애매하거나 모호한 문장도 있습니다. 주제가 직접 드러나 있지 않아서 추론해야 할 때도 있고 내 의견과 맞지 않아 비판할 때도 있습니다. 그래서 책을 읽는 과정은 글을 읽으면서 발생하는 여러 가지 인지적인 문제를 해결하는 행위라고 할 수 있습니다. 문제를 해결하는 과정으로서의 읽기를 할 때는 글에 나타난 정보를 단서로 자신의 배경지식을 활용하며 읽습니다.[42] 읽기를 통해 서로 영향을 주고 받으며 소통하는 사회적 상호 작용인 독서는 글을 읽고 난 후 자신만의 의미를 구성하는 것에 그치지 않고, 자신이 속한 구체적인 상황과 사회·문화적 맥락에서 상호 작용하며 의미를 만드는 경험까지 포함합니다.[43]

프랑크 프레보의 〈왕가리 마타이〉를 읽고 '에르디아 토론'을 적용하여 북퍼실리테이션을 해보았습니다. '에르디아'는 편안한 분위기에서 생각을 기록한 후 말할 수 있도록 해서 말하기에 대한 불안감을 감소시키는 '슬로우 리딩' 도구입니다. 〈왕가리 마타이〉는 짧은 글이지만 다양한 현실 문제를 가진 평전입니다. 대화 과정에서 여성 차별과 인종 차별, 결혼과 이혼, 환경 문제, 정치·사회 문제를 해결하기 위한 저항의 방식 등 다양한 주제가 나왔습니다. 자신의 질문을 들고 다른 독자를 찾아가 대화를 나누는 활동을 반복한 후, 개인이 생성한 질문을 평가하여 최종 모둠 질문을 선정하였습니다. 둘씩 짝을 지어 대표 질문을 정하고 다시 4명이 하나의 질문을 선정하는 대화 과정을 거치면서 논리적으로 말하는 방법을 배웠습니다. 피라미드 토론

---

42) 국어과 교육과정(제 2015-74호), p44.
43) 같은 책, p59.

으로 최고의 질문을 찾았습니다. 4명이 한 팀이 되어 모둠 내 최고의 질문을 선정하고 다른 모둠이 만든 질문을 만나 의미의 대결을 한 후 하나의 질문이 최종 선정되었는데 교사들로부터 칭찬을 받은 질문이 있습니다. "독재자의 불의에 저항하는 것은 독재자를 선출한 시민으로서 책임 있는 행동이지 않을까?"였습니다. 이 질문을 바탕으로 '책임 있는 시민으로서의 역할'이 대화 주제가 되었고, 책임 있는 시민으로서 실천할 과제 TOP3를 만들었습니다.

〈실천 과제 TOP 3〉

TOP 1. 읽고 듣는 것에 비판적인 의견을 제시할 수 있다.

TOP 2. 나와 다른 의견을 존중하고 배려하는 태도를 가진다.

TOP 3. 바람직한 일, 올바른 일, 선한 일을 위해 노력하는 것을 가치 있게 여긴다.

북퍼실리테이션에서 '실천의 과정'을 강조한 것은 책 읽기가 변화의 가치를 실현할 수 있기를 바라기 때문입니다. 〈왕가리 마타이〉를 읽고 찾은 실천 과제 3가지가 삶에 녹기를 바랍니다. 일상생활에서 읽고 듣는 것에 비판적인 의견을 제시하고, 나와 다른 의견을 존중하고 배려하는 태도를 가지도록 노력합니다. 바람직한 일, 올바른 일, 선한 일을 위해 노력하는 것을 가치 있게 여기는 실천 과제가 삶으로 스며들어야 할 것입니다.

〈북퍼실리테이션 과정〉

단계	개요	활동 내용	비고
1 [질문]	책문 열기	**[개인 의미 발견]** • 4단계 질문지 • 2단계, 상상 질문 중심으로 생성	4단계 질문지

2
[대화]
	• 책 내용에서 관심을 가진 단어나 사건
	• 재편성한 모둠원들과 대화 후 최고의 질문선정
		[의미 구성]
		• **마음 열기**: 보배 단어, 관심 단어 말하기
		  −선정 단어에 대해 이유 말하기
		• **생각 확장과 공유**
		  −질문지 들고 이동하기
		  −이동한 사람은 질문자, 나머지는 답변자
		  −3번의 이동 후 모둠 구성하여 질문 나누기
		  −포스터 잇에 자신이 생각한 주제 붙이기
		  −각자 적은 내용 설명하기
		• **의사 결정**
		  −모둠의 최고 질문 선정하여 대화 후 공유, 전체 최고 질문 정하기
		• **생각공유**
		  −최고의 질문으로 대화하기
			번개토론
			ARE논증
			
			회전목마
			
			피라미드토론
			멀티 보팅

3 [실천]	쓰면서 성찰하기	**[의미 품기, 실천 과제]** • 모둠판에 자신의 영역을 정해 느낀점, 배운 점, 개선할 점, 실천 할 점 등을 거미줄 모양의 선을 그어가며 적는다. • 모둠판을 돌려가며 해당 영역의 학생 이름을 보고 그 학생의 칭찬할 점을 기록한다.	거미줄 토론

의미 경험 4: '여성의 시대에는 남자도 화장을 한다' 🍃

〈목적〉
미래 역량인 의사 소통 역량, 창의적 사고 역량을 기른다.

〈결과물〉
- 듣기 말하기는 의미의 공유 과정임을 이해하고 공감과 비공감 T
  차트로 의미를 재구성한다.
- 이성적 설득, 감성적 설득, 인성적 설득 등 설득의 전략을 사용
  하여 말한다.

북퍼실리테이션 '실천의 과정'을 삶의 문제를 해결하는 토론으로
진행할 수 있습니다. 비판 질문과 적용 질문으로 대화하는 과정에서
논제를 발견하기도 하고, 토론을 위해 제시된 논제의 주장과 근거를
찾는 대화의 과정을 거친 후 실천의 과정에서 가장 바람직한 해결책
을 찾기위해 토론할 수 있습니다. 대립하는 관점에서 말하는 토론이
격렬해지는 것은 선택한 대안에 따라 삶의 모습이 달라지기 때문입
니다. 말로 하는 전쟁에 비유되기도 하는 토론이 갈등과 대결의 상황
이나 대립하는 말하기로 끝나서는 안 됩니다. 실천의 과정에서 토론
은 선택한 대안에 따라 달라질 삶의 변화를 상상하고, 바람직한 변화
를 위해 주장의 타당성과 논리성, 합리성 등을 판단하여 실천 과제를
품을 수 있어야 합니다.

책을 읽고 토론할 때는 다양한 독서 경험을 충분히 활용하고 읽은 책의 내용을 근거로 주장합니다. 저자의 주장에 공감과 비공감, 찬성과 반대의 입장에서 비판적으로 읽고, 다른 독자를 만나는 대화의 과정에서 찬성과 반대, 각각의 입장에서 의미를 재구성합니다. 다양한 의견을 만나는 대화의 과정으로 자신의 생각과 입장을 정리할 수 있게 됩니다. 다양한 의견을 듣고 입론을 세우면 토론의 결과가 의견 대립으로 끝나지 않고, 어떤 대안이 더 타당하고 합리적인지 객관적 입장에서 판단하고 바람직한 선택을 할 수 있습니다.

승패를 판정하는 토론 대회에서는 입론의 타당성과 문제 해결력, 논리성과 창의성 등을 평가받게 됩니다. 심사하는 사람만 입론을 평가하는 것이 아니라 함께 있는 모든 사람이 평가자의 관점에서 평가할 수 있어야 합니다. 토론에서의 교차 질문은 평가자의 관점에서 주장과 근거의 타당성, 논리성, 합리적이고 바람직한 대안을 확인하는 것입니다. 그러나 토론하는 상대방에게 날선 감정으로 대하는 상황을 자주 봅니다. 서로 다른 의견으로 문제의 대안을 찾아가는 토론이 익숙하지 못한 데 그 원인이 있습니다. 토론은 상반된 견해를 피력하고 쟁점이 되는 문제를 해결하는 소통의 과정이라는 공감대가 넓어져야 합니다.

다른 견해에 반론을 제시하는 것은 사람에 대한 공격이 아니라 의견의 타당성과 논리성을 평가하는 것으로 생각해야 합니다. 토론은 갈등을 해결하고 바람직한 해결책을 찾아 실천하기 위한 협업의 과정으로, 의견이 맞서는 대결에서 출발하지만 화해와 공존으로 이어지는 평화의 정신을 품고 있습니다. 〈여성의 시대에는 남자도 화장을 한다〉를 읽고, T차트를 적용한 대화의 과정을 거쳐 화해와 공존으로 가는 교차질의식 토론으로 실천의 장을 만들었습니다.

'생각 확장' 단계에서 가치 수직선 위에 놓을 공감과 비공감 내용을 찾았습니다. 공감/비공감의 정도를 수직선 숫자 위에 스티커를 붙여 파악했습니다. '평등한 사회로 가려면 할당제와 같은 강제적 정책이 필요하다.'는 비공감 주제가 강한 대립 논제로 선정되었습니다. 실천의 과정에서 '교육대학 입학생의 남학생 비율을 늘려야 한다.'는 논제로 교차질의식 토론을 했습니다. 남자와 여자가 화해하고 공존하는 세상을 만들기 위해 실천 과제를 마련하는 것이 쉽지 않은 논제였습

공감 내용	비공감 내용
• 부모의 성 함께 쓰기 운동 　-개인적으로 따르기 좀 불편하지만 서양에서는 흔한 일이고 어떤 형태로든 바뀌어야 하는 풍습이라는 점에는 동의한다. 　-남녀평등을 추구하는 시대에 아직도 아버지의 성을 따라야만 한다는 것이 모순이라고 생각되었다. • 남성화장품 시장이 조만간 황금알을 낳는 시장이 될 것이다. • 여성이 사회 주류로 등장하는 것은 시간 문제이다. • 더 이상 누가 누구를 지배하지 않는 평등한 세상을 만들어야 한다. • 수 세기 동안 남성 우위, 여성지위가 향상되지 않았다.	• 아들을 기대하고 지었던 이름을 받아 살아가는 여성들은 당당하고 매력적이다. • 남성들은 가장의 멍에를 멋고 나면 훨씬 더 홀가분하게 그리고 기분좋게 할 수 있는 일들을 늘 무거운 마음으로 하고 있다. • 수컷이란 '짧고 굵게' 살다 가게끔 진화한 동물이다. • **평등한 사회로 가려면 할당제와 같은 강제적 정책이 필요하다.** • 일찍이 남자가 뜻을 세우긴 해도 결국 여자 뜻대로 된다 • 인공수정 기술이 발달하면 남자가 필요 없는 세상이 들이닥칠 수도 있다. • 인공자궁을 개발하면 대부분의 여성들이 임신이라는 고통스러운 일을 자처하지 않을 것이다.

니다. 해결할 문제를 인식하는 것이 삶의 모습을 바꾸는 시작점이라고 생각하며 마무리했습니다.

〈북퍼실리테이션의 과정〉

단계	개요	활동 내용	비고
1 [질문]	책문 열기	**[개인적 의미]** • 4단계 질문지 • 3단계, 비판 단계 중심으로 질문 생성	4단계 질문지

2 [대화]	공감/비공감 팀 만들기 전체 논제를 만들기 위한 가치수직선 대화	**[의미 재구성]**
		• 마음 열기: 번개 토론: 화장은 ○○○이다
		• 생각 확장: 공감/비공감으로 책 내용 이해하기
		• 생각 공유: T차트 내용으로 짝 대화하기
		• 의사결정: T차트 내용 중에서 논제 정하기
		  −논제: 가치수직선 주제에서 의견 대립이
		  분명한 것
			T차트 브레인라이팅 페어 톡 가치수직선

3 [실천]	각각의 역할에 따른 입론서 작성 토론으로 해결책 마련	**[의미 품기, 실천 과제]** • 토론을 위한 입론서 완성 및 토론하기	교차질의식 토론

• T차트: 주제에 대한 두 개의 다른 관점을 생각해 볼 수 있게 하는
  도구

[관점 예시] 좋은 점/ 안 좋은 점, 도움이 되는 것/ 방해가 되는 것,
        장점/단점, 원인/결과, 과거/현재, 개념과/예시, 단어/정
        의, 가설/결과, 경험/느낌, 기회/장애, 희망/염려, 전/후,
        편리성/ 불편함, 미흡/개선방안, 실행/미실행

의미 경험 5: '행복한 청소부' 🍃

〈목적〉

미래 역량인 의사 소통 역량, 문화향유 역량, 심미적 감수성, 공동체 역량, 창의적 사고를 기른다.

〈결과물〉

- 자신의 가치 있는 경험을 개성적인 발상과 표현으로 형상화 한다.
- '행복한 학교 만들기' 프로젝트와 연계하여 행복학교 프로젝트 주제를 찾는다.

작가는 작품을 통해 자신의 고유한 생각, 취향, 가치관을 표현합니다. 작가의 가치관에 공감할 수도 있고 다른 관점에서 작가의 견해를 비판할 수 있습니다. 〈행복한 청소부〉는 모든 사람이 보편적으로 추구하는 '행복'에 대한 공감을 전제로 합니다. 좋은 기분, 좋은 평가, 좋은 의미를 가질 수 있는 삶의 모습을 생각하면서 북퍼실리테이션을 했습니다. '행복한 학교'에서 성장하는 아이들이 행복한 문화를 향유하고 다른 사람의 행복에 기여하는 사람이 될 것입니다. 자신의 행복과 타인의 행복에 기여하는 성숙한 사람이 될 것입니다. 파란색 이미지가 선명한 〈행복한 청소부〉를 읽고 행복한 학교, 좋은 삶이 있는 학교를 만들기 위해 실천 과제를 정했습니다. '행복학교 제안서' 작성을 위해 행복의 정의와 가치, 행복하지 못했던 경험과 그 원인을 분석하고 해결 방법을 마련하는 'DVDM' 질문 도구를 적용했습니다.

〈행복한 청소부〉를 읽고 '마음 열기' 과정에서는 PANAS 감정 목록'
이 적힌 단어 카드를 가지고 말문을 열었습니다. 행복한 청소부를 읽
은 후 갖게 된 감정을 감정 목록에서 뽑아 말해 보았습니다.

단어 목록에서 많이 선택한 단어는 '관심 있는, 집중하는, 신나는'
이었습니다. 책을 읽기 전에 가졌던 부정 감정에서는 '불안한, 짜증
난, 괴로운'이었습니다. 기말시험 전이라 아이들이 힘들었던 모양입
니다. 시험을 준비하는 시간이 행복하지 않았나 봅니다. 행복한 청소
부를 읽고 자신이 '관심 있는' 것이 무엇인지를 생각했습니다. 거리의
표지판을 청소하는 일은 중요하지 않아 보였고, 좋아하는 일이 될 것
같지 않은데 청소부는 그 거리의 표지판을 깨끗하게 보일 뿐만 아니

〈PANAS 감정 목록〉

긍정 감정	부정 감정
• 관심 있는 • 신나는 • 강인한 • 열정적인 • 자랑스러운 • 정신이 맑게 깨어 있는 • 영감받은 • 단호한 • 집중하는 • 활기찬	• 괴로운 • 화난 • 죄책감 드는 • 겁에 질린 • 적대적인 • 짜증 난 • 부끄러운 • 두려운 • 조바심 나는 • 불안한

라 새것처럼 보이게 했다는 구절에서 자신이 하는 일에 관심을 가져야겠다고 합니다. 청소부는 자신이 하는 일에 '집중한' 사람이었기 때문에 음악과 글이 같은 것임을 발견하고 신나게 일할 수 있었다고 평가합니다.

> "아하! 말은 글로 쓰인 음악이구나. 아니면 음악이 그냥 말로 표현되지 않은 소리의 울림이거나. 아저씨는 생각했어." 〈행복한 청소부 본문에서〉

자기가 하는 일에 **관심을 가지고 집중하면 신나는** 일이 생기는 것이라고 세 단어를 연결해서 A가 말했습니다.

'생각 열기' 과정에서는 책에서 '보배 단어' 찾기를 해보았습니다. 사랑, 글루크, 크리스마스 선물, 시립 도서관, 고정 관념, 계속 등이 나왔습니다. 고정 관념을 쓴 B에게 그 구절을 읽어보자고 했습니다.

> "지나가던 사람들이 그것을 듣고는 걸음을 멈췄어. 파란색 사다리를 올려다보고는 깜짝 놀랐지. 그런 표지판 청소부는 한 번도 만난 적이 없었거든. 대부분의 어른들은 표지판 청소하는 사람 따로 있고, 시와 음악을 아는 사람 따로 있다고 생각하잖니. 청소부가 시와 음악을 알 거라고는 상상도 못하지. 그런데 그렇지 않은 아저씨를 보자 그들의 고정 관념이 와르르 무너진 거야. 그들의 **고정 관념은** 수채통으로 들어가, 타버린 종이 조각처럼 산산이 부서졌어."

이 구절을 읽은 B가 많은 사람의 고정 관념을 깨고 나라를 구한 이야기를 해주었습니다. 다윗과 골리앗 이야기였습니다. 블레셋과 이스라엘이 전쟁하던 시기에 양치기 소년이었던 다윗이 키가 크고 몸집이 큰 골리앗 장수와 맞서 싸운 이야기를 들려주었습니다.

다윗은 아버지의 요청으로 전쟁터에 나간 형들을 찾아갔습니다. 블레셋 장수 골리앗이 한참 이스라엘을 향해 소리치고 있던 그때 다윗이 그곳에 도착했습니다.

"네가 누구이기에 모욕하느냐!"

아무도 나서지 못하는 상황에 다윗이 나섰습니다. 사울 왕이 자기가 쓰고 있던 갑옷과 칼을 다윗에게 주었으나 맞지 않았습니다. 익숙하지가 않았던 것 같습니다. 사울 왕이 자기 옷과 칼을 줄 때 다윗의 체구를 모를 리 없었을 텐데 자기 것을 건네준 것을 보면 몸에 맞지 않은 것이 아니라 잘 다룰 수 없었던 것 같습니다. 양치기 소년에게 익숙한 것은 칼이 아니라 평소에 이리나 큰 짐승에게서 양들을 지킬 때 사용한 돌멩이입니다. 큰소리를 치던 장수가 다윗의 물맷돌에 맞아서 쓰러졌습니다.

이 이야기가 고정 관념과 어떻게 연결되는지를 물었습니다. 양을 치는 양치기 다윗이 전쟁터의 큰 장수를 이길 수 없다고 형들이 말렸고, 다윗이 지면 나라를 잃게 되는 상황인데 양치기에게 나라의 운명을 맡길 수 없다고 생각한 것이 '고정 관념'이라고 말했습니다. 모든 사람들이 당연하게 생각하는 것이 고정 관념이라고 하면서 고정 관념을 넘는 사람이 되어야 한다고 했습니다. 고정 관념에서 벗어나기 위해 평소 하던 일에 관심을 가지고 집중해야 한다는 말을 덧붙였습니다. 〈행복한 청소부〉에 나오는 '청소부'와 성경에 나오는 '다윗'은 평소 자신이 하는 일에 관심을 가지고 집중하는 공통점이 있다는 등의 이야기를 했습니다.

'행복한 학교란 무엇인가'를 정의하는 'D(Define)'칸에 '학생과 교사가 소통, 성장하는 학교, 친구와 즐겁게 수업하는 학교, 친구들과 재미있게 쉴 수 있는 학교'가 적혔습니다. 학교생활이 행복해야 공부가 잘되고, 행복을 경험한 사람이 많아야 사회 전체가 행복해질 것이라는 기대를 제시했습니다.(Value). 친구와의 관계, 학교 폭력, 대학 입시, 공부 부담감, 갈등과 대립, 틀에 갇혀 있는, 소통이 없는, 선생님과의 세대 차이, 교장 교감 선생님과의 소통이 없는, 주입식 교육 등이 문제점으로 나왔습니다.(Difficulty) 폭력 없는 학교를 만들기 위한 '예방 교육'을 해결책으로 제시했습니다.(Method)

행복한 청소부를 읽고 난 후 학교의 행복과 자신의 행복을 동시에 증진하는 방법을 찾았습니다. '행복한 청소부'가 늘 오르락내리락하는 파란 사다리가 제안서 어딘가에 놓이길 바랐습니다. 늘 오가는 학교에서 행복한 노래가 들려오기를 바랐습니다.

버틀란트 러셀(Btelant Russel)은 '행복의 정복'에서 자기본위의 관심을 피하고 사고가 자신에게 묶이는 것을 막는 '사랑과 관심'을 강조합니다. 개인의 행복에 치우치지 않고 타인을 향한 사랑과 관심을 유지하는 것이 행복의 문을 여는 열쇠라고 말합니다. 폭넓은 관심을 가지고 타인의 관심사와 흥미를 살필 때 행복한 사회를 만들 수 있습니다. 행복한 사람 되기를 바라는 학생들이 최종 선택한 주제는 **'모두 즐거운 수업'**이었습니다. 브레인라이팅으로 적은 포스터 잇에 '강의식 수업 X'가 있었습니다. 지식을 주입하는 강의식 수업이 힘든 모양입니다. 모두 즐거운 수업을 하기 위한 실천 과제 3가지를 선정하고 실천의 과정을 마쳤습니다.

〈북퍼실리테이션의 과정〉

단계	개요	활동 내용	비고
1 [질문]	책문 열기	**[개인 의미]** • 4단계 질문지 • 3단계, 비판 질문 중심으로 생성	4단계 질문지
2 [대화]	학교에 대한 다양한 경험 나누기	**[의미의 재구성]** • **마음 열기**: PANAS 감정 목록 단어 • **생각 열기**: 보배 단어 적고 말하기 • **생각 확장** 　-DVDM 　-정의: 행복한 학교에 대한 정의 　-가치: 행복한 학교 생활의 필요 　-문제: 학교에서 행복하지 못할 때 　-해결 방안: 원인에 대한 해결 방안 찾기 • **의사 결정** 　-해결 방안 중 우선 순위 정하기 　　(우선순위 기준: 지속가능성, 실현가능성) • **생각 공유** 　-선정 주제 공유	브레인라이팅 DVDM 브레인라이팅 멀티 보팅 의사결정표 (디시즌그리드)
3 [실천]	행복한 학교 제안서의 주제 선정	**[의미 품기, 실천 과제]** • 행복한 학교 제안서에 담길 내용 정리 후 공유	

〈행복한 학교를 만드는 즐거운 수업 실천 과제〉

TOP 1. 각자의 생각이 드러나는 의사 소통 수업을 한다.

TOP 2. 수업에 적극적으로 참여한다.

TOP 3. 선생님과 학생이 서로 존중하면서 수업한다.

창의적 사고 역량과 북퍼실리테이션 🌿

　우리나라 중학교 교육과정 총론(2018-162호)에서 제시한 창의적인 사고 역량은 폭넓은 기초 지식을 바탕으로 다양한 전문 분야의 지식, 기술, 경험을 융합적으로 활용하여 새로운 것을 창출하는 역량으로 소개되어 있습니다. 여기에는 인지적 측면에서의 창의적 사고 기능으로 유창성, 융통성, 독창성, 정교성, 유추성 등이 하위 요소로 포함됩니다. 또한 정의적 측면에서의 창의적 사고 성향으로서 민감성, 개방성, 독립성, 과제집착력, 호기심, 자발성 등이 포함됩니다. 서로 다른 분야의 지식과 기술들을 융합하여 의미 있고 새로운 것을 산출하는 사고 능력인 융합적 사고도 하위 요소입니다.

　한국교육과정개발원(KARIS)에서 제시한 창의적 인성 요인은 호기심, 과제집착력, 위험 감수, 심미적 감수성, 판단의 독자성, 사고의 개방성입니다. 책을 읽고 **질문의 과정, 대화의 과정, 실천의 과정으로 진행한** 북퍼실리테이션에서 창의적 인성 요인의 변화를 확인하였습니다. 의미의 문을 여는 '질문의 과정', 책 대화가 활발하게 일어날 수 있도록 도구와 기법을 선택하고 절차에 따라 대화하는 '대화의 과정', 대화의 과정에서 재구성한 의미를 품고 실천하는 '실천의 과정'으로 유의미한 결과가 나타났습니다. 창의적 인성 요인 중에서 새롭거나 신기한 것에 끌리는 '호기심' 요인의 결과가 눈에 띄게 높았습니다.

창의성 연구의 선구자, 심리학자인 토렌스(Torrance)는 창의성이 있는 아이들은 권위 있는 의견에 의문을 제기하는 경향, 관련 없는 생각들 사이에서 관계 제시하기, 통찰력 있는 관찰과 질문을 한다고 합니다. 북퍼실리테이션의 자리가 많아질수록 질문의 내용이 달라지고 질문에 답하는 것을 어려워하지 않았습니다. 질문이 많아져서 주어진 시간 안에 대화를 끝내기가 쉽지 않은 상황은 북퍼실리테이션 과정을 지켜본 '또우랑' 선생님의 노트에서 확인할 수 있습니다.

A는 첫 시간에 조용히 앉아 다른 사람의 말 듣기를 좋아하였다. 자신의 생각을 말할 때 차분한 태도로 말하기는 하였으나 적극적으로 말하지는 않았다. 대화의 자리가 거듭될수록 질문이 점차 늘어가는 것이 눈에 띄었다.

B는 상대방의 질문에 논리적으로 답한다. 대화의 자리에 함께 갔던 교사로부터 칭찬을 들었다. 그 교사의 수업 시간에서는 볼 수 없는 장면이라 했다. 형식과 절차가 엄격한 디베이트에 강점을 보였다. 〈원자력 논쟁〉을 읽고 원자력에너지 사용과 관련하여 '경제성, 안전성, 환경적 측면'에서 장점과 단점을 파악하고 논제의 쟁점을 분석하는 능력이 탁월하였다.

C는 독서량이 많아져서 생각하는 수준이 남달랐다. 특히 혼자 책 읽는 것을 좋아해서 전체 공유가 어려울 수 있겠다는 생각이 들었으나 점차 다른 사람의 의견을 적극적으로 듣고 말한다. "이건 놀라운 변화"다. 교우관계가 넓지 않고 낯가림이 심한 아이였는데 변했다. 북퍼실리테이션 과정에서 다른 사람의 말을 듣고 난 후 자신의 생각을 덧붙이면서 반대 의견을 차근차근 제시하는 태도의 변화가 확연하였다.

D는 〈왕가리 마타이〉를 읽고 생성한 질문 내용이 창의성이 있다는 평가를 받았다. "독재자의 불의에 저항하는 시민 운동은 독재자를 선출한 시민으로서 책임 있는 행동이지 않을까?"라는 질문으로 깊이 있는 감상을 했다는 평가를 들었고 이후 D의 비판적 질문은 전체 대화 주제로 선정되었다.

E는 매시간 적극적으로 질문을 나누고 자신과 다른 생각에 공감을 잘해 상대방이 자신감을 갖게 하는데 특별함이 있었다. "아하, 응, 그렇구나."라는 감탄사로 말하는 이에게 자신감을 주어 짝 대화에서 인기가 있었다. 모둠원의 생각을 잘 정리하여 전체 공유하기 활동을 좋아하고, 다수의 학생들의 질문에 답변을 차분하게 잘했다. 논리적 분석력을 가지기 위해 집중하여 듣고, 논거 하나하나 짚어가며 말했다. 말하는 시간이 자꾸 길어져서 다른 친구가 발을 동동거렸다.

토론 학습의 효과에 대해 연구한 Dillon(1994)은 토론 학습은 다른 사람들과 다양한 관점을 탐색하고, 새로운 의미를 발견하는 과정에서 교과 내용을 자연스럽게 학습한다고 보고합니다. 또한, 의사소통 능력과 민주적 태도, 협동심을 기르는 효과가 있다고 주장합니다. 주어진 문제를 효과적으로 해결할 뿐만 아니라 주제에 대한 논의를 통해 다양한 대안을 접하고 평가하게 된다고 합니다.

북퍼실리테이션에서도 이와 유사한 주장을 할 수 있습니다. 북퍼실리테이션 과정을 진행하기 전에 실시한 창의적 인성 요인 검사와 실시 후의 검사를 비교한 결과에서 중요한 변화를 확인하였습니다. 창의적 인성 요인 전 영역에서 긍정적 변화를 확인했습니다. 북퍼실리테이션 과정에 참여하지 않은 비교집단과의 검사 결과에서는 더 큰 차이가 있었습니다.

〈표 호기심 요인의 변화〉

실험집단	측정시점	영역 총점	평균	차이	표준편차	표준오차
호기심	사전검사	20	15.78	2.33	3.28196	0.77356
	사후검사	20	18.11		2.08324	0.49102
과제집착	사전검사	20	16.00	0.67	2.61219	0.61570
	사후검사	20	16.67		2.47339	0.58298
심미성	사전검사	16	12.72	0.17	2.19104	0.51643
	사후검사	16	12.89		2.13896	0.50416
위험감수	사전검사	20	16.94	0.89	2.55463	0.60213
	사후검사	20	17.83		2.20294	0.51924
사고의 개방성	사전검사	20	17.50	0.5	1.82305	0.42970
	사후검사	20	18.00		1.64496	0.38772
판단의 독자성	사전검사	12	9.44	0.12	1.38148	0.32562
	사후검사	12	9.56		1.19913	0.28264

〈표 실험집단과 비교집단의 사후 검사 결과〉

실험집단	집단유형	영역별 총점	평균	차이	표준편차	표준오차
호기심	실험집단	20	18.11	4.22	2.08324	0.49102
	비교집단	20	13.89		2.02598	0.47753
과제집착	실험집단	20	16.67	2.78	2.47339	0.58298
	비교집단	20	13.89		2.19328	0.51696
심미성	실험집단	16	12.89	1.72	2.13896	0.50416
	비교집단	16	11.17		2.06512	0.48675
위험감수	실험집단	20	17.83	3.05	2.20294	0.51924
	비교집단	20	14.78		1.43714	0.33874
사고의 개방성	실험집단	20	18.00	3.06	1.64496	0.38772
	비교집단	20	14.94		2.31294	0.54516
판단의 독자성	실험집단	12	9.56	2	1.19913	0.28264
	비교집단	12	7.56		1.33823	0.31542

　북퍼실리테이션에 참가한 집단(실험집단)과 그렇지 않은 집단(비교집단)의 사후 검사 총점의 t값은 5.986이며, 자유도(df)는 34, 유의확률이 0.000로 p<.001 수준에서 두 집단 간 차이가 매우 컸습니다. 사후 검사 결과 실험집단의 평균값(93.05)이 비교집단의 평균값(76.22)보다 (+)16.83 수준으로 높게 나타났습니다. 사전 검사 결과보다 훨씬 더 큰 차이가 있었습니다.

　북퍼실리테이션 경험 이후 창의적 인성 요인의 변화 외에도 책 읽기 활동에 관심과 참여도가 높아졌습니다. 독서 태도에 변화가 생긴 것입니다. Y시에서 운영한 진로 독서 캠프 참가자 30명 중 17명의 학생이 S중학교 나넘세꿈이었습니다. 진로 독서 캠프를 진행했던 강사로부터 이 학생들의 참여가 적극적이고 몰입도가 높다는 칭찬을 들었습니다. 캠프 과정에서 실시한 '독서력 진단 평가'에서도 우수한 점수를 받고, 캠프 활동 최우수, 우수상을 받은 소식이 함께 왔습니다. 소식을 전해주는 '또우랑' 선생님의 말에는 문장(언어적 요소)보다 웃음(비언어적 요소)이 더 많았습니다. 아이들은 '또우랑' 선생님을 졸라서 '청소년 인문학 서점'에 다녀왔다 합니다. 거기서 구입한 책은 중학생으로서는 이해하기 어려운 수준이었는데 책과 씨름하듯 읽는 모습을 생중계했습니다. 맥락을 모르는 이가 들으면 자기 아들 자랑하는 소리로 들렸겠습니다.

창의성 요인의 변화와 독서 태도의 변화 외에도 나넘세꿈 J가 2학년 전체 1등을 했다는 소식이 고명처럼 얹혀왔습니다. '또우랑' 선생님 손에 질질 끌려 오다시피한 J였기 때문에 소식을 전하는 '또우랑' 선생님의 목소리에는 '선생님 말 잘 들으면 자다가도 떡 생긴다'는 자신감이 빳빳하게 실려 있었습니다.

'학습 경험의 질'과 관련하여 현재까지 논의된 한국 교육의 근본 문제점은 단편 지식 암기 위주의 교육과 문제 풀이 중심 교육, 과도한 학습량과 지나친 경쟁으로 인한 학습 부담 증가, 국가 평가에서의 높은 시험 성적에도 교과에 대한 흥미나 자신감 등 정의적 영역의 지표가 낮은 것입니다. '학습 경험의 질'을 중시하는 교육은 학습의 양과 결과보다 학습의 질과 과정을 중시하는 교육, 학습의 즐거움을 일깨워 주는 교육, 미래 사회가 요구하는 핵심 소양과 역량을 실질적으로 길러주는 교육, 자기 성장과 자기 발전의 경험에 기초하여 행복감을 높이는 교육입니다. 그래서 지금은 '많이 아는 교육'에서 '배움을 즐기는 행복 교육'으로 전환하고, 교과별 역량을 기를 수 있기를 바라고 있습니다. 교육에서 기대하는 역량을 북퍼실리테이션 과정으로 실현할 수 있습니다. 북퍼실리테이션의 결과 나타난 창의적 인성 요인의 변화가 그 증거입니다. 북퍼실리테이션의 효과를 확인하기 전에 가졌던 의문이 있습니다.

- 객관식 평가 문항으로 창의성과 같은 고등 사고를 기를 수 있는가?
- 현재의 학교 교육으로 미래 핵심 역량을 기를 수 있는가?
- 미래 사회를 이끌어 갈 인재를 양성하는 교육 목적을 이루기 위해 교사는 어떻게 실천해야 하는가?

객관식 평가 문항은 지식의 양을 측정하고 서열화하는데 편리하고, 주관식 평가 문항은 창의적 사고와 역량을 기른다는 주장에 공감합니다. 객관식 문항으로는 역량을 기르지 못한다는 비판이 오래전부터 있었지만, 평가의 객관성과 공정성 때문에 대안을 실행하지 못합니다. 비판적 사고와 창의적 사고를 평가할 수 있는 객관식 문항 개발이 쉽지 않고, 주관식 평가에 대한 신뢰 문제와 평가 결과에 따르는 위험으로부터 평가자를 보호할 장치가 마련되지 않은 제도의 문제가 있습니다. 지식의 양을 측정하는 객관식 문항의 난이도를 조절해서 평가하는 것이 평가의 공정성과 평가자의 안전을 보장합니다. 공정한 평가를 위해 객관식 문항을 선호하는 것은 역량을 기르는 교육 목적보다 경쟁에 이기기 위해 앞줄에 서야 하는 개인의 목적이 우선하기 때문입니다. 서열화를 위한 공정성이 강조되는 현실에서 역량을 강조하는 교육은 어불성설입니다. 역량을 기르는 배움 중심수업과 등급을 결정하는 대학수학능력시험으로 대학 진학을 결정하는 앞뒤가 맞지 않는 교육으로 행복한 미래는 까마득합니다. '무엇을 가르쳐야 할까?'를 고민하기에 앞서 '어떻게 평가해야 할까?'에 대한 답을 찾아야 합니다.

> "과거에서 배우고 현재를 살며 미래에 대한 희망을 가져라. 중요한 것은 결코 질문을 멈추지 않는 것이다. 호기심은 그것 자체만으로도 존재에 대한 이유를 가지고 있다." 〈아인슈타인〉

창의적인 사람을 기르는 교육을 위해 아인슈타인의 말에 귀를 기울입니다. 창의성을 기르기 위해 교사가 실천할 것이 무엇인가를 묻는 질문에 '북퍼실리테이션'이라고 답을 합니다. 멈추지 않는 질문과 대화, 실천의 과정인 북퍼실리테이션에서 호기심이 높아진 결과는 행복한 미래를 살 수 있다는 희망의 증거입니다.

미래 교육은 오래된 과거입니다. 우리는 학교 교문에 첫발을 들여놓을 때부터 미래 인재가 되어야 한다는 말을 듣고 자랐습니다. 창의성을 길러야 한다는 말도 들었습니다. 우리는 모두 미래에 창의적 인재가 될 희망이었습니다. 창의적인 사람이 되지 못하면 미래 사회에서 낙오자가 될 것 같은 불안감이 있었고, 어떻게 창의성을 가진 사람이 되는지 궁금할 때가 있었습니다. 미래 교육과 창의성은 현재에도 여전히 미래입니다.

'질문하기를 멈추지 않는 것'이 미래 교육이 되어야 할 것입니다. 아인슈타인은 '질문'과 '호기심'을 대치 가능한 단어로 말합니다. 질문과 호기심은 관련이 매우 깊습니다. 질문을 멈추지 않을 때 호기심이 생긴다는 말로 들립니다. 호기심이 있으면 질문을 하고, 질문을 계속하면 그 결과 호기심이 생긴다는 말로 들립니다. 미래 교육과 창의성 교육을 묻는 사람에게 '질문하기를 멈추지 말'고 답합니다. 위대한 과학자, 철학자, 음악가, 훌륭한 인품을 가진 미래 인재였던 아인슈타인의 말에서 가져온 답입니다. 과거인 그에게서 배웁니다. 현재를 살며 질문을 멈추지 않는 것이 '미래의 희망'이라는 소리를 귀에 담습니다. 질문이 미래의 희망이라면 미래 교육은 '질문 교육'입니다.

좋은 삶·5

질문 꽃이 된 사람

:

북퍼실

북퍼실, 나넘세꿈 이숙영 🌿

나넘세꿈 엄마, 이숙영 분의 변화는 독서 가치를 살아야 한다고 주장하는 사람들에게 힘을 줍니다. 선정한 책을 읽고 만든 질문은 독서 모임을 가진 시간만큼 달라졌습니다. 독서 발표 대회에 딸과 함께 참가해서 최우수상을 받는 수준이 되었고, 평생독서가로 행복한 삶을 살고 있습니다. 나넘세꿈 엄마, 이숙영은 평생독서가를 만드는 독서 교육의 목적과 가치를 알게 합니다.

문학기행

"여행은 사유에 양념을 뿌려주는 기막힌 발명품이다."

최근에 읽은 책에서 나온 말입니다. 책을 읽고 작가를 만나거나 문학관을 찾아가는 문학기행은 생각지도 못했는데 내 생애 새로운 일이 생겼습니다. 어디든 떠나는 것에 진심이었지만 문학기행 첫해엔 늦둥이가 어리광을 부리며 잘 걷지 않아 길 나설 용기가 없었습니다. 딸과 함께 번갈아 안고 업고 갈까 했지만, 딸도 친구들과 어울려야 하는데 동생을 돌보게 할 수 없어 아쉬웠지만 포기하고, 다녀온 후기만 부러운 마음으로 들었습니다.

다음 해엔 조정래의 〈태백산맥〉 1, 2권을 읽고 순천만습지와 태백산맥 문학관을 갔는데 독자들이 필사한 원고를 높게 쌓아 전시한 것이 기억에 남습니다. 기행 떠나기 전 1, 2권만 읽어도 내용을 알 수 있다길래 두 권만 읽고 갔다가 돌아와 처음으로 대하소설 10권을 다 읽었습니다. 민주, 공산의 이념이 엇갈려 사상 투쟁을 하고, 이것도 저것도 아닌 사람들이 단지 배고픔에 쌀 한 톨을 얻기 위해 추운 겨울 산에서 잠을 자며 싸워야 했던 처절함, 두고 온 가족들이 겪는 고통, 동네에 들어온 북한군의 밥을 지어주었다는 이유로 학살당하는 것을 보며 그때 태어나지 않은 것을 천만다행으로 여기면서 무거운 책을 덮었습니다.

이병주의 대하소설 〈지리산〉을 읽고 코스모스 하늘하늘 핀 가을 하동으로 여행을 떠났습니다. 〈태백산맥〉은 죽음을 각오한 배고픈 민초들의 투쟁이었다면 〈지리산〉은 지식인들의 이념 투쟁을 쓴 소설이었습니다. 문학기행을 떠나는 버스 안에서는 조용히 창밖 풍경을 감상하는 것이 아니라 책과 관련된 퀴즈와 독후감 발표, 개인의 장기 자랑으로 가는 내내 신났고, 돌아오는 길엔 노래를 부르거나 느낀 점을 한 사람씩 발표해서 지루할 틈이 없었습니다.

담양의 가사문학관은 그동안 한 번도 만나보지 못한 새로운 방식의 해설로 정말 흥미로운 기행이었는데 문화해설사 이정옥 분께서 현관 입구에 걸려 있는 송강 정철의 '면앙정가'를 창과 아니리 사이 고전무용을 곁들어 읊어 주셨습니다. 문학의 멋과 맛을 보여주시면서 '사미인곡' 아래 앉은 우리를 고전의 돗자리로 데려갔습니다.

혼불 문학관은 책을 10권을 다 읽고 찾아간 곳으로 읽는 내내 훌륭한 글을 적은 작가께 깊이깊이 감사했습니다. 혼불은 언어에 혼을 실었다는데 과연 글인지 혼인지 구별이 안 되었습니다. 처음으로 책을 쓴 작가를 꼭 뵙고 싶었지만 투병하면서 글을 마무리하시고 이미 세상 분이 아닌 것에 마음이 아팠습니다. 작가님께서 편히 좋은 곳으로 가셨기를 진심으로 빌었습니다. 딸은 중학교를 졸업하고 고등학교 1학년이 되어 입시 전쟁터로 뛰어든 때라 책을 못 읽고 갔는데 주요 장면 10개를 디오라마로 전시한 혼불문학관에서 딸에게 설명한 기억이 납니다.

선생님께서 장학사 발령을 받고 양산으로 가시고, 나넘세꿈 독서회도 더 이상 할 수가 없게 되었던 시기에 어떤 책을 읽으면 좋을지 여쭈었더니, 시오노 나나미의 〈로마인 이야기〉를 추천해 주셔서 읽기 시작했습니다. 정말 취향에 안 맞는 전쟁, 권력 다툼의 책을 보며 예전에 삼국지 볼 때의 불편한 감정이 일었습니다. 그러나 읽어 갈수록 기원전 그 시대의 역사를 마주하며 감탄을 금할 수 없었습니다.

지리산 아래 동네 풍광에 반해 하동으로 여름 가족여행을 갑니다. 첫 기행 때 못 간 최참판댁도 가고 토지 문학관도 들렀습니다. 문학관을 다녀와서 〈토지〉를 다 읽었습니다. 대지주 최참판댁 서희와 종의 신분 길상, 땅을 지키려는 서희의 노력과 신분 차이로 힘들어하는 길상을 둘러싸고 벌어지는 수많은 이야기가 있습니다. 여러 장편을 읽으며 작가들의 위대함에 푹 빠집니다. 예전에는 놀기와 먹기 여행이었다면 지금은 책을 만나는 문학여행을 합니다.

서울에 갔을 때도 윤동주문학관을 갔습니다. 어쩌면 윤동주문학관을 가기 위해 서울 여행을 떠났을 수도 있습니다. 막내가 초등학교 때, 윤동주 영화를 보고 문학관을 가서인지 아이도 관심을 많이 보이고 학교에서 좋아하는 시 발표 때 문학관에서 영상으로 본 '별 헤는 밤'을 낭송했다고 합니다.

노란 유채가 예쁘게 핀 4월에 진영도서관에서 나태주 시인을 초청했습니다. 정말 작고 사랑스런 할아버지가 오셔서 고운 말씀을 해주신 것에 반해서 가을 문학기행을 풀꽃문학관으로 갔습니다. 바빠서 문학관에는 잘 안 계신다고 해서 기대를 하지 않았는데, 학생들이 단체로 방문해서인지 문학관에 계셨습니다. 아담한 살림집 같은 건물에 '풀꽃문학관'이라는 간판이 있었습니다. 맑은 가을 하얀 소국이 마당에 활짝 피어서 멀리서 온 방문객에게 하늘하늘 인사를 했습니다. 시인은 봄에 진영 올 때 입고 오셨던 소매 닳은 옷을 입고 풍금 소리를 들려주셨는데 그 소박함과 친근함이 풀꽃 같았습니다. 문학여행은 뭔가 좀 근사하고 멋진 인생을 만나 내 삶도 멋스러워지는 뿌듯함을 갖게 합니다.

두 독서회

나넘세꿈 학부모 독서회와 진영도서관의 감꽃 독서회에 참여하는 회원이 있어 저도 같이 가게 되었습니다. 아이들이 고등학교를 진학하고 막내도 어린이집을 가게 되어 여유가 생겼습니다. 두 독서회의 선정 도서와 보고 싶은 책을 읽는 풍요로운 삶이 시작되었습니다.

진영도서관의 감꽃 독서회는 회원의 독후감 발표와 발제로 토론을 했는데 책 내용을 이야기하다 어느새 집안 사정과 아이들 키우는 이야기로 흐르지만, 책으로 소통하는 친근함이 있습니다. 봄, 가을 두 번의 문학기행 때는 차 안이나 멋진 풍광 아래서 독후감 발표와 발제를 하며 자연에서 담소를 나누고 돌아오면 주체할 수 없을 만큼 에너지가 솟구쳤습니다.

나넘세꿈 독서회는 선생님의 지도 아래 진행되었는데 어려운 책이라 이해가 힘든 부분도 쉽게 풀어주셔서 공부하고 배우는 자세로 임했습니다. 어쩜 그렇게 논리정연하게 풀어주시는지! 아마 보였을 것입니다, 우리 눈에서 감탄과 존경의 빛이 뿜어져 나오는 것을!

선생님을 만나고부터 학창 시절 공부를 열심히 하지 않은 것을 많이도 후회했고, 정말 되돌릴 수 있다면 책도 더 많이 읽고 공부도 열심히 해서 멋진 사람이 되고 싶었습니다. 돌이켜 보면 그저 그렇게 살았습니다. 부자는 아니었지만 평범한 가정의 막내로 태어나 부모 형제들 보호를 받으며 힘든 것도 몰랐고, 못 한다고 도움을 요청하면 누군가가 다 해줬기에 무엇을 해보겠다는 생각도 안 했습니다. 약속을 어긴 적은 없지만, 책임감을 느끼게 된 것은 아이를 낳고 엄마가 된 후부터였습니다.

선생님의 선정 도서는 깊이 있게 사유해야 하는 것이었는데 마침내 상상도 못 했던 엄청 두꺼운 철학책을 가져오셨습니다. 말문이 턱 막혔지만 읽고도 이해가 안 가면 풀어주실 거니까 포기하지 않고 책장을 넘겼습니다. 도대체 이게 무슨 소린지 읽다가 다시 앞으로 돌아가고 또 읽다가 첫 장으로 가기를 반복하다가 이대로는 끝을 볼 수 없을 것 같아 그냥 읽었습니다.

그 시기엔 제가 발제를 해야 해서 중요한 부분을 필기하면서 읽다 보면 시간이 오래 걸렸습니다. 그러나 책을 덮고 요약한 것을 다시 읽으면 내 수준에서 정리가 되어 발제를 끌낼 수 있었습니다. 두꺼운 책 〈루이비통이 된 푸코〉도 아주 약간이지만 이해되는 부분이 있어 '이런 책도 되는구나.' 하여 신기했고, 그전에 주신 책 중에 읽다가 어려워 몇 번을 반복하다 덮어두었던 조선 왕들의 세력을 다룬 책을 끝낼 수 있었습니다. 그 뒤로 한동안 철학 관련 도서만 읽었고 마침 한빛 도서관에서 철학 강의를 해주어 코로나 전까지 몇 년 동안 들었습니다. 선생님과 하던 독서회는 장학사로 가시면서 중단되고 진영도서관 독서회만 하다 새로운 독서회를 찾았으나 코로나 상황으로 모임이 어려워졌습니다. 그로부터 1년 정도 독서회를 참석하지 못하고 오롯이 홀로 읽었습니다.

같은 방법으로 노트를 옆에 두고 필기를 하면서 읽었는데 시간이 지날수록 **채워지지 않는 공허함**이 밀려왔습니다. **책 내용을 나눌 사람이 없는 아쉬움**이었습니다. 코로나의 빗장이 열려 오래전부터 하고 싶었던 시 낭송을 배우러 칠암도서관으로 갔습니다. 거기서 새로운 독서회를 알게 되었습니다. 30년 전통을 가진 김해도서관 독서회는 책을 많이 읽고 깊이 있는 토론을 할 수 있는 곳이었습니다. 1년 만에 책나눔을 하고 온 날 난생처음 독서회에 참석한 그 날의 기쁨에 비길 수는 없지만 잃었던 길을 다시 찾아 흐뭇했습니다.

나의 일상은 오전 산행을 시작으로 한국무용, 시 낭송, 수지침, 독서회, 도서관의 강좌 참여로 이어집니다. 두 아이는 사회인이 되어 열심히 생활하고, 중학교 2학년이 된 막내를 키우며 정말 하고 싶은 것만 하고 있습니다. 나이가 들어 무거운 책은 이해 능력이 떨어져 어려운 문장은 한 번 더 돌아가 읽기도 하지만 여유 시간이 많아져 못했던 것을 할 수 있어 좋습니다. 무엇이 되었든 간에 기회가 있을 때, 더 나이 들기 전에 많이 배우고 많이 참여하고 싶습니다. 새로운 것에 도전하는 두려움이 없는 자신이 좋습니다. 못하는 것을 부끄러워하지 않고 배우면 잘한다는 기다림을 가집니다. 새로운 곳에서 사람들을 만나 친분을 쌓는 관계의 시간도 즐깁니다. 첫 만남은 어색하지만 좋은 사람들은 어디에나 있고, 그 사람들로 인해 힘을 얻는 참 평범한 일상이 감사로 이어집니다.

독서회의 길로 인도해주신 선생님으로 인해 여러 경험을 하고, 안 될 것 같았지만 선생님과 함께라면 두려움이 없었던 모든 일이 새록새록 떠오릅니다. 그때처럼 다시 선생님과 함께하는 독서 모임을 간절히 소망하고 있습니다. 내 인생 최고의 나날들이었으니까요.

북퍼실, 또우랑의 '꿀잼' 🌿

오늘은 방학 후 첫 북퍼실리테이션 자리를 가졌습니다. 책을 읽고 '대화 주제 만들기' 활동 중이었는데, 친구를 기다리며 배회하는 학생이 있어 들어오라고 했을 때 교실에 앉은 나넘세꿈 아이가 대뜸 "이거 꿀잼이야!"라고 합니다. '꿀잼', 이 한마디가 북퍼실리테이션의 가장 큰 성과입니다. 올해 3월 들어 시작한 북퍼실리테이션은 총 20시간으로 7월까지 진행되었습니다. 책 읽고 질문하기, 질문으로 대화하는 하브루타 활동, ARE 논증하기를 통한 말하기, 다섯 개의 꽃잎 활동지를 통한 시와 대화하기, 단어 강제 연결법으로 창작하기, 가치 수직선 토론으로 질문에 대한 우리의 의견 보기, 회전목마토론으로 모두의 의견을 듣는 비경쟁 토론, 버츄 카드를 활용한 미덕 찾기, 심장이 쫄깃해지는 디베이트 등으로 다양한 대화의 자리를 가졌습니다. 그런데 이 모든 북퍼실리테이션 과정의 핵심은 질문 만나는 것이었습니다. '사실 질문, 상상 질문, 비판 및 삶 적용 질문하기' 등을 만났습니다. 나넘세꿈 1기 사람들을 본 적 없는 아이들이 그들의 가치를 닮겠다고 '나넘세꿈 2'를 자칭하며 질문과 대화, 실천의 과정으로 연결되는 '의미 경험'의 자리를 채웠습니다.

'의미 경험'은 사회적 상호작용으로 의미를 재구성하는 읽기의 본질을 현실화하는 과정으로 좋은 삶을 만드는 '의미 발견'의 과정이라고 했습니다. 북퍼실리테이션을 진행하는 '북퍼실'은 질문의 과정에서 4단계 질문지를 주고 의미를 찾아가는 지도라 했습니다. 의미를 찾아가는 지도를 준비한 나넘세꿈은 자신의 질문에 다른 독자의 질문을 만나 더 큰 의미를 찾는 질문을 만들었습니다. 회전목마처럼 돌아가며 모든 사람과 만나서 함께 만든 질문으로 의미의 자리를 만들었습니다. '의미의 축제' 같은 대화의 자리였습니다, 함께 만든 의미를 가지고 글쓰기로 내면화하거나 공유하고 해결책을 찾는 실천의 자리에서 좋은 삶을 생각했습니다. 실천의 과정에는 삶에서 행동하는 것뿐만 아니라 행동할 것들, 실천 과제를 도출해서 발표하는 것, 자신의 생각을 다시 정리해서 글로 표현해보는 것 등이 포함되었습니다. 책을 읽기 전과 다른 변화가 일어난 생각과 태도 등을 포함하는 것이었습니다.

북퍼실리테이션의 경험으로 알게 된 것은 질문을 만드는 것이 인문학 수업의 시작이고 가장 공들일 부분이라는 것입니다. 주어진 질문에 대답하기에 익숙한 아이들이 스스로 질문을 만들었고, 글쓴이의 생각을 주워 담기에 바빴던 아이들이 글쓴이와 동등한 입장에서 그의 생각에 딴지를 걸었습니다. 처음에 우왕좌왕했던 아이들이 계속된 질문 연습, 꼬리에 꼬리를 무는 질문 연습(5Why), 그 질문에 근거를 들어 삶과 생각을 나눴던 아이들은 질문을 통해 머리가 깨치는 기쁨, 질문을 만나 배움의 즐거움을 맛 본 기쁨, 이런 방법으로 생각할 수 있다는 생각의 전환 경험, 나와 다른 생각의 나눔을 통해 북퍼실리테이션의 가치를 알고 질문과 대화로 의미를 발견하는 재미를 알게 되었습니다. 남들 집에 다 가는 수요일 7교시, 피곤해도 가장 빛나는 눈빛으로 질문의 자리에 앉았습니다. 질문 나눔을 통해 새로운 의미를 발견하는 아이들을 보면서, 더 정확히는 닫혀 있는 생각의 울타리가 열리는 과정을 지켜보면서 소름 돋는 희열을 느꼈습니다.

오늘은 저도 국어 수업 시간에 박지원의 〈양반전〉을 읽고 '질문하기' 활동지를 가지고 질문 수업을 하였습니다. 여기저기서 '아~' 소리가 들려왔습니다. 귀찮다는 말을 '아~'로 합니다. 선생님 앞이라 예의는 지켜도 저는 알아챕니다. 모른 척하고 감행합니다. 꾸역꾸역 억지로 하긴 하는데 귀찮은지 '왜 하지?' 하는 표정으로 앉아 있습니다. 공부를 잘하는 성○이가 다 했다고 엎드려 있길래 보았더니 '비판 질문'이 온통 '추론, 상상하기 질문'으로 넘쳐나 있습니다. 나름 성적이 괜찮은 준○이란 아이도 '비판 질문'만 빈자리입니다. 반면, 같은 교실에 있는 나넘세꿈 아이들은 무척 자연스럽게 의미 지도를 따라 의미를 찾아가고 있습니다. 예○이란 아이는 1학년 때 다른 아이들과 같이 생각하는 수업을 힘들어했는데 북퍼실리테이션 자리에 다녀온 이후로 한층 의젓해졌습니다. 질문을 보니 '비판 질문'을 곧잘 만들었습니다. 경험의 가치를 확인할 수 있는 결과라 뿌듯했습니다. 나넘세꿈 한○이는 아예 '비판 질문'부터 잡고 한참 생각에 빠져 있습니다. 책을 읽었는지 안 읽었는지를 걱정하는 수준을 넘어 있습니다. 사실 질문이나 이해 질문을 수업에 적용하는 것은 책 읽는 과정을 제대로 수행했는지를 확인할 수 있기 때문입니다. 수업을 '하는 것'이 아니라 '듣는 것'에 익숙한 학생들은 자기주도적 학습, 학생참여형 수업을 힘들어하고 낯설어합니다. 수업을 듣기만 하는 주입식 수업에서는 가만히 앉아 있어도 되는데 의미를 찾아가는 지도를 들고, '질문을 만나는 수업'에서는 스스로 의미를 찾아야 해서 힘들 수밖에 없습니다. 의미의 지도를 들고 질문을 찾아가자고 하면 아이들은 글을 읽고 생각하는 몰입도가 달라집니다.

북퍼실리테이션의 과정을 경험한 아이들과 그렇지 않은 아이들은 질문을 대하는 태도에서도 확연히 달랐습니다. '질문 수업'을 처음 했을 때 교실의 아이들에게서 나오는 저항감이 뼛속까지 와 닿았습니다. 질문하기 수업의 가치를 알지 못하고 나눔의 풍성함을 경험하지 못한 아이들은 질문하기, 아니 생각하기를 귀찮아합니다. 아무리 공부를 잘하는 학생도 몇 번의 경험을 통해 '추론, 상상하기' 질문까지는 어느 정도 하지만 글쓴이의 생각을 비판적으로 수용하는 태도를 기르기 위한 질문은 어떻게 해야 할지 몰라 당황스러워하고, 제대로 된 질문을 만들지 못합니다. 읽은 글의 내용을 비판적으로 수용하는 글 읽기 능력이 변화를 가능하게 할 것이라는 기대감으로 수업목표를 강조해도 '이걸 왜 해야지?' 하는 삐뚜름한 마음을 갖고 있습니다. 작가와 동등한 입장에서 그의 생각을 비판적 입장에서 생각해 보는 것을 매우 생소하게 여깁니다. 사실적 이해, 추론적 이해를 넘어서서 지식을 활용한 비판과 그 대안을 생각할 수 있어야 한다고 수업목표를 강조하지만 대안을 찾고 해결의 주체로 서기를 주저합니다. 어렵고 힘든 일은 내 몫의 일이 아니라 너의 몫으로 넘기고 싶어 합니다. 나눔세꿈 아이들도 1학년 때는 동일한 모습이었습니다. 그러나 '생각하는 즐거움', '질문의 즐거움', '실천의 즐거움'을 경험한 아이들은 '꿀잼이다!'라는 말 그대로 재미가 나는지 제 수업의 어깨에서도 무동을 탑니다. 신납니다.

독고 효과를 만든 북퍼실 🍃

'3삶한 수업친구 동아리'는 창원교육지원청의 수업 혁신 전문적 학습공동체 이름입니다. 2022년 창원 수업친구 동아리에 모일 선생님을 찾을 때 지었습니다. 양산에 근무하던 몇 해 전에는, 어느 교사의 수업 고민을 해결하기 위해 수업 친구를 의미하는 '또우랑'을 만들었습니다. '또우랑'은 마니또(규범 표기는 마니토), 벗우(友), 친구랑(둘 이상의 대상을 대등한 자격으로 이어 주는 접속 조사) 등의 단어에서 예쁜 음을 골라서 만든 이름입니다. 이름처럼 예쁜 수업친구 만나기를 바랐습니다. 코로나가 시작되던 2020년 9월에 창원으로 옮겨와 2021년 겨울 연수에 강사로 모신 '또우랑' 선생님이 가방에서 꺼냅니다. 빵을 좋아해서 찾아오시는 분들이 간혹 지역의 빵을 내놓기도 합니다. '빵이려나?' 하는데 빵보다 더 반가운 '금쪽같은 내 수업' 자료집을 내어놓습니다. 따끈 따근합니다. 갓 만들어왔는데 빵처럼 웃음이 '빵' 터집니다.

"철수야 그 국어 수업 들어봤니?"

"응, 최고의 수업이었다고!"

2021. '열혈 국어 교사들의 수업 탐구, 금쪽같은 내 수업' 〈중학 국어 수업 사례집〉입니다. 1990년대 국어 교과서 표지를 흉내 내었습니다. '또우랑' 선생님과 마주 보며 한번 더 빵하고 웃었습니다. 얼마나 소중한 것인지 '금쪽'입니다. 한 학기 한 권 읽기 수업을 하면서 열혈, 끓어오르는 뜨거운 피가 뜨끈합니다. 코로나를 안고 수업 친구와 아이들을 지켰을 '또우랑' 때문에 눈물이 '핑' 돌았습니다.

'읽기'는 '글에 나타난 정보와 독자의 배경지식을 활용하여 문제를 해결하는 과정임을 알고 글을 읽는다'는 성취기준을 가져왔습니다.

'동일한 화제를 다룬 여러 글을 읽으며 관점과 형식의 차이를 파악하며 자신의 읽기 과정을 점검하고 효과적으로 읽는다'를 성취하기 위해 어떤 글을 읽었을까요?

'대화 주제 1'은 '코로나 19 델타변이 대응전략'입니다. '역시, 그러면 그렇지.' 하고 고개가 끄덕거려 집니다. 읽기가 문제를 해결하는 과정임을 알고 수업에 적용한 것입니다. 같은 화제에 상반된 의견을 제시한 두 자료가 있습니다. '대화 주제 2'는 '육채전쟁, 육식이냐? 채식이냐? 고것이 문제!', '대화 주제 3'은 옷 잘 입는 남자도 몰랐던 '옷이 흐르는 강'입니다. 수업 활동은 패들렛을 활용한 실시간 댓글 쓰기로 대화를 진행했습니다. 다양한 관점의 글을 읽고 글쓰기를 또 했습니다. 환경 문제를 큰 주제로 대화를 나누었나 봅니다. 한 주제에 다른 관점과 형식으로 표현한 작품을 이해하고 '자신의 관점을 주제로 표현하기'를 평가 내용으로 담았습니다. 자료 공유를 위한 단체 공유방을 개설하고 자료의 출처를 모아두었습니다. 읽기의 본질인 사회적 소통행위를 구현하기 위한 열혈의 흔적이 곳곳에 있습니다.

2022년 창원에서 만든 수업친구 이름은 '3삶한'입니다. 3삶한 수업은 마음 끌리는 친구와 함께 교육의 주체로 살고 싶은 삶을 만드는 수업 가치를 담고 있습니다.

'3삶한 수업'은 배움과 삶을 연결하는 수업(삶을 만나는), 삶의 변화를 만드는 수업(삶을 만드는), 다양한 삶을 경험하는(삶을 나누는) 수업이다. '삼삼3삶하다'는 매력적이거나 마음에 끌리는 데가 있다, 약간

싱거우면서도 맛이 있다는 뜻이다. 학교 안과 밖에서 마음이 끌리는 수업 친구와 함께 수업을 디자인하고, 수업나눔과 성찰하는 전문적 학습공동체에서 학교는 지역교육과 미래 교육, 책임교육으로 행복한 삶을 만드는 주체가 된다.

'3삶한 수업친구 동아리'에서 '기미 투박'을 만났습니다. 공문으로 제출한 동아리 이름은 '수어지교'입니다. 물과 고기 관계로 떨어질 수 없는 관계라고 소개합니다. 어떤 관계를 비유한 것인지 궁금합니다. 활동 주제는 '창, 원을 그리다' 입니다. 하시려는 수업을 소개하는 칸에 적힌 내용입니다.

- 학생들이 자신을 둘러싸고 일어나는 에피소드와 살아가는 이야기를 자신의 공간인 창원과 연계하여 스토리텔링 함
- 학교, 수업, 일상생활 등에서 일어나는 다양한 이야기를 하나의 스토리로 엮어 책(또는 동화책)으로 만들어내고자 함
- '창, 원을 그리다'라는 주제는 '창(窓)-우리 마음의 창문, 원(동그라미)-공동체, 통합'의 의미를 담음

이 수업을 같이하게 된 사연도 궁금합니다. 2022년 창원의 책으로 선정된 김호연 작가의 〈불편한 편의점〉을 읽고 골목길의 작은 편의점에서 일어나는 이야기에서 아이디어를 얻었다 합니다. '학생들이 자신의 이야기와 마을 이야기를 만들면 어떨까?'라는 질문을 누군가

했다고 합니다. '책 읽기'가 어떻게 시작되었는지 물었습니다. 같은 학교 담임으로 근무하던 5명의 선생님들 수다 모임이 책 읽기 모임으로 이어졌다 합니다. 책을 읽고 대화를 나누다가 '의미 있는 일'을 해보기로 했다는 말을 들려줍니다. 결코 거창한 이야기가 아니라고 손사래까지 하면서 작은 몸을 더 움츠립니다.

"그냥 한 건대요."

목소리마저 가느다랗습니다. 그냥 한 것이 더 좋아서 묻습니다. 각기 다른 학교로 옮긴 선생님들은 토요일 저녁 9시에 비대면 온라인에서 만난다고 합니다. 누군가 올해부터는,

"책 좀 읽자."

라고 제안한 것에 모두 동의하고 책을 읽다가, 등장인물인 퇴직 교사 염여사의 선한 영향력에 감동이 되었다고 합니다. 경쟁에 내몰린 편의점은 불편한 편의점이 되었으나 노숙자 '독고'의 등장으로 편의점을 찾았던 사람들의 삶에 변화가 일어난 이야기에 감동이 되었다고 합니다. 그래서 '수어지교', 물 만난 고기들도 의미 있는 일을 해보기로 했답니다. 원래는 이 이름이 아니라면서.

"그냥 한 건대요."

동아리 소개를 듣고 있던 다른 동아리 대표 선생님들이 감탄하는 '오~' 소리가 나오고 있지만 '그냥'을 자꾸 강조합니다. 책을 읽다가 그냥 하는 게 좋아서 저도 그냥 묻습니다. 내세울 것 없다며 손사래를 치시고, 아이들한테 뭔가를 해주고 싶은 마음을 '그냥'이라고 합니다. 원래 동아리 이름은 김씨 2명, 이씨 1명, 박씨 2명이라서 '김이투

박'이라 했습니다. 웃음이 '빵' 터졌습니다. '김이투박'이 더 좋다고 했습니다. 기미가 끼고 투박한 것이 우리 삶과 매우 닮은 것 같지 않냐고 했더니 수줍게 웃습니다. '3삶한 수업친구 동아리'가 김이 투박처럼 편하게 느껴져서 계획서를 제출했다 합니다. '김이투박' 선생님들은 '수어지교'에서는 고기가 잘 못 자랄 것 같으니 기미가 끼고 투박한 손으로 아이들과 '원(동그라미)'을 그려보라고 했습니다. 수업의 변화는 그냥 그렇게 하면 되는 것이 아닐까요? 책을 읽다가 **의미 있는 일을 발견해서** 그냥 해보는 거지요. 거창한 것이 아니라 하셔서 더 좋은 의미로 다가옵니다.

'기미투박'에서 어떤 선생님은 창의적 체험활동을 어떻게 할 것인지 고민하면서 환경과 관련된 뭔가를 하고 싶어 하셨고, 학교 특색과제를 무엇으로 할까를 고민하면서 '관계'를 생각하신 분도 계셨습니다. '독고'의 변화처럼 우리 아이들한테도 '이런 일'이 있지 않을까를 생각하면서 '아이들에게 뭔가를 해주고 싶은 마음'으로 마라톤 대회도 같이 가고 별을 보러 같이 갔다고 합니다.

"아이들하고 뭔가를 하고 싶다."

그게 '전부 다'라서 내세울 것이 없다 하시니 더욱 반가웠습니다. 맑은 마음의 창으로 아이들을 만나고 동그란 원처럼 공동체와 소통, 협력의 관계를 그릴 수 있게 한 '독고'의 힘을 '독고 효과'라 하겠습니다. **책에서 의미를 발견하고, 그 의미를 실천하는 것을 '독고 효과'라** 하겠습니다. 학교에서 '독고 효과'를 살아가는 사람들이 많았으면 좋겠습니다. 독고 효과를 사는 사람이 되겠습니다.

블리스(BLISS), 천국의 기쁨 🌿

천국의 기쁨이 블리스(BLISS)에 있습니다. 블리스(BLISS)는 '희열'입니다. 진영 블리스(BLISS) 카페의 주인 희열이는 천국에 있습니다. 20살 청년이던 해 겨울이었습니다. 희열이 엄마는 진영지역 아이들을 품고 기도하는 나넘세꿈 학부모, 북퍼실입니다.

좋은 문화를 만드는 길이 '책 읽기'에 있다면서 책문을 부지런히 열고 닫았습니다. 중·고등학생들과 여행하며 좋은 삶을 만드는 '생명나무' 활동을 부지런히 하고 있습니다. 어느 해 순천에 있는 골목 책방을 다녀와서 희열이가 그랬답니다.

"엄마, 진영에는 왜 이런 책방이 없어요?"

여느 해처럼 겨울 지나고 봄 기다리던 겨울, 몸에 이상이 생긴 것을 알았고 그해에 희열이는 엄마 곁을 떠났습니다. 이제 더 이상 여느 해처럼 봄을 기다리지 못합니다.

그 이듬해 희열이의 소망을 닮은 '블리스(BLISS)' 북카페를 열었습니다. 우리는 다른 봄을 기다리는 북퍼실이 되었습니다. 다음 세대의 삶이 꽃처럼 피기를 기도하며 생명의 문을 열었지요.

"희열아, 책 읽는 소리 들리니?"

"너의 기쁨이 여기에 있단다."

책 읽는 기쁨이 천국의 기쁨에 닿기를 바랍니다. 몇 분이 모여 '북적북적' 독서 모임을 가졌습니다. 그러나 이태가 지나자 책 읽는 소리 희미해졌습니다. 닫고 열기를 반복하다 닫는 날이 더 많아졌습니다.

사람의 손때가 그리웠습니다. 코로나19로 북카페는 사람 그림자 찾기 더 어려워졌습니다. '블리스(BLISS)' 북카페를 닫고 다른 분께 공간을 내드리는 것을 제안했으나, 희열이 엄마는 두부 자르듯 말했습니다.

"그 공간은 희열이 꺼, 이 지역 사람들 꺼, 제 끼 아입니더."

세월이 흘러도 변함없이 단호하게 말합니다. 가치나 의미를 살아 가는 사람 만나는 것이 좀처럼 쉽지 않은데 참 잘 살아냅니다.

긴 겨울 같은 3년이 지나고, 2022년 올해 블리스(BLISS)는 다시 문을 열었습니다. 지금, 여기를 사는 다음 세대, 한 청년이 천국의 기쁨을 열었습니다. 책의 가치를 살리는 조건 외에 다른 것을 요구하지 않았습니다.

"하고 싶은 대로 해 보이소."

블리스(BLISS) 카페는 기쁨으로 다시 열렸습니다. 블리스(BLISS) 카페의 한 가운데에는 책 테이블이 놓여있습니다. 책 테이블에는 4권의 책 〈내 인생의 해답〉, 〈내 사랑의 해답〉, 〈12가지 인생의 법칙〉, 시집 〈온〉이 있습니다. 책 4권 곁에는 4가지 미션 공책이 있습니다.

['내 인생의 해답' 사용법]

• 인생과 관련된 고민을 10초 동안 생각하고, 내 인생의 해답 책의 한 페이지를 '무작위'로 펴주세요

• 해답을 얻으셨다면, 해당 페이지의 해답을 이 노트에 적어주세요.

• 해답을 못 얻으셨다면, 나를 위한 그리고 나와 같은 고민을 가지고 있는 사람을 위해 '나만의 해답'을 이 노트에 적어주세요.

['내 사랑의 해답' 사용법]

- 사랑과 관련된 고민을 10초 동안 생각하고, 내 인생의 해답 책의 한 페이지를 '무작위'로 펴주세요
- 해답을 얻으셨다면, 해당 페이지의 해답을 이 노트에 적어주세요.
- 해답을 못 얻으셨다면, 나를 위한 그리고 나와 같은 고민을 가지고 있는 사람을 위해 '나만의 해답'을 이 노트에 적어주세요.
- 다음 방문 시, 아메리카노를 무료 제공해 드립니다.

(※ 다른 고객이 작성한 페이지를 훼손하지 말아 주세요.)

['12가지 인생의 법칙' 사용법]

- '12가지 인생의 법칙'의 '차례' 페이지를 읽어주세요.
- 읽으셨다면, 이 노트에 내가 생각한 나만의 '13번째' 인생의 법칙을 적어주세요.
- 다음 방문 시, 아메리카노를 무료 제공합니다.

(※ 다른 고객이 쓴 페이지를 훼손하지 말아 주세요.)

[시집 '온' 사용법]

- 자기 앞에 있는 사람을 위해 시를 들려주세요.
- 생각나는 사람을 위해 시 한편 써 주세요.

(※ 다른 고객이 쓴 페이지를 훼손하지 말아 주세요.)

〈노래의 꽃 잔〉

홍매화 여린 잎 진 뒤
낮은 자리 조팝이 하얀 바람을 건드리고 있더라
바람이 잡히나 어디
잡힐 듯 말 듯 간지럼만 타고 말지
하바네라, 들에서 나는 한 마리 새
카르멘은 바람을 타고 들을 건너지

산수유 잔 꽃그늘 아래
낮은 자리 수선화가 노란 햇살을 그리고 있더라
햇살이 머무나 어디
타오를 듯 말 듯 산등성이를 타고 말지
핀란디아, 사랑하는 나의 조국
금관은 햇살을 타고 산을 넘지

벚꽃 환호 잦아진 뒤
낮은 자리 동백이 붉은 봄비를 세고 있더라
빗살이 피하나 어디
흐를 듯 말 듯 물결을 타고 말지
축배의 노래, 높이 드는 승리의 잔
황제는 비를 타고 강을 건너지

노래의 꽃 잔,
조팝의 하얀 사랑
산수유 금빛 조국
동백의 붉은 평화

노래가 채운 잔을 들자,
사랑을 위하여
조국을 위하여
평화를 위하여

음악회를 만든 내 앞의 선생님께 축하의 시를 드립니다. 갇히고 닫힌 세상을 열기 위해 시간을 타고 오르내렸을 선생님을 생각합니다. 집시 '카르멘'은 사랑을 유혹하다 사랑하는 사람에게 죽어 하얗게 들을 건너갔습니다. '핀란디아'는 러시아의 억압에 저항하며 황금빛 금관악기로 시작하여 기어이 자유의 산을 넘었습니다. '황제'는 들을 수 없는 소리를 넘고, 이웃 나라 황제가 침공한 상황에도 위대한 협주곡으로 붉은 물결을 타고 평화의 강으로 흐르고 있습니다. 아이들을 지키고 키우느라 온몸이 상한 선생님을 무슨 색으로 표현할 수 있을까요? 아이들 생각에 눈앞이 캄캄해지는 검은 색인가요? 캄캄한 밤에도 기어이 불을 밝히고야 마는 선생님은 빛나는 색입니다.

선생님의 꽃은 무슨 꽃이라 할까요? 선생님이 피우는 꽃은 땅에서 피는 꽃이 아닙니다. 피었다 지는 꽃이 아닙니다. 모두의 마음에서 피고 영원히 피는 '사람 꽃'입니다. 2년이 넘는 코로나 상황으로 목쉬고 몸 상하신 선생님을 도우러 수업하러 갔습니다. 몇 시간 되지 않는 수업으로 이태 동안 지친 선생님께 무슨 도움이 될까 싶었지만, 선생님들은 좋아해 주셨습니다. 얼마나 힘이 드셨던 걸까요? 당신을 위해 '노래의 꽃 잔'을 듭니다.

"선생님을 위하여!"

블리스(BLISS)에서 만나요 🌿

블리스(BLISS) 북카페의 '책 가치'를 살리려 밤낮으로 애쓰시는 한 분이 있습니다. 오늘 이른 아침에도 손전화를 울리는 알림음의 주인은 류기인. 책의 의미를 살아가려고 아침 저녁 종을 울립니다. 한꺼번에 20권씩 책을 사다 교회 뒤편에 놓아두고 아무나 가져다 읽기를 권합니다. 책을 퍼 나르는 '북퍼실'입니다. 생명나무 아이들, 청년들이 책 읽기로 의미를 살기를 간절히 원하는 이분은 창원지방법원 소년부 부장 판사입니다. 어제 아침에는 이런 종을 울렸습니다.

"소년재판을 통해 보호처분을 받고, 청소년 회복센터에서 6개월 동안 위탁 생활을 하는 아이들은 다양한 교육 기회를 제공받습니다. 예술공연관람, 체육활동도 합니다.

그중 인문학 수업도 있는데요.

의외로 책과 거리가 있던 아이들이 **책을 통해 놀랍게 변화되는 것**을 종종 보게 됩니다.

그동안 소문만 듣다가 제가 직접 소년재판을 맡으며, 회복센터의 집행상황보고서를 보니, 생명숲 아이들도 생명나무 모임과 청소년 '북적'을 적극 참여하면 얼마나 좋을까 싶습니다.

너무 안타깝습니다."

책을 읽지 않는 삶을 안타까워하는 이분의 삶은 '좋은 삶'입니다. 이분의 열정을 생각하면 살고 싶은 마음이 가득해집니다. 아이들이 잘 살기를 바라는 마음 간절한 이분이 북적북적을 다시 하자고 조릅니다. 함께 할 사람들이 있어야 하고 찬찬히 준비 모임도 해보자고 했더니 오늘 아침에는 이런 종을 울립니다.

〈생명 숲, 어쩔책수다〉

1. 일단 해봅시다.
2. 일단 모입시다.
3. 책 안 읽어도 모여요.
4. 수다만 떨어도 좋아요.
5. 그림책도 좋아요.
6. 동화책도 좋아요.
7. 먹는 것도 좋아요.
8. 누구나 함께 해요.
9. 그래요, 무작정 해 보자구요 ^^

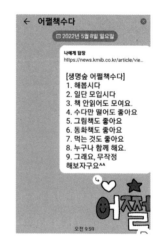

읽다가 웃습니다. 기인 판사님의 상기한 얼굴이 떠올라서요. '제가 흥분해서 죄송합니다, 아이가 셋이다 보니……' 하는 목소리 환청으로 들립니다. 현재까지 이 글에 답 글은 세 개, 교회 목사님, 남편 그리고 저. '에휴 ~' 경남도민 일보 4월 4일자 신문 기사를 보니 기가 막힙니다. 바쁜 일 하시면서도 책을 읽자고 합니다. 목이 터질 듯 외치시는데 댓글이 적어 걱정이 됩니다.

"마을공동체 회복이 소년범죄 해결 열쇠"

류기인(54) 창원지방법원 소년부 부장판사는 소년범죄 문제를 지역소멸 위기, 지역균형발전 측면에서도 들여다봐야 할 사안으로 판단했다.

지난달 25일 창원지법에서 만난 류 부장판사는 "한 아이를 키우려면 온 마을이 필요한데 우리가 잃어버린 것 중 하나가 마을공동체다. 도시화하고 경쟁이 심해지면서 각자도생의 시대를 살아가고 있는데, 정말 안타까운 일"이라고 운을 뗐다.

그는 "마을공동체 회복이 소년범죄 해결의 중요한 열쇠"라며 "지역균형 발전은 지역마다 마을공동체가 회복되는 것이다. 그러면 많은 것이 함께 살아날 수 있는데, 정부가 수도권 위주 집중화가 문제라면서도 실제로는 해결책이 없는 것처럼 손을 놓는 것은 아닌가 싶다"고 말했다.

'마을공동체'는 소년 사건의 원인을 찾고 해결 방안을 모색할 수 있는 핵심어다. 류 부장판사는 "소년 사건은 대부분 개별화한 가정에서 부족한 부분이 채워지지 않을 때 일어난다. 아이들은 주어진 환경의 틀을 벗어나기 어려운데, 성년이 될 때까지 마을이 함께 그 역할을 나눠 짊어지자는 이야기"라며 "공동육아 개념으로 아이들이 어릴 때부터 이 집 저 집 돌아다니고, 다 가진 것처럼 겉으로 멀쩡해 보여도 들어가 보면 가정마다 연약한 부분이 있으니 서로 채워주자는 것이다. 가정이 연합하면 100점이 될 수 있다."고 진단했다.

억압이나 경쟁이 아이들의 성장을 막고 있다는 지적도 나왔다. 류 부장판사는 "청소년에게 자유를 주면 되는데, 지금은 경쟁시키고 억압하고 이 길로 가야 한다고 길을 제시해준다. 그러나 길은 아이들이 스스로 만들어나간다."며 "아이들은 굉장한 창의력이 있어 사소한 분쟁이 있으면 자기들끼리도 해결한다."고 말했다. 그러면서 "지금은 어른들이 너무 빨리 개입해 소년범죄가 늘어나는 면도 있다."며 "학교에서 사소한 싸움인데, 부모들이 각자 변호사를 고용해 고소하고, 아이 싸움이 어른 싸움이 되는 사례가 왕왕 있다. 그러면 분쟁이 걷잡을 수 없이 커진다."고 우려했다.

아이들이 지역 발전의 토대가 된다는 사실을 잊지 않아야 한다는 점도 강조했다. 그는 "경남은 특히 20대 청년이 빠져나가고 있다. 10대 소년들이 20대가 된다."며 "내 아이만 1등을 하고 다른 아이들은 낙오된 상태에서 살아가면, 내 아이도 행복할 수 없다. 모든 아이들의 안전을 위해서라도 지자체가 마을공동체 회복 노력을 했으면 한다."고 말했다.

아울러 지역민 기본소득과 같은 '지방수당' 제도가 있었으면 한다는 바람도 내비쳤다. 그는 "정부가 결단하면 좋겠다. 지역에 실거주와 주민등록을 하는 것만으로도 매달 100만 원이라는 '지방수당'이 나오면 누구나 지역에 살고 싶어할 것"이라며 "지역이 건강해져야 한다. 정부는 소득 재분배를 위해 지역에 예산을 주고, 지방정부는 마을공동체를 살리고, 살아난 마을공동체는 우리 아이뿐만 아니라 옆집 아이도 함께 돌볼 수 있다"고 강조했다.

류 부장판사는 앞으로 20년 계획을 세운다면 소년 문제는 현격히 줄어들 수 있다고 봤다. 그는 "10~20년 정도 보호소년을 위한 각종 기관이나 시설 설치·운영비와 그런 시설을 못 갖춰 소년들이 범죄로 내몰리고 재비행을 하고 그에 따라 사회가 지출해야 할 비용을 계량한다면, 기관시설 운영비가 더 적을 것"이라며 "산술적으로 적은 비용으로 우리 사회가 더 안전해지고, 소년들도 건강한 미래를 맞이할 수 있다. 사회복지에도 미래를 내다보는 계획과 지출이 있었으면 한다"고 밝혔다.

인터뷰 도중 류 부장판사는 자신의 목소리가 점점 높아지자 **너무 흥분해서 죄송하다. 저도 아이가 셋이다 보니 마음이……"**라고 말했다. 그는 "부모가 조바심을 내 소수의 안정된 자리로 가려고 자꾸 아이들을 몰아치기도 한다"면서 "다름을 인정하는 사회, 장래 우리 아이가 어떤 직업을 택하더라도 기본적인 생활을 하는 데 아무 문제가 없는 선진국으로 갔으면 한다"고 덧붙였다.

경남도민일보 4월 4일자 기사 전문의 마지막 문단을 읽다가 웃음이 빵 터집니다.

"너무 흥분해서 죄송하다. 저도 아이가 셋이다 보니 마음이……."

이 마음이 어떤 마음인지 너무 잘 알고 있습니다. 건강한 마을을 가꾸고 싶은 마음을 우리는 알고 있습니다. 마을이 건강해야 아이들이 건강하게 자랍니다. 책 읽기 모임을 만들고 싶은 이유가 여기에 있습니다. 좋은 삶을 물려줄 길을 책 읽기에서 찾고 그 의미를 살아가려는 것입니다. 그래서 귀인 류기인은 '북퍼실'입니다.

다음 달부터 '어쩔책수다' 책 모임을 해보자 합니다. 소년 사건의 원인을 찾고 해결 방안으로 제안한 '마을공동체를 만드는 책 읽기'를 실천하려는 것입니다. 언제 시작하고 어떻게 지속할 수 있을 것인지 이런저런 생각에 밤잠을 못 주무시고 이른 새벽마다 종을 울립니다.

"같이 책 읽어요~~!"

"책 읽을 사람 여기 여기 모여라~~!"

"블리스에서 만나요."

'새벽 종' 울리는 소리에 상록수를 부르는 강성갑 목사님 목소리 들리듯 합니다.

"아무나 오너라 **책 읽어야** 무슨 일이든 한다."

상록수 노래 한 가락이 들려오는 아침입니다. 아무나 오십시오, 블리스에서 만나요. 진영 마을 한 귀퉁이 좁다란 골목이 책방골목 되는 꿈을 꿉니다. 이 방 저 방에서 저마다 읽고 싶은 책으로 수다를 나누는 책방골목을 상상합니다. 공동체가 살아나는 꿈을 꿉니다. 마을이 미래가 되는 꿈 한 자락 잡고 다음세대가 거룩한 삶을 살기를 기도합니다.

'팔복'으로 '함께' 피는 생명나무 🍃

　추위 끝에 조그만 매화 꽃송이 피워낸 매화나무가 부럽습니다. 꽃은 절로 피는데 사람은 저절로 피지 않아 속이 탑니다. 꽃잎 한 송이 내려와 '저절로 피는 꽃은 없다'고 제 어깨에서 토닥거려줍니다. 꽃 피려면 겨울의 트집과 막무가내를 받아주고, 찬바람이 꽁꽁 묶은 손을 품느라 새까맣게 타지 않으면 하얗게 피어날 수 없다고 합니다. 꽃지기 전부터 이미 개나리 찾아가 언 땅 녹이는 온기를 주었다 합니다. 여름에 피는 치자꽃 찾아가 향기를 주었다 합니다. 치자꽃 향이 멀리 멀리 퍼져서 은목수가 겨울의 칼날 같은 바람을 추스를 수 있도록 다 내어 주었다 합니다. 막무가내로 트집 잡는 겨울의 날선 손을 잡아주었다 합니다. 찬 기운 가시지 않은 바람을 타고, 매화꽃 한 송이 내 어깨에 내려와 저절로 피는 꽃은 없다고 합니다. 사람은 더욱 저절로 필 수가 없는 것이라고 여린 꽃잎이 힘을 주며 다시 말합니다.

　찬기운 남아 시린 마음에
　매화꽃 하얀 송이 찾아와
　저절로 피는 꽃이 없다네
　꽃지는 봄에 이미 꽃피네

작은 교회에서 '생명나무' 아이들과 책 대화를 하고 있습니다. '생명나무 아이들'은 교회 학교에 나오는 중·고등학생들입니다. 책의 자리를 찾아가는 아이였으면 합니다. 질문의 자리에서 꽃피는 북퍼실이기를 바랍니다. 책 읽는 사람이 좋은 사람 되고 '좋은 삶'을 만들 것이기 때문입니다. '좋은 사람'은 살고 싶은 마음이 가득한 세상을 만드는 사람입니다.

"이 세상에 '좋은 사람'이 어디 있어?"

라고 묻는 그 사람에게 답이 되는 사람입니다. '좋은 사람'을 찾는 그 사람의 삶을 들여다보는 사람입니다. '좋은 세상'이 저절로 오는 것이 아니라서 '좋은 세상' 만드느라 온기를 내어주는 '좋은 사람'이 되기를 바랍니다. '나쁜 삶'을 견디느라 힘들어하는 사람 곁에 있어 주는 사람, 세상을 향해 마음의 삿대질 하는 그 사람을 품는 사람 되기를 바랍니다.

아이들을 다독이기가 쉽지 않지만 좋은 사람 되기 바라는 마음으로 시를 읽습니다. 시대를 부끄러워하고 자신을 부끄러워한 시인 윤동주의 '팔복'을 읽습니다.

"슬퍼하는 자는 복이 있나니"

성경에서 애통하는 사람이 받는 복은 '위로'입니다. 그런데 윤동주는 9행에서 "영원히 슬퍼할 것이요"라는 말로 맺습니다. 하늘의 '위로' 조차 거절한 듯합니다. 여덟 번의 슬픔을 읽고 기대와 다른 결말에 당황합니다. 생명나무가 멀뚱멀뚱 서로를 쳐다봅니다. 시가 어렵습니다.

'슬퍼하는 것이 복이라서……'
'기뻐하는 것이 복이 아니라서……'

하늘의 뜻을 아는 지천명 50을 넘긴 나도 모르겠는데 기쁘고 즐겁고 신나는 일을 두리번 거리는 오늘의 십대가 '슬픈 것이 복'이라는 역설을 이해하기 쉽지 않겠습니다.

"그가 왜 그렇게 슬퍼하는 것일까요?"

우선 동주를 찾아가서 물어보자고 했습니다. 시가 만든 오솔길을 따라 걷다가 시 속에서 울고 있는 그 사람을 다음 시간에 오래 만나러 가자고 마치려는데, 원영이가 말합니다.

"슬프고, 슬프고 자꾸 슬프다고 쓰면서 위로를 주는 것 같아요."

참 예쁜 원영 꽃입니다. 수줍음에 싸여 가냘프게 피어납니다. 꽃 앞에 앉아서 모양과 색깔, 향기를 오래 바라보듯 시 앞에 오래 앉아 있는 그 사람이 꽃피는 것을 봅니다. 은유와 직유의 청순함에 반하고, 역설과 반어의 변화에 당황하고, 열거와 반복의 끈기에 마음을 열어 줄 수 있는 '사람 꽃', 생명 나무 아이들이 꽃 '처럼' 예쁩니다. '사람 꽃'으로 핍니다.

'팔복' 앞에 다시 앉았습니다. 3주 동안 시 앞에 오래 앉아서 시의 모양을 보고 향기를 맡습니다. 길이 바쁘지 않아서 좋습니다. 길이 바쁘지 않아서 그 시 앞에서 향기에 오래 취합니다. 시의 향기가 온 몸으로 퍼져서 영혼에 배이도록 앉아 있습니다. 8행, 여덟 번을 읽으면서 몇 번을 아니 몇 행을 읽었는지 몰라서 아홉 번을 읽는 아이가 있고, 한 행을 덜 읽는 아이도 있습니다. 돌림노래처럼 읽어집니다. 처음 온 아이가 묻습니다.

"더 없어요?"

"응"

"이게 다인가요?"

"응"

국어 수업 시간이라면 시 앞에 이리 오래 머물 수 있을까요? 봄나물 같은 시의 맛을 느끼기도 전에 아이들은 벌써 아이스크림 먹으러 갔을 테지요. 교과서 진도를 언제 다 하려고 거기 있냐고 달려와 떠미는 사람들 등쌀에 엎어질 듯 자빠질 듯 갔을 테지요.

오늘은 10명의 생명나무가 시 앞에 앉았습니다. 시를 감상하는 다섯 개의 꽃잎을 한 잎씩 나눠줍니다. 둘이서 함께 꽃잎 하나를 잡습니다. 시 '팔복'을 감상하는 다섯 개의 질문이 꽃잎이 되어 아이들에게로 갔습니다.

꽃잎 하나. "이 시에서 바꾸고 싶은 단어는?"

꽃잎 둘. "이 시에서 화자가 슬퍼하는 이유는?"

꽃잎 셋. "이 시의 화자에게 위로의 말을 해 준다면?"

꽃잎 넷. "지금 우리 사회에서 슬퍼하는 사람은?"

꽃잎 다섯. "이 시에 내가 써 주고 싶은 시어나 시구는?"

은이와 빈이는 '슬퍼하는 자'를 '기뻐하는 자'로 바꾸었습니다. 아무리 생각해도 슬퍼하는 것을 '복'이라 할 수 없겠답니다. 고등학교 2학년인 원이와 짝이 된 이제 갓 중학생 진이는 '일본 이름을 사용해야 되어서 슬프다' 하고, 대학을 졸업하고 구직 청년이 된 성국이와 공무원 시험 준비 중인 성국이 친구 신이는 '당신이 죽은 후 얼마 되지 않아 나라를 되찾게 됩니다'는 말로 위로합니다. 위로의 말을 들어야 될 것같은 두 사람입니다. 지은 선생님과 짝이 된 중학교 2학년 림이는 '코로나에 걸린 사람들이 슬퍼하는 사람들'이라 하고, 고3 수험생인 인이와 짝이 된 말수 적은 중3 언이는,

"저희가 영원히 '함께' 슬플 것이오."

라고 한다.

"오~~!"

감탄이 나옵니다. '함께'라는 시어를 넣은 이유를 물어봅니다.

"함께 슬퍼하면서 위로해 주고 싶어서요."

사람이 시가 되고 꽃이 되어 새로 핍니다. 슬픔을 함께하는 사람에게 영원한 기쁨이 있기를 바랍니다. 슬픔이 영원히 외롭지 않겠습니다.

최고의 질문

"너 날 사랑하니?"

한 번쯤은 들어본 질문입니다. 답을 하기 전의 삶과 다른 삶을 살게 되는 질문입니다. 이 질문에 답한 결과 다른 삶을 사는 사람이 많겠습니다. 결혼을 하고 세 아이의 엄마로 사는 것도 이 질문에 답했기 때문입니다. 과거의 답으로 끝난 것이 아니라 현재에도 이 질문에 답하면서 삽니다. 삶의 이유가 된 질문입니다. 삶으로부터 받은 질문에 책임 있는 행동과 태도를 선택하고 실천합니다. 삶이 걸어온 질문에 답하는 삶을 살아갑니다. 같은 질문을 세 번을 듣고 삶으로 답을 한 사람이 있습니다.

예수·잡히시던 밤이었습니다. 멀찍이서 따라간 베드로를 가리키며, 한 여자 종이 나아와 말하되,

"너도 갈릴리 사람 예수와 함께 있었도다."

하거늘, 베드로가

"나는 네가 무슨 말을 하는지 알지 못하겠노라."

첫닭이 울었습니다.

밤이 늦도록 한 마리 고기도 잡지 못한 베드로에게 찾아오신 예수는,

"네가 이 사람들보다 나를 더 사랑하느냐?"

"내가 주님을 사랑하는 줄 주님께서 아십니다"

예수 잡히시던 밤이었습니다. 멀찍이 있는 베드로를 가리키며, 다른 여종이 그를 보고 거기 있는 사람들에게 말하되,

"이 사람은 나사렛 예수와 함께 있었도다."

하매, 베드로가

"나는 그 사람을 알지 못하노라."

둘째 닭이 울었습니다.

밤이 늦도록 한 마리 고기도 잡지 못한 베드로에게 찾아오신 예수 두 번째 질문하시기를,

"네가 나를 사랑하느냐?

"주님, 그러합니다. 내가 주님을 사랑하는 줄 주님께서 아십니다."

예수 잡히시던 밤이었습니다. 조금 후에 곁에 섰던 사람들이 나아와 이르되,

"너도 진실로 그 도당이라, 네 말소리가 너를 표명한다."

하거늘

베드로가 저주하며 맹세하여 이르되,

"나는 그 사람을 알지 못하노라."

셋째 닭이 '꼬끼오~' 하고 울 때 베드로가 "네가 닭 울기 전 세 번 나를 부인하리라."는 말씀이 생각나서 울었습니다.

밤이 늦도록 한 마리 고기도 잡지 못한 베드로에게 찾아오신 예수 세 번째 질문하시기를,

"네가 나를 사랑하느냐?"

세 번째 네가 나를 사랑하느냐 하시므로 베드로가 근심하여 답하기를

"주님 모든 것을 아시오매, 내가 주님을 사랑하는 줄을 주님께서 아십니다."

사랑하는 사람을 세 번 부인한 말에 눌려 괴로워하는 베드로에게 자유를 주는 질문입니다. 세 번을 모른다고 했으니 세 번의 질문으로 배신의 차꼬에서 풀어준 듯합니다. 배신자라는 낙인을 안고 살아야 할 고통에서 풀어줍니다. 마음의 고통을 치유하는 질문입니다. 같은 질문을 세 번 듣는 질문의 자리에 다시 가 봅니다.

첫 번째 질문입니다. "네가 **이 사람들보다 나를** 더 사랑하느냐?"라고 묻습니다. 이 사람들보다 나를 더 사랑하는지를 묻고 있습니다. 비교의 대상이 되는 '이 사람들'이 있습니다. 베드로가 죽음의 순간에 그를 모른다고 부인한 이유가 되는 사람들입니다. 잡혀서는 안 되는 이유가 된 사람들입니다. 이 사람들을 두고 죽을 수 없었기 때문입니다. 부모님, 형제, 친구, 돌봐야할 이웃이었는지 모르지만 **살아야 할 이유**가 되는 사람들이 있었습니다. 그래서 베드로를 **이해하신** 예수께서 말씀하십니다.

"내 양을 먹이라."

두 번째 질문에 좀 더 머물러봅니다. "나는 그 사람을 알지 못하노라."라고 답했던 베드로가 "네가 나를 사랑하느냐?"라는 질문에 "주님, **그러합니다.** 내가 주님을 사랑하는 줄 주님께서 아십니다."라고 답합니다. 다른 여종이 증언한 사실을 '알지 못한다'고 했던 베드로가 '그러합니다'에 힘을 주어 답합니다. 무엇이 그러하다는 걸까요? 마태의 증언에 의하면, 베드로가 모든 것을 버리고 주를 따랐은 즉 무엇을 얻을 수 있는지를 물었다고 합니다. 모든 것을 버리고 주님을 따랐으나 마지막 순간에 살아야 할 다른 이유가 있어서 돌아섰습니다. 그러나 베드로가 말했습니다.

"죄를 범한 형제에게 일곱 번 용서하면 되는지를 물었을 때 일곱 번을 일흔 번까지라도 용서하라고 예수께서 하셨습니다." **그러합니다, 용서하라고** 하셨습니다. 그래서 베드로를 **용서하신** 예수께서 말씀하십니다.

"내 양을 먹이라."

세 번째 질문에는 더 오래 있겠습니다. 베드로가 저주하며 맹세하여 이르되,

"나는 그 사람을 알지 못하노라."

세 번째 네가 나를 사랑하느냐 하시므로 베드로가 **근심하여** 답하기를

"주님 모든 것을 아시오매, 내가 주님을 사랑하는 줄을 주님께서 아십니다."

근심이 있으면 빨리 강하게 답할 수가 없습니다. 베드로가 근심하

여 천천히 답을 합니다. 두 번째 질문에 '그러합니다'에 힘주던 목소리가 아닙니다. '근심'은 해결되지 않은 일 때문에 속을 태우거나 우울해함입니다. 해결되지 않은 일이 있습니다. 사랑이 아직 해결되지 않았습니다. 어떻게 해결할 수 있나요? 지금까지 베드로는 말과 삶이 일치하지 않는 답을 했습니다. '알지 못한다'고 말했지만 삶은 '알고 있었습니다'였습니다. 지금 주님을 사랑한다고 하는 말이 삶과 일치하는 것일까요? 그런데 베드로를 **사랑하신** 예수께서 말씀하십니다.

"내 양을 먹이라"

이해의 질문, 용서의 질문, 사랑의 질문을 들은 베드로는 삶으로 답해야 합니다. 베드로가 살아야 할 이유입니다. 삶으로 답을 해야 하는 일은 근심되는 일입니다. 삶은 흔들림이 많아서 말한 대로 살아지지 않는 것이니까요. 그러나 베드로는 수많은 양을 먹이다 십자가에 거꾸로 못박혀 죽음으로 예수의 질문에 사랑으로 답했습니다.

'최고의 질문'은 삶의 이유가 되는 질문으로 질문 전의 삶과 다른 삶을 살게 합니다. 어제의 내가 아닌 삶을 오늘 살게 합니다. 우리는 모두 삶의 이유가 되는 질문을 가지고 있습니다.

첫째인 딸이 묻습니다.

"엄마, 나 사랑해?"

"그럼, 사랑하지."

둘째인 장남이 말없이 쳐다봅니다.

"그래, 우리 장남이지."

셋째인 막내가 뛰어와 안깁니다.

"당연하지, 두말하면 잔소리."

질문의 언어가 다르고 답하는 언어가 다릅니다. 소리의 언어가 있고, 침묵의 언어가 있고, 몸의 언어가 있습니다. 모두 다 살아야 할 이유가 되는 '최고의 언어'입니다. 멀리 빠져 있으면 좋은 언어의 주인, 남편도 묻습니다.

"나도?"

산에 피어도 꽃이고, 들에 피어도 꽃이고, 길가에 피어도 꽃이고, 아무 데나 피어도 모두 다 꽃이 되는 질문입니다. 당신의 질문이 궁금합니다.